MBA、MEM、MPAcc、MPA、MTA、EMBA 等管理类联考与经济类联考综合能力

逻辑新教材

全国管理类联考大纲配套教材编委会 主编

2022
考试大纲配套教材
精编版

高等教育出版社·北京

图书在版编目（CIP）数据

MBA、MEM、MPAcc、MPA、MTA、EMBA 等管理类联考与经济类联考综合能力逻辑新教材 / 全国管理类联考大纲配套教材编委会主编． -- 北京：高等教育出版社，2020.11（2021.10重印）

ISBN 978-7-04-055181-5

Ⅰ．①M… Ⅱ．①全… Ⅲ．①逻辑－研究生－入学考试－自学参考资料 Ⅳ．①B81

中国版本图书馆CIP数据核字(2020)第201433号

MBA、MEM、MPAcc、MPA、MTA、EMBA等管理类联考与经济类联考综合能力逻辑新教材
MBA、MEM、MPAcc、MPA、MTA、EMBA deng guanlilei liankao yu jingjilei liankao zonghe nengli luoji xinjiaocai

策划编辑	邓 玥	责任编辑	邓 玥	封面设计	杨立新	版式设计	童 丹
责任校对	刘娟娟	责任印制	赵义民				

出版发行	高等教育出版社	网　　址	http://www.hep.edu.cn
社　　址	北京市西城区德外大街4号		http://www.hep.com.cn
邮政编码	100120	网上订购	http://www.hepmall.com.cn
印　　刷	北京盛通印刷股份有限公司		http://www.hepmall.com
开　　本	787mm×1092mm 1/16		http://www.hepmall.cn
印　　张	17.5		
字　　数	420千字	版　　次	2020年11月第1版
购书热线	010-58581118	印　　次	2021年10月第8次印刷
咨询电话	400-810-0598	定　　价	62.00元

本书如有缺页、倒页、脱页等质量问题，请到所购图书销售部门联系调换
版权所有　侵权必究
物　料　号　55181-A0

前　言

　　《MBA、MEM、MPAcc、MPA、MTA、EMBA等管理类联考与经济类联考综合能力逻辑新教材》（以下简称《逻辑新教材》）由全国管理类联考大纲配套教材编委会根据考试大纲、命题规律与真题题型编写而成，旨在帮助考生掌握核心考点、提升解题能力，并以科学、系统、高效的知识与思维体系在短时间内提高逻辑成绩。本书由方向篇、考点详解篇、高分突破篇、实战篇四大模块组成。

　　方向篇：主要解读与分析考试大纲，对历年考点做系统梳理，并根据考查频率对各考点进行层次划分，引导考生精准把握考试的难点和重点，从而在应试过程中做到知己知彼。

　　考点详解篇：本篇分形式逻辑、综合推理和论证逻辑三部分，共计13章相关内容。考点详解篇属于"画龙"，着重夯实基本考点，根据考试大纲，将所有考试内容化整为零，再化零为整，使考生充分理解考试内容。完成考点详解篇的学习，考生就能轻松获得70%的分数。

　　高分突破篇：通过对逻辑的三个部分进行方法技巧汇总，帮助考生构建完善的知识体系网，在通过每一章的过关测试进行自我检测、查缺补漏。只要通过本模块的系统学习，考生将在解题效果和求解效率上取得质的飞跃。

　　实战篇：为了使广大考生能尽快了解联考逻辑部分的主要内容及考试重点，合理地确定自己的复习方案，本书将2022年模拟卷逻辑试题和2020年真题及答案编入其中，旨在帮助考生拓展思维，驯化思路，自我评估，优化备考，确保考场最大收益。

　　最后需要特别提醒考生，联考逻辑有三大必考点，一定要花时间对必考点进行系统复习，绝不能心存侥幸，因为靠所谓的"四长一短选一短，四短一长选一长"的"秒杀"技巧是考不好的。本教材对逻辑基础理论的讲解通俗易懂，对需要掌握的与不需要掌握的逻辑基础理论都进行了清晰的标注；解题方法科学有效，具有学习同一考点的举一反三效果。

　　《逻辑新教材》，新在素材，新在思维，新在方法，也新在服务。真切希望此书能帮助广大考生实现新的梦想！

全国管理类联考大纲配套教材编委会

如何通过使用新教材获得逻辑高分

一、所有的逻辑基础理论知识部分都可以跳过去

如果没有太多的备考时间，则理论部分的讲解都可以不用复习。但是，饶老师特别提醒：需要背诵的公式还是一定要背诵的，需要记住的自然语言还是要记住的。

饶老师忠告：背诵，是最有效的复习方法。

二、新教材的特点——新教材阅读须知

（一）新教材每个知识点的学习顺序

自测—盲点检测—基础知识—基础题型—类型化训练—精讲与解析—易错与高分题型训练。

（二）新教材的特点：明确考点，知识盲点，类型训练，重点突破

直指核心考点，每个考点有一些类型化的试题训练，通俗易懂，无须基础知识；提供对考生的逻辑盲点的检测，因为有的放矢才能事半功倍。

猴子为了捡芝麻丢了西瓜的故事告诉我们，备考首先要明确考点，明确目的比什么都重要。一般来说，考生应该根据环境条件的改变和自身的基础来调整复习的方向。

三、逻辑复习应该采取的正确步骤

1. 复习的第一个阶段：明确目的，熟知考点（考什么？）；确定盲点（模拟检测一套）；必备基础（针对盲点进行重点训练，选择性地看精讲部分并做类型化训练）。

2. 复习的第二个阶段：模拟考试。

3. 复习的第三个阶段：针对盲点强化，针对易错题进行训练和分析。

四、学习逻辑的几个误区

1. 不懂逻辑学知识，以为逻辑推理公式不重要。

2. 认为自己可以无师自通。

3. 盲目做题，不进行题型整理和思考。

4. 不对错题进行整理、归纳，不分析错误的原因。

目 录

方 向 篇

第一章　逻辑考试大纲　2　　　　　　阅卷复盘　5
第二章　大纲解读与分析　4　　　第三章　逻辑摸底测试及诊断　7
　　第一节　大纲权威解读　4　　　　　第一节　逻辑应试能力摸底测试　7
　　第二节　历年真题考点分布和　　　　第二节　摸底测试题答案及盲点分析　14

考点详解篇

第一部分　形式逻辑

　　　　　　　　　　　　　　　　　　第二节　考点测评　73
第一章　概念　26　　　　　　　　　第三节　考点精讲与核心题型　74
　　第一节　考情分析　26　　　　　　第四节　习题巩固　81
　　第二节　考点测评　26　　　第六章　假言命题　87
　　第三节　考点精讲与核心题型　28　　第一节　考情分析　87
　　第四节　习题巩固　36　　　　　　第二节　考点测评　87
第二章　性质命题　42　　　　　　　第三节　基础知识和题型精讲　89
　　第一节　考情分析　42　　　　　　第四节　习题巩固　96
　　第二节　考点测评　42

第二部分　综合推理

　　第三节　考点精讲与核心题型　44　第七章　演绎推理的综合推理训练　100
　　第四节　习题巩固　50　　　　　　第一节　考情分析　100
第三章　三段论　55　　　　　　　　第二节　考点测评　100
　　第一节　考情分析　55　　　　　　第三节　考点精讲与核心题型　101
　　第二节　考点测评　55　　　　　　第四节　习题巩固　108
　　第三节　考点精讲与核心题型　56　第八章　综合推理考点与解题技巧分析　114
　　第四节　习题巩固　60　　　　　　第一节　考情分析　114
第四章　模态命题　65　　　　　　　第二节　考点测评　114
　　第一节　考情分析　65　　　　　　第三节　考点精讲与核心题型　114
　　第二节　考点测评　65　　　　　　第四节　习题巩固　119
　　第三节　考点精讲与核心题型　66

第三部分　论证逻辑

　　第四节　习题巩固　69　　　第九章　归纳类比推理　125
第五章　联言命题、选言命题　73　　第一节　考情分析　125
　　第一节　考情分析　73　　　　　　第二节　考点测评　125

第三节 基础知识和题型精讲	126	
第四节 习题巩固	136	

第十章 评价论证题型　141
　　第一节 考情分析　141
　　第二节 考点测评　141
　　第三节 考点精讲与核心题型　142
　　第四节 习题巩固　148

第十一章 加强题型专项训练与提高　153
　　第一节 考情分析　153
　　第二节 考点测评　153
　　第三节 考点精讲与核心题型　155

　　第四节 习题巩固　159

第十二章 削弱题型专项训练与提高　165
　　第一节 考情分析　165
　　第二节 考点测评　165
　　第三节 考点精讲与核心题型　166
　　第四节 习题巩固　168

第十三章 解释题型专项训练与提高　173
　　第一节 考情分析　173
　　第二节 考点测评　173
　　第三节 考点精讲与核心题型　174
　　第四节 习题巩固　175

高分突破篇

第一章 形式逻辑高分突破　182
　　第一节 形式逻辑方法技巧汇总　182
　　第二节 形式逻辑过关测试　186

第二章 综合推理高分突破　197
　　第一节 综合推理方法技巧汇总　197

　　第二节 综合推理过关测试　199

第三章 论证逻辑高分突破　212
　　第一节 论证逻辑方法技巧汇总　212
　　第二节 论证逻辑过关测试　221

实 战 篇

2020 年管理类专业硕士学位全国联考综合能力试卷逻辑真题及答案　236

2022 年管理类专业硕士学位全国联考综合能力试卷模拟卷逻辑试题（1）及答案解析　245

2022 年管理类专业硕士学位全国联考综合能力试卷模拟卷逻辑试题（2）及答案解析　259

方向篇

第一章　逻辑考试大纲
第二章　大纲解读与分析
第三章　逻辑摸底测试及诊断

考点分析： 本部分为方向篇，是最基础的考试内容介绍。方向篇从管理类联考逻辑部分的考试大纲讲起，帮助考生把握管理类联考逻辑的真谛，主要讲解内容为：逻辑考查要点，即介绍考什么；逻辑命题规律分析，考生通过学习这部分内容可以清楚地了解命题规律；学习方法与备考建议，指导考生掌握高效的复习方法。

时间安排： 本部分是导读性质的内容，建议考生用 3 天的时间通读。在通读过程中，考生重在获悉管理类联考逻辑的考试信息。

第一章 逻辑考试大纲

1. 考试性质

综合能力考试是为高等院校和科研院所招收管理类专业学位硕士研究生而设置的具有选拔性质的全国联考科目，其目的是科学、公平、有效地测试考生是否具备攻读专业学位所必需的基本素质、一般能力和培养潜能，评价的标准是高等学校本科毕业生所能达到的及格或及格以上水平，以利于各高等院校和科研院所在专业上择优选拔，确保专业学位硕士研究生的招生质量。

2. 考查目标

具有较强的分析、推理、论证等逻辑思维能力。

3. 考试形式和试卷结构

逻辑推理试题共 30 题，每题 2 分，共 60 分。

4. 考查内容

综合能力考试中的逻辑推理部分主要考查考生对各种信息的理解、分析和综合，以及相应的判断、推理、论证等逻辑思维能力，不考查逻辑学专业知识。试题题材涉及自然、社会和人文等各个领域，但不考查相关领域的专业知识。

试题涉及的内容主要包括：

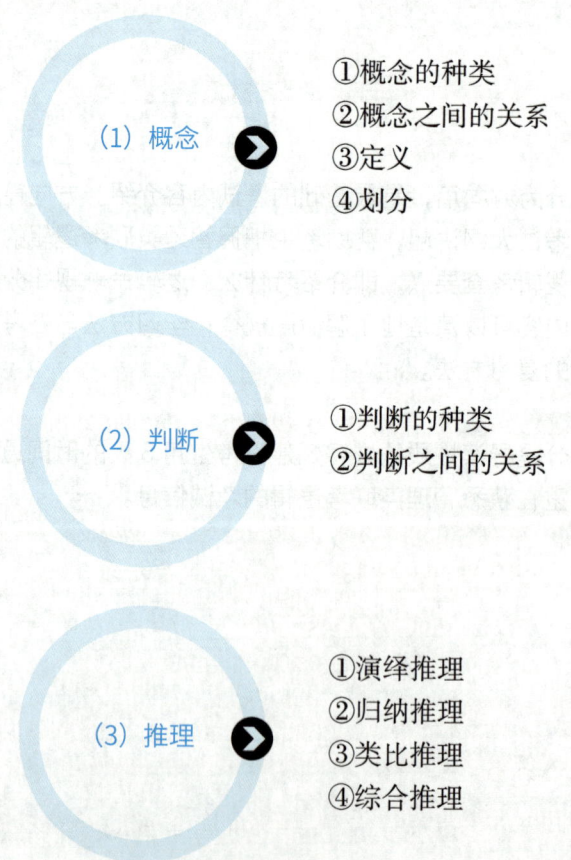

(4) 论证　　①论证方式分析
　　　　　　②论证评价　i. 加强　　ii. 削弱　　iii. 解释　　iv. 其他
　　　　　　③谬误识别　i. 混淆概念　　ii. 转移论题
　　　　　　　　　　　　iii. 自相矛盾　　iv. 模棱两可
　　　　　　　　　　　　v. 不当类比　　vi. 以偏概全
　　　　　　　　　　　　vii. 其他谬误

第二章 大纲解读与分析

第一节 大纲权威解读

1997—2020年逻辑考试的内容基本没有变化，主要变化的是考试的分值和试题的表述。

1. 逻辑考试题量与分值的变化

1997—2002年，逻辑考试试题基本上为50题，每题1分，共50分，与语文同卷。

2003—2004年，逻辑考试试题基本上为25题，每题2分，共50分，与数学、写作同卷，称为"综合能力考试"。

2004年10月至今，逻辑考试试题基本上为30题，每题2分，共60分，与数学、写作同卷，称为"综合能力考试"。

2. 逻辑试题内容的变化

在2004年10月以前，逻辑考试的试题大多来源于美国GMAT、GRE、LSAT等考试的试题库，我国的MBA命题中心主要做了一些翻译工作，另外再加上一些传统逻辑的试题。但从2005年开始，命题已经基本完成了本土化建设，几乎看不出欧化的句型和西方的内容，试题陈述的内容也多涉及我国各行业领域。

3. 逻辑试题的内容

逻辑推理试题的内容涉及自然和社会各个领域，但并非考查相关领域的专门知识，也不考查逻辑学专业知识，而是考查考生对各种信息的理解、分析、综合、判断，并进行相应的推理、论证与评价等逻辑思维能力。

大纲中说得非常清楚，虽然试题内容五花八门，但不需要考生具备相关方面的专业知识，只需要考生能够根据已有条件进行分析推理即可，千万不要用专业知识反推题干，并由此断定试题出错了。请记住：逻辑考试仅仅考查你的逻辑分析能力。

4. 要不要学习逻辑学的基本知识

大纲关于逻辑学专业知识的论述是有变化的。

旧大纲的陈述：

逻辑推理试题不考查逻辑学专业知识，但熟悉一些逻辑学的基础知识，掌握一些逻辑学的基本方法，有助于考生迅速准确地解题。

新大纲的陈述：

逻辑推理试题的内容涉及自然、社会和人文等各个领域，但并非考查相关领域的专门知识，也不考查逻辑学专业知识，而是考查考生对各种信息的理解、分析、综合、判断，并进行相应的推理、论证与评价等逻辑思维能力。

我们发现，新大纲已经删除了关于逻辑学基础知识对于准确解题的帮助这个部分。那是不是不用看逻辑学的书呢？我们要不要学逻辑学的基础知识呢？

【友情提示】

考生不需要掌握系统的逻辑学知识和术语，只需要掌握逻辑思维能力即可，而逻辑思维能力是不能靠死记硬背掌握的，它可以通过多做类型化的试题训练来巩固和提高。实际上，管理类联考逻辑考试的核心指导思想为批判性思维。

新教材一般不讲专门的逻辑学基础知识，只训练逻辑考试必考的逻辑能力。对于那些不能不讲的相关知识点，也尽可能以通俗的语言形式进行讲解。因此，考生可以通过学习新教材掌握快速准确的解题方法和逻辑应用的能力。

第二节 历年真题考点分布和阅卷复盘

一、考点分布

表 1-2-1

年份 逻辑考点	09	10	11	12	13	14	15	16	17	18	19	20
性质命题	2	2	2	2	2	4	4	2	2	4	2	0
模态命题	2	0	0	2	2	0	0	0	2	2	0	0
联言选言命题	10	2	4	2	4	4	4	4	0	0	4	0
假言命题	16	10	8	16	14	16	16	8	6	2	4	4
综合与排列组合	0	4	0	10	8	14	10	12	20	20	22	26
数学相关	6	2	2	2	4	2	0	0	4	2	2	2
归纳和类比	4	4	2	2	0	2	0	2	2	2	2	2
假设题型	6	8	6	4	2	0	6	4	2	4	4	4
加强	0	4	10	4	2	8	6	4	10	12	12	14
削弱	4	8	14	8	10	6	8	12	2	2	6	4
指出方法缺陷	4	8	2	2	0	0	2	0	0	0	0	0
概括争论焦点	2	2	0	2	0	0	0	0	2	4	0	0
方法类似	4	4	4	4	6	2	2	2	2	4	2	4
解释	0	2	6	2	4	4	2	8	2	2	0	0

二、试题特点

（1）逻辑试题取材广泛，政治、经济、文化、科学等内容均有涉及。但不考查考生的专业知识，不需要专业背景即可解题。

（2）阅读量大。一份试卷逻辑试题的字数，2005 年为 7 300 字左右，2010 年为 7 800 字左右，2020 年为 8 000 字左右，平均每个逻辑试题 260 字左右，阅读量大，时间紧，所以，考生必须学会阅读方法，掌握阅读技巧、解题技巧，快速准确地解题。

（3）假定为真原则。题干所给信息或许基本上符合科学理论、专业知识、生活常识，或许所给信息超出常识与专业知识。无论怎样，逻辑试题考查的仅仅是逻辑推理与论证评价的能力，是在假设已知条件为真的情况下，根据逻辑方法进行的推理，不必考虑题目出错了的可能性。

（4）单项选择题。一般来说，从五个选项中排除三个容易，但从剩下的两个选项中选择一个正确的则有点难度，需要技巧与思路。

三、阅卷复盘

从历年阅卷数据看，考生丢分的地方主要在：
（1）对演绎推理中的充分条件假言命题与必要条件假言命题的语言理解存在问题。
（2）题目信息越多，出错率越高。
（3）综合运用演绎推理时找不到方向，花了时间做不对题。
（4）找不到条件关系、排列组合题型的启动条件与方法。
（5）解评价论证类的试题时，经常在犹豫后选择了错误的选项。

新教材中的题目与解析非常有代表性，直接针对考生常见的错误思路与难点进行编写，一语中的，一针见血。

第三章　逻辑摸底测试及诊断

第一节　逻辑应试能力摸底测试

> 如果你是第一次接触逻辑，不要急，请先花 60 分钟的时间完成下面 30 道题，你将会获得事半功倍的效果。
>
> 此次摸底测试为诊断性测试，能非常准确地测出你的逻辑盲点，以便你能进行针对性的复习，提高学习效率。

逻辑自测题

逻辑推理：第 26~55 小题，每小题 2 分，共 60 分。下列每题给出的 A、B、C、D、E 五个选项中，只有一项是符合试题要求的。

26. 在期货市场上，粮食可以在收获前就"出售"。如果预测歉收，粮价就上升；如果预测丰收，粮价就下跌。目前粮食作物正面临严重干旱，今晨气象学家预测，一场足以解除旱情的大面积降雨将在傍晚开始。因此，近期期货市场上的粮价会大幅度下跌。

以下哪项如果为真，最能削弱上述论证？
A. 气象学家气候预测的准确性并不稳定。
B. 气象学家同时提醒做好防涝准备，防备这场大面积降雨延续过长。
C. 农业学家预测，一种严重的虫害将在本季粮食作物的成熟期出现。
D. 和期货市场上的某些商品相比，粮食价格的波动幅度较小。
E. 干旱不是对粮食作物生长的最严重威胁。

27. 以优价出售日常家用小商品的零售商通常有上千雇员，其中大多数只能领取最低工资，随着国家法定的最低工资额的提高，零售商的人力成本也随之大幅度提高。但是，零售商的利润非但没有降低，反而提高了。

以下哪项如果为真，最有助于解释上述看似矛盾的现象？
A. 上述零售商的基本顾客，是领取最低工资的人。
B. 人力成本只占零售商经营成本的一半。
C. 在国家提高最低工资额的法令实施后，除了人力成本以外，其他零售商的经营成本也有所提高。
D. 零售商的雇员有一部分来自农村，他们都拿最低工资。
E. 在国家提高最低工资额的法令实施后，零售商降低了某些高薪雇员的工资。

28. 马医生发现，在进行手术前喝高浓度加蜂蜜的热参茶可以使他手术时主刀更稳，用时更短，效果更好。因此，他认为，要么是参，要么是蜂蜜，含有的某些化学成分能帮助他更快更好地进行手术。

以下哪项如果为真,能削弱马医生的上述结论?

Ⅰ.马医生在喝高浓度加蜂蜜的热柠檬茶后的手术效果同喝高浓度加蜂蜜的热参茶一样好。

Ⅱ.马医生在喝白开水之后的手术效果与喝高浓度加蜂蜜的热参茶一样好。

Ⅲ.洪医生主刀的手术效果比马医生好,而前者没有在术前喝高浓度的蜂蜜热参茶的习惯。

A. 只有Ⅰ。　　B. 只有Ⅱ。　　C. 只有Ⅲ。　　D. Ⅰ和Ⅱ。　　E. Ⅰ、Ⅱ和Ⅲ。

29～30题基于以下题干:

宏达山钢铁公司由五个子公司组成。去年,其子公司火龙公司试行与利润挂钩的工资制度,其他子公司则维持原有的工资制度。结果,火龙公司的劳动生产率比其他子公司的平均劳动生产率高出13%。因此,在宏达山钢铁公司实行与利润挂钩的工资制度有利于提高该公司的劳动生产率。

29. 以下哪项最可能是上述论证所假设的?

A. 火龙公司与其他各子公司分别相比,原来的劳动生产率基本相同。
B. 火龙公司与其他各子公司分别相比,原来的利润率基本相同。
C. 火龙公司的职员数量,与其他子公司的平均职员数量基本相同。
D. 火龙公司原来的劳动生产率,与其他子公司相比不是最高的。
E. 火龙公司原来的劳动生产率,与其他各子公司原来的平均劳动生产率基本相同。

30. 以下哪项如果为真,最能削弱上述论证?

A. 实行了与利润挂钩的分配制度后,火龙公司从其他子公司挖走了不少人才。
B. 宏达山钢铁公司去年从国外购进的先进技术装备,主要用于火龙公司。
C. 火龙公司是三年前组建的,而其他子公司都有十年以上的历史。
D. 红塔钢铁公司去年也实行了与利润挂钩的工资制度,但劳动生产率没有明显提高。
E. 宏达山公司的子公司金龙公司去年没有实行与利润挂钩的工资制度,但劳动生产率比火龙公司略高。

31. 市场上推出了一种新型的电脑键盘。新型键盘具有传统键盘所没有的"三最"特点,即最常用的键设计在最靠近最灵活手指的部分。新型键盘能大大提高键入速度,并减少错误率。因此,用新型键盘替换传统键盘能迅速提高相关部门的工作效率。

以下哪项如果为真,最能削弱上述论证?

A. 有的键盘使用者最灵活的手指和平常人不同。
B. 传统键盘中最常用的键并非设计在离最灵活手指最远的部分。
C. 越能高效率地使用传统键盘,短期内越不易熟练地使用新型键盘。
D. 新型键盘的价格高于传统键盘的价格。
E. 无论使用何种键盘,键入速度和错误率都因人而异。

32. 面试是招聘的一个不可取代的环节,因为通过面试,可以了解应聘者的个性。那些个性不合适的应聘者将被淘汰。

以下哪项是上述论证最可能假设的?

A. 应聘者的个性很难通过招聘的其他环节展示。
B. 个性是确定录用应聘者的最主要因素。
C. 只有经验丰富的招聘者才能通过面试准确把握应聘者的个性。
D. 在招聘环节中，面试比其他环节更重要。
E. 面试的唯一目的是了解应聘者的个性。

33. 人应对自己的正常行为负责，这种负责甚至包括因行为触犯法律而承受制裁。但是，人不应该对自己不可控制的行为负责。

以下哪项能从上述断定中推出？
Ⅰ. 人的有些正常行为会导致触犯法律。
Ⅱ. 人对自己的正常行为有控制力。
Ⅲ. 不可控制的行为不可能触犯法律。
A. 只有Ⅰ。　　B. 只有Ⅱ。　　C. 只有Ⅲ。　　D. Ⅰ和Ⅱ。　　E. Ⅰ、Ⅱ和Ⅲ。

34. 也许令许多经常不刷牙的人感到意外的是，这种不良习惯已使他们成为易患口腔癌的高危人群。为了帮助这部分人早期发现口腔癌，市卫生部门发行了一本小册子，教人们如何使用一些简单的家用照明工具，如台灯、手电等，进行每周一次的口腔自检。

以下哪项如果为真，最能对上述小册子的效果提出质疑？
A. 有些口腔疾病的病症靠自检难以发现。
B. 预防口腔癌的方案因人而异。
C. 经常刷牙的人也可能患口腔癌。
D. 口腔自检的可靠性不如在医院所做的专门检查。
E. 经常不刷牙的人不大可能做每周一次的口腔自检。

35. 户籍改革的要点是放宽对外来人口的限制，G市在对待户籍改革上面临两难。一方面，市政府懂得吸引外来人口对城市化进程的意义；另一方面，又担心人口激增的压力。在决策班子里形成了"开放"和"保守"两派意见。

以下各项如果为真，都只能支持上述某一派的意见，除了：
A. 城市与农村户口分离的户籍制度，不能适应目前社会主义市场经济的需要。
B. G市存在严重的交通堵塞、环境污染等问题，其城市人口的合理容量有限。
C. G市近几年的犯罪案件增加，案犯中来自农村的打工人员比例增高。
D. 近年来，G市许多工程的建设者多数是来自农村的农民工，其子女的就学成为市教育部门面临的难题。
E. 由于计划生育政策和生育观的改变，近年来G市的幼儿园、小学及至中学的班级数量递减。

36. 一个花匠正在配制插花。可供配制的花共有苍兰、玫瑰、百合、牡丹、海棠和秋菊6个品种。一件合格的插花必须至少由两种花组成，并同时满足以下条件：如果有苍兰或海棠，则不能有秋菊；如果有牡丹，则必须有秋菊；如果有玫瑰，则必须有海棠。

以下各项所列的两种花都可以单独或与其他花搭配，组成一件合格的插花，除了：
A. 苍兰和玫瑰。　　B. 苍兰和海棠。　　C. 玫瑰和百合。
D. 玫瑰和牡丹。　　E. 百合和秋菊。

37. 一桩投毒谋杀案，作案者要么是甲，要么是乙，二者必有其一；所用毒药或者是毒鼠强或者是乐果，二者至少其一。

如果上述断定为真，则以下哪项推断一定成立？

Ⅰ．该投毒案不是甲投毒鼠强所为，因此一定是乙投乐果所为。

Ⅱ．在该案侦破中发现甲投了毒鼠强，因此案中的毒药不可能是乐果。

Ⅲ．该投毒案的作案者不是甲，并且所投毒药不是毒鼠强，因此一定是乙投乐果所为。

A. 只有Ⅰ。　　B. 只有Ⅱ。　　C. 只有Ⅲ。　　D. Ⅰ和Ⅲ。　　E. Ⅰ、Ⅱ和Ⅲ。

38. 一个产品要畅销，产品的质量和经销商的诚信缺一不可。

以下各项都符合题干的断定，除了：

A. 一个产品滞销，说明它或者质量不好，或者经销商缺乏诚信。

B. 一个产品，只有质量高并且诚信经销，才能畅销。

C. 一个产品畅销，说明它质量高并有诚信的经销商。

D. 一个产品，除非有高的质量和诚信的经销商，否则不能畅销。

E. 一个质量好并且由诚信者经销的产品不一定畅销。

39. 一方面确定法律面前人人平等，同时又允许有人触犯法律而不受制裁，这是不可能的。

以下哪项最符合题干的断定？

A. 或者允许有人凌驾于法律之上，或者任何人触犯法律都要受到制裁，这是必然的。

B. 任何人触犯法律都要受到制裁，这是必然的。

C. 有人凌驾于法律之上，触犯法律而不受制裁，这是可能的。

D. 如果不允许有人触犯法律而可以不受制裁，那么法律面前人人平等是可能的。

E. 一方面允许有人凌驾于法律之上，同时又声称任何人触犯法律都要受到制裁，这是可能的。

40～41题基于以下题干：

某校的一项抽样调查显示：该校经常泡网吧的学生中家庭经济条件优越的占80%，学习成绩下降的也占80%，因此家庭条件优越是学生泡网吧的重要原因，泡网吧是学习成绩下降的重要原因。

40. 以下哪项为真，最能削弱上述论证？

A. 该校位于高档住宅且九成以上学生的家庭条件优越。

B. 经过清理整顿，该校周围网吧符合规范。

C. 有的家庭条件优越的学生并不泡网吧。

D. 家庭条件优越的家长并不赞成学生泡网吧。

E. 被抽样调查的学生占全校学生的30%。

41. 以下哪项为真，最能加强上述论证？

A. 该校是市重点学校，学生的成绩高于普通学校。

B. 该校狠抓教学质量，上学期半数以上学生的成绩都有明显提高。

C. 被抽样调查的学生多数能如实填写问卷。

D. 该校经常做这种形式的问卷调查。

E. 该项调查的结果已上报，受到了教育局的重视。

42. 对所有产品都进行了检查，没有发现假冒伪劣产品。

如果上述断定为假，则以下哪项为真？

Ⅰ. 有的产品尚未经检查，但发现了假冒伪劣产品。

Ⅱ. 或者有的产品尚未经过检查，或者发现了假冒伪劣产品。

Ⅲ. 如果对所有产品都进行了检查，则可发现假冒伪劣产品。

A. 只有Ⅰ。　　B. 只有Ⅱ。　　C. 只有Ⅲ。　　D. Ⅰ和Ⅱ。　　E. Ⅱ和Ⅲ。

43. 有些纳税人隐瞒实际收入逃避交纳所得税时，一个恶性循环就出现了：逃税造成了年度总税收量的减少，总税收量的减少迫使立法者提高所得税率，所得税率的提高增加了合法纳税者的税金，这促使更多的人设法通过隐瞒实际收入逃税。

以下哪项如果为真，上述恶性循环可以打破？

A. 提高所得税率的目的之一是激励纳税人努力增加税前收入。

B. 能有效识别逃税行为的金税工程即将实施。

C. 年度税收总量不允许因逃税原因而减少。

D. 所得税率必须有上限。

E. 纳税人的实际收入基本持平。

44. 厂长：采用新的工艺流程可以大大减少炼铜车间所产生的二氧化硫。这一新流程的要点是用封闭式熔炉替代原来的开放式熔炉。但是，不光购置和安装新的设备是笔大的开支，而且运作新流程的成本也高于目前的流程。因此，从总体上说，采用新的工艺流程将大大增加生产成本而使本厂无利可图。

总工程师：我有不同意见。事实上，最新的封闭式熔炉的熔炼能力是现有的开放式熔炉无法相比的。

在以下哪个问题上，总工程师和厂长最可能有不同意见？

A. 采用新的工艺流程是否确实可以大大减少炼铜车间所产生的二氧化硫？

B. 运作新流程的成本是否一定高于目前的流程？

C. 采用新的工艺流程是否一定使本厂无利可图？

D. 最新的封闭式熔炉的熔炼能力是否确实明显优于现有的开放式熔炉？

E. 使用最新的封闭式熔炉是否明显增加了生产成本？

45. 香蕉叶斑病是一种严重影响香蕉树生长的传染病，它的危害范围遍及全球。这种疾病可由一种专门的杀菌剂有效控制，但喷洒这种杀菌剂会对周边人群的健康造成危害。因此，在人口集中的地区对小块香蕉林喷洒这种杀菌剂是不妥当的。幸亏规模香蕉种植园大都远离人口集中的地区，可以安全地使用这种杀菌剂。因此，全世界的香蕉产量大部分不会受到香蕉叶斑病的影响。

以下哪项最可能是上述论证所假设的？

A. 人类最终可以培育出抗叶斑病的香蕉品种。

B. 全世界生产的香蕉大部分产自规模香蕉种植园。

C. 和在小块香蕉林中相比，香蕉叶斑病在规模香蕉种植园中传播得较慢。

D. 香蕉叶斑病是全球范围内唯一危害香蕉生长的传染病。

E. 香蕉叶斑病不危害植物。

46. 为了减少汽车追尾事故，有些国家的法律规定，汽车在白天行驶时也必须打开尾灯。一般地说，一个国家的地理位置离赤道越远，其白天的能见度越差；而白天的能见度越差，实施上述法律效果越显著。事实上，目前世界上实施上述法律的国家都比中国离赤道远。

上述断定最能支持以下哪项相关结论？

A. 中国离赤道较近，没有必要制定和实施上述法律。

B. 在实施上述法律的国家中，能见度差是造成白天汽车追尾的最主要原因。

C. 一般地说，和目前已实施上述法律的国家相比，如果在中国实施上述法律，其效果将较不显著。

D. 中国白天汽车追尾事故在交通事故中的比例，高于已实施上述法律的国家。

E. 如果离赤道的距离相同，则实施上述法律的国家每年发生的白天汽车追尾事故的数量，少于未实施上述法律的国家。

47. 去年4月，股市出现了强劲反弹，某证券部通过对该部股民持仓品种的调查发现，大多数经验丰富的股民都买了小盘绩优股，所有年轻的股民都选择了大盘蓝筹股，而所有买了小盘绩优股的股民都没买大盘蓝筹股。

如果上述情况为真，则以下哪项关于该证券部股民的调查结果也必定为真？

Ⅰ. 有些年轻的股民是经验丰富的股民。

Ⅱ. 有些经验丰富的股民没买大盘蓝筹股。

Ⅲ. 年轻的股民都没买小盘绩优股。

A. 只有Ⅱ。　　　B. Ⅰ和Ⅱ。　　　C. Ⅱ和Ⅲ。

D. Ⅰ和Ⅲ。　　　E. Ⅰ、Ⅱ和Ⅲ。

48. 城市污染是工业化社会的一个突出问题。城市居民因污染而患病的比例一般高于农村，但奇怪的是，城市中心的树木反而比农村的树木长得更茂盛、更高大。

以下各项如果为真，哪项最无助于解释上述现象？

A. 城里人对树木的保护意识比农村人强。

B. 由于热岛效应，城市中心的年平均气温明显比农村高。

C. 城市多高楼，树木因其趋光性而长得更高大。

D. 城市栽种的主要树木品种与农村不同。

E. 农村空气中的氧气含量高于城市。

49. 19世纪前，技术、科学发展相对独立。而19世纪的电气革命，是建立在科学基础上的技术创新，它不可避免地导致了两者的结合与发展，而这又使人类不可避免地面对尖锐的伦理道德问题和资源环境问题。

以下哪项符合题干的断定？

Ⅰ. 产生当今尖锐的伦理道德问题和资源环境问题的一个重要根源是电气革命。

Ⅱ. 如果没有电气革命，则不会产生当今尖锐的伦理道德问题和资源环境问题。

Ⅲ. 如果没有科学与技术的结合，就不会有电气革命。

A. 只有Ⅰ。　　B. 只有Ⅱ。　　C. 只有Ⅲ。　　D. Ⅰ和Ⅲ。　　E. Ⅰ、Ⅱ和Ⅲ。

50. 新华大学在北戴河设有疗养院，每年夏季接待该校的教职工。去年夏季该疗养院的入住率，即客房部床位的使用率为87%，来此疗养的教职工占全校教职工的比例为10%。今年夏季来此疗养的教职工占全校教职工的比例下降至8%，但入住率却上升至92%。

以下各项如果为真，都有助于解释上述看似矛盾的数据，除了：

A.今年该校新成立了理学院，教职工总数比去年有较大增长。

B.今年该疗养院打破了历年的惯例，第一次有限制地对外开放。

C.今年该疗养院的客房总数不变，但单人间的比例由原来的5%提高至10%，双人间由原来的40%提高到60%。

D.该疗养院去年大部分客房今年改为足疗保健室或棋牌娱乐室。

E.经过去年冬季的改建，该疗养院的各项设施的质量明显提高，大大增加了对疗养者的吸引力。

51. 一项关于婚姻的调查显示，那些起居时间明显不同的夫妻，虽然每天相处的时间相对要少，但每月爆发激烈争吵的次数，比起那些起居时间基本相同的夫妻明显要多。因此，为了维护良好的夫妻关系，夫妻之间应当尽量保持基本相同的起居规律。

以下哪项如果为真，最能削弱上述论证？

A.夫妻间不发生激烈争吵不一定关系就好。

B.夫妻闹矛盾时，一方往往用不同时起居的方式表示不满。

C.个人的起居时间一般随季节会变化。

D.起居时间的明显变化会影响人的情绪和健康。

E.起居时间的不同很少是夫妻争吵的直接原因。

52. 一般而言，科学家总是把创新性研究当作自己的目标，并且只把同样具有此种目标的人作为自己的同行。因此，如果有的科学家因为向大众普及科学知识而赢得赞誉，虽然大多数科学家会认同这种赞誉，但不会把这样的科学家当作自己的同行。

为使上述论证成立，以下哪项是必须假设的？

Ⅰ.创新性科学研究比普及科学知识更重要。

Ⅱ.大多数科学家认为普及科学知识不需要创新性研究。

Ⅲ.大多数科学家认为，从事普及科学知识不可能同时进行创新性研究。

A.只有Ⅰ。　　　　B.只有Ⅱ。　　　　C.只有Ⅲ。

D.Ⅱ和Ⅲ。　　　　E.Ⅰ、Ⅱ和Ⅲ。

53. 由于消费主义狂潮的兴起，现在年轻人找对象都要"三高"。李佳佳梦想找一个高个子、高收入、高学历的男友。她结识了甲、乙、丙、丁四个男性朋友，其中只有一人同时具备"三高"。此外，这四个人中：

（1）只有三个人是高个子，只有两个人是高收入，只有一个人是高学历。

（2）每个人至少具备"一高"，甲和乙的收入一样高，乙和丙的个子一样高。

（3）丙和丁的个子不是一种类型（如果丙是高个子，则丁是矮个子；反之亦然）。

依据以上的叙述，可得出以下哪项结论？

A.甲同时具备"三高"。

B.乙同时具备"三高"。

C.丙同时具备"三高"。

D. 题干中缺乏足够的信息来确定谁同时具备"三高"。
E. 题干中包含互相矛盾的信息。

54~55 题基于以下题干：

国庆期间万达影城正在上映 4 部新电影：《大话西游 2》《湄公河行动》《我不是潘金莲》《从你的全世界路过》。F、G、H、J、K 和 L 一起去万达影城。6 人看这 4 部电影，满足以下条件：

（1）每人恰好看一部电影，每部电影至少有一个人看。
（2）H 和 F 看同一部电影。
（3）恰有一个人和 L 看同一部电影。
（4）G 看的是《大话西游 2》。
（5）J 看的是《大话西游 2》或《从你的全世界路过》。
（6）H 没看《从你的全世界路过》。

54. 如果 L 看的是《我不是潘金莲》，则以下哪项一定为真？
A. H 看的是《湄公河行动》。 B. J 看的是《我不是潘金莲》。
C. K 看的是《大话西游 2》。 D. K 看的是《湄公河行动》。
E. K 看的是《从你的全世界路过》。

55. 以下哪项一定为假？
A. K 看的是《大话西游 2》。 B. L 看的是《大话西游 2》。
C. L 看的是《我不是潘金莲》。 D. K 看的是《我不是潘金莲》。
E. J 看的是《从你的全世界路过》。

第二节　摸底测试题答案及盲点分析

摸底测试题答案

表 1-3-1

得分及相应学习策略	
50~60	逻辑水平超强，备考可以以真题为主，重点提高答题速度
40~50	逻辑水平较强，备考可以以练习题为主，查漏补缺，哪里不会补哪里
30~40	逻辑水平一般，备考需要认真学习理论和方法
20~30	逻辑水平较弱，备考需要将本书认认真真刷两遍
0~20	逻辑水平超弱，备考需要将本书认认真真刷三遍

表 1-3-2

答案速查

26	27	28	29	30	31	32	33	34	35
C	A	B	E	B	C	A	D	E	D
36	37	38	39	40	41	42	43	44	45
D	C	A	A	A	B	E	B	C	D
46	47	48	49	50	51	52	53	54	55
C	C	E	D	E	D	B	C	A	A

26. 【答案】C。

【解析】如果预测丰收，则粮价下跌；现在旱情解除，所以粮价下跌。题干假设：旱情解除就会丰收。削弱方式：另有他因，即虫害来了。正确答案为 C。

【盲点分析】

（1）未掌握削弱题型的解题思路。考生需要学习削弱题型的解题思路与方法。

（2）缺少对干扰选项的认知。考生需要知道命题老师如何设置干扰选项，需要掌握对干扰选项的识别技巧，如选项 E 的干扰。

（3）缺少对论证结构的清晰认知。

27. 【答案】A。

【解析】解释题型的解题关键是需要解释其所给的现象。选项 A 最能解释题干看似矛盾的现象，因为如果选项 A 为真，说明领取最低工资的人又回来消费了。选项 B 即使为真，这一半的成本还是在增加。若选项 E 为真，则无法解释"零售商的人力成本也随之大幅度提高"这个事实。正确答案为 A。

【盲点分析】

（1）未掌握解释题型的解题思路。考生需要训练解答解释题型的技巧。

（2）干扰选项不知如何排除。考生需要训练干扰选项的排除技巧。

（3）关键的信息阅读不仔细。考生需要加强关键信息的阅读训练。

28. 【答案】B。

【解析】削弱题型，复选项。现象：在进行手术前喝高浓度加蜂蜜的热参茶可以使他手术时主刀更稳，用时更短，效果更好。解释：他认为，要么是参，要么是蜂蜜，含有的某些化学成分能帮助他更快更好地进行手术。复选项 I 不能说明蜂蜜没有效果。复选项 III 中洪医生的例子，不能削弱马医生的结论。复选项 II 可以削弱，因为喝白开水（没有参和蜂蜜）后的手术效果一样好，直接割裂了参或蜂蜜与手术效果之间的关系。正确答案为 B。

【盲点分析】

（1）关键信息阅读不仔细。题干讲的是马医生的手术效果的提高与参或蜂蜜的某种成分之间的关系，不是讲所有的医生都是这样。考生需要训练寻找关键信息的能力。

（2）削弱题型的解题思路之一：没有这个因素，也可以有同样的结果。

29. 【答案】E。

【解析】假设题型。现象：去年，其子公司火龙公司试行与利润挂钩的工资制度，其他子公司则维持原有的工资制度。结果，火龙公司的劳动生产率比其他子公司的平均劳动生产率高出13%。解释：在宏达山钢铁公司实行与利润挂钩的工资制度有利于提高该公司的劳动生产率。火龙公司试行与利润挂钩的工资制度使劳动生产率比其他子公司的平均劳动生产率高出13%，题干由此得出"实行与利润挂钩的工资制度有利于提高该公司的劳动生产率"这个结论，最可能的假设是"火龙公司原来的劳动生产率，与其他各子公司原来的平均劳动生产率基本相同"。正确答案为E。

【盲点分析】

（1）抓不住题目的论证结构，抓不住其中的核心概念。

（2）未掌握假设题型的解题思路。考生需要训练解答假设题型的技巧。

（3）考生不仅要注意A、B、C、D、E五个选项的关键概念的不同，还需要注意题目论证的关键概念。另外，考生需要掌握干扰选项的设置。

30. 【答案】B。

【解析】削弱题型。现象：去年，其子公司火龙公司试行与利润挂钩的工资制度，其他子公司则维持原有的工资制度。结果，火龙公司的劳动生产率比其他子公司的平均劳动生产率高出13%。解释：在宏达山钢铁公司实行与利润挂钩的工资制度有利于提高该公司的劳动生产率。题干论证的方法为求异法，必须假设原来各子公司在其他方面是一样的。削弱题型的解题思路之一：原来在某个方面有差异，而且这个差异会影响上面的结果。正确答案为B。

【盲点分析】

（1）抓不住题目的论证结构以及其中的核心概念。

（2）削弱题型的解题思路之一：运用求异法，即有别的不同会影响这个结果。

（3）考生不仅需要注意D、E两个选项的关键概念的不同，还需要注意题目论证的关键概念。另外，考生需要掌握干扰选项的设置。选项D指的是红塔公司，情况不一定与火龙公司相似。选项E中金龙公司未实行与利润挂钩的工资制度，无法反驳该制度能提高劳动生产率的观点。

31. 【答案】C。

【解析】削弱题型。证据：最常用的键设计在最靠近最灵活手指的部分，新型键盘能大大提高键入速度，并减少错误率。结论：用新型键盘替换传统键盘能迅速提高相关部门的工作效率。如果选项C为真，则说明用新型键盘不能迅速提高工作效率。正确答案为C。

【盲点分析】

（1）削弱题型的解题思路之一：直接削弱，即用这个方法达不到这个目的。

（2）关键信息阅读不仔细。本题的关键信息为"新型键盘""传统键盘""迅速提高"。

32. 【答案】A。

【解析】题干的论证结构：面试是不可取代的，因为通过面试可以了解应聘者的个性。这个论证假定了除面试外，没有其他的方法可以了解应聘者的个性。如果选项A不假设，则意味着应聘者的个性可以通过其他的方法来了解，面试就是可以取代的环节。其他选项在话题范围、关键词方面与题干都不相关。正确答案为A。

【盲点分析】

（1）假设题型的解题思路之一：证据与结论确实有联系，即面试确实不可取代，因为没有其他环节可以了解应聘者的个性。

（2）本题的关键词："不可取代"。

干扰项：

选项B的"最主要"，不等于面试不可取代。选项C应该改为"只有通过面试，才能了解个性"。选项D的"面试比其他环节重要"，不等于面试不可取代。选项E的关键概念不对，面试的目的与其是否能被取代不相关，该项应该改为"面试是了解个性的唯一途径"。请各位考生体会这些干扰选项的设置，慢慢学会认知干扰选项的设置与掌握排除干扰选项的技巧。

33.【答案】D。

【解析】题干条件：（1）如果是正常行为，则负责，负责包括因行为触犯法律而承受制裁；（2）如果是不可控制的行为，则不负责。

根据条件（1），可知：复选项Ⅰ对，触犯法律的行为与正常行为至少有交集。

根据条件（1），正常→负责；根据条件（2），采用充分条件假言命题的逆否推理，得出：负责→可控。所以，正常→负责→可控，得出：正常→可控。复选项Ⅱ对。

复选项Ⅲ不一定对。根据条件（2）不可控→不负责；根据条件（1），负责，包括触犯法律。那么，不负责，不一定不包括触犯法律（逻辑原理：充分条件假言命题，否定前件不一定否定后件）。正确答案为D。

【盲点分析】

（1）语言形式转化为形式逻辑的能力。

（2）充分条件假言命题推理的逻辑能力。

34.【答案】E。

【解析】题干的论证为"目的－方法"类型。小册子的目的是帮助经常不刷牙的人进行口腔自检，以帮助人们早期发现口腔癌。而选项E为真，则说明这个方法根本无效，达不到帮助经常不刷牙的人早期发现口腔癌这个目的。正确答案为E。

【盲点分析】

（1）削弱题型之一，"目的－方法"型题干，削弱思路：方法达不到目的。

（2）对关键概念的把握能力。选项A的"有些口腔疾病"，不一定包括口腔癌；选项B说的是预防，不是题干中的"早期发现"；选项C说的是"经常刷牙的人"，题干是帮助"经常不刷牙的人"；选项D是在比较自检与医院检查的可靠性，但不等于说自检就达不到早期发现口腔癌的目的。考生一定要训练这种把握关键概念的能力，几乎所有的难题、易错题都有这种干扰选项。

35.【答案】D。

【解析】题目设问"以下各项如果为真，都只能支持上述某一派的意见，除了"，那我们要找的答案是两派都不支持的，或者两派都支持的。

"开放"派观点是吸引外来人口，有利于城市化；"保守"派观点是限制外来人口，因为有各方面的压力。选项D的前半句"近年来，G市的许多工程的建设者多数是来自农村的农民工"支持了"开放"派的观点；后半句"其子女的就学成为市教育部门面临的难题"支持了"保守"派的观点。所以,选项 D 不是只支持其中一派的。正确答案为 D。

【盲点分析】

(1)问题设置有陷阱。

(2)选项的语言理解问题。

36.【答案】D。

【解析】题目问题的意思是,以下哪个选项的花是合格的,或者与其他花搭配后合格,即五个选项中哪一对花是不可能搭配在一起的,是违背题干的已知条件的?

题干条件:(1)苍兰或海棠→不能有秋菊;(2)牡丹→必须有秋菊;(3)玫瑰→必须有海棠。

联合条件(1)(2)(3)进行推理:牡丹→秋菊[根据条件(1):否定后件必定否定前件]→没有苍兰且没有海棠[根据条件(3):否定后件必定否定前件]→没有玫瑰。由此可知:牡丹→没有玫瑰。牡丹和玫瑰是不能搭配的。正确答案为 D。

【盲点分析】

(1)自然语言形式与逻辑推理公式之间的转化。

(2)充分条件假言命题的性质与推理公式。

(3)"并非(P 或 Q)"="非 P 且非 Q"。

(4)从几个条件之间的关系中,能否快速找到推理的起点。

(5)对题目的提问方式的理解。

37.【答案】C。

【解析】"要么……要么……"的意思是两个中只能且必须选一个,"或者……或者……"的意思是两个中至少选一个。

复选项 I,该投毒案不是甲投毒鼠强所为,还有可能是甲投乐果所为或乙投毒鼠强所为,不一定是乙投乐果所为。因此,复选项 I 不一定成立。

复选项 II,在该案侦破中发现甲投了毒鼠强,由于毒鼠强与乐果中至少有一个,也可能两个都有,因此案中的毒药也可能是乐果,复选项 II 不一定成立。

所以,一定成立的只有复选项 III。正确答案为 C。

【盲点分析】

(1)不相容选言命题的性质。

(2)相容选言命题的性质。

(3)明确"不是甲投毒鼠强"("不是 P 且 Q")这种语言形式的逻辑内涵。

38.【答案】A。

【解析】本题考查等价命题。题干断定:畅销→有质量且有诚信。这是一个充分条件假言命题。选项 A:如果滞销,根据充分条件假言命题"否定前件未必否定后件",则不一定质量不好或者缺乏诚信,所以选项 A 不符合题干的断定。正确答案为 A。

【盲点分析】

(1)问题设置的陷阱为"除了"。

(2)充分条件假言命题与必要条件假言命题的语言理解与转换。

(3)充分条件假言命题与必要条件假言命题的基本性质与推理。

39. 【答案】A。

【解析】本题是推出结论题型。考点：模态命题与联言命题的否定。

题干的意思是，"P且Q"是不可能的。用公式表示："不可能（P且Q）"等于必然"非P或非Q"。

非"法律面前人人平等"等价于"允许有人凌驾于法律之上"。

非"允许有人触犯法律而不受制裁"等价于"所有人触犯法律都要受到制裁"。

正确答案为A。

【盲点分析】

（1）"并非（P且Q）"的自然语言表达以及等价公式："并非（P且Q）"="非P或非Q"="如果P，则非Q"。

（2）不可能 = 必然不。

请注意选项D错误的原因。

40. 【答案】A。

【解析】证据是"经常泡网吧的学生中家庭经济条件优越的占80%"，结论是"家庭条件优越是学生泡网吧的重要原因"。这个论证假设了"经常泡网吧的学生中家庭条件优越的占80%"，这个比例是远高于一般不泡网吧的学生的。作为削弱项，应当割裂其证据与结论之间的关系，即80%的比例并不高。如果选项A为真，则说明这个学校的学生当中90%的人是家庭条件优越的，因此，不管是否泡网吧的学生中，其家庭条件优越的占比超过80%，都是正常百分比。正确答案为A。

这类题目应当引起重视。作为统计推理，其样本中的百分比必须和总体中的百分比进行比较之后，才能得出比较可靠的结论。比如，98%的生男孩的父母都有使用移动电话的历史，能否得出"移动电话增加生男孩的可能性"这个结论？如果全世界成年男女中98%的人都有使用移动电话的历史呢？请认真思考。

【盲点分析】

（1）削弱、加强题型中的百分比问题。

（2）选项E为什么不选？

41. 【答案】B。

【解析】题干的论证结构：经常泡网吧的学生中学习成绩下降的占80%，所以，泡网吧是学习成绩下降的重要原因。要使题干的论证成立，必须保证没有其他的因素导致同样的统计结果出现。如果整个学校80%以上的学生成绩都在下降，则意味着，大多数学生成绩都在下降，泡网吧也只是同样比例的学生成绩在下降，并不能说明泡网吧会影响学习成绩，这样严重削弱了题干的论证。所以，如果选项B为真，半数以上学生的成绩都在提高，则意味着，不是因为大多数人成绩下降，才导致这个统计结果（经常泡网吧的学生中学习成绩下降的占80%）出现，有力地支持了题干的论证。正确答案为B。

【盲点分析】

（1）是否理解了加强题型的"不是其他的因素导致这个统计结果出现"的解题思路？即并不是这个学校的学生成绩都在下降。如果这个学校大多数学生的成绩都在下降，则泡网吧的学生成绩下降就不一定是泡网吧的原因，也有可能是整个考试的题目很难，导致大家的成绩都在下降，这样无法对比得出泡网吧与成绩下降的因果关系。

（2）百分比相关问题的理解。

请体会选项 C、E 为什么不是最能加强的。

42.【答案】E。

【解析】题干条件为一个联言命题"P 且 Q"。

已知题干条件为假，则考查的知识点为"并非（P 且 Q）"="非 P 或者非 Q"="如果 P，则非 Q"。正确答案为 E。

【盲点分析】

（1）"P 且 Q"的自然语言表达。

（2）"P 且 Q"负命题的等价命题。

（3）请体会复选项Ⅰ为什么不一定是真的。

43.【答案】B。

【解析】题干的恶性循环：逃税→总税收减少→提高税率→增加合法纳税者税金→逃税。若能有效识别逃脱行为，就能打破这个循环。正确答案为 B。

【盲点分析】

考生需要掌握阅读的技巧。

44.【答案】C。

【解析】厂长的结论：采用新的工艺流程无利可图。理由：采用新的工艺流程将大大增加生产成本。

总工程师没有否认采用新的工艺流程会增加生产成本，但指出了这种生产成本的增加有利于提高生产能力，因而可能增加利润，从而使该厂可能有利可图。厂长和总工程师争论的焦点是选项 C，即采用新的工艺流程是否一定使本厂无利可图。正确答案为 C。

【盲点分析】

（1）概括争论焦点题型的解题技巧与思路。

（2）注意两人争论题的阅读技巧。此种题型的重点是两个人各自的证据与结论。

45.【答案】B。

【解析】题干论证结构：由于"规模香蕉种植园大都远离人口集中的地区，可以安全地使用这种杀菌剂"，所以，"全世界的香蕉产量大部分不会受到香蕉叶斑病的影响"。这个论证假定了"规模香蕉种植园"与"全世界的香蕉产量大部分"有关系。所以，正确答案为 B。

【盲点分析】

（1）假设题型的阅读技巧：迅速找到证据与结论。

（2）假设题型的解题思路之一：证据与结论是有联系的。

46.【答案】C。

【解析】本题是"上真最能支持下真"题型。此题的问题是"上述断定最能支持以下哪项相关结论？"应该将它理解成推出结论题型。题干有 3 个已知条件：

（1）一个国家的地理位置离赤道越近，其白天的能见度越差。

（2）白天的能见度越差，则实施此法律的效果越显著。

（3）目前世界上实施此法律的国家都比中国离赤道远。

由条件（1）和条件（2）可推出（4）：离赤道越远，实施此法律的效果越显著。

由条件（3）和条件（4）可推出：目前实施此法律的国家，效果都比中国显著。也就是说，和已经实施此法律的国家相比，在中国实施此法律，其效果将较不显著。正确答案为 C。

【盲点分析】
（1）如何通过题干的自然语言体会其中的逻辑考点？
（2）充分条件假言命题的性质与推理公式。考生要体会"越……越……"的逻辑关系。
（3）多个已知条件的综合推理技巧。

47.【答案】C。

【解析】概念间关系题型：a= 经验丰富的股民；b= 小盘绩优股；c= 年轻的股民；d= 大盘蓝筹股。本题可使用欧拉图（见下图 1-3-1）解题：

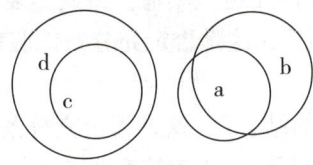

图 1-3-1

注意：经验丰富的股民 a 也有与 c、d 相交的可能性，但不确定。

复选项Ⅲ一定为真，因为 c 和 b 之间为全异关系。

复选项Ⅱ也一定为真，因为至少 a 和 b 的重合部分没有买大盘蓝筹股。

复选项Ⅰ不一定为真，因为 a 和 c 之间可能为全异关系，也可能相交，不确定真假。

正确答案为 C。

本题也可使用演绎推理法解题：（1）年轻的→买大盘股；（2）买小盘股→没买大盘股；（3）大多数经验丰富→买小盘股。

由（1）和（2）可推出：年轻的→没买小盘股。因此，复选项Ⅲ一定为真。

由（3）和（2）可推出：大多数经验丰富→买小盘股→没买大盘股。因此，复选项Ⅱ一定为真。

由（3）（2）和（1）可推出：大多数经验丰富→不年轻。因此，复选项Ⅰ无法判断。

【盲点分析】
（1）概念之间的关系、欧拉图解题技巧。
（2）不确定的关系如何理解？
（3）"大多数"这个词语在逻辑上如何理解？

48.【答案】E。

【解析】解释题型。本题问的是最无助于解释题干现象的选项，即凡是能解释题干现象的选项都排除掉。题干中矛盾的现象是，"城市居民因污染而患病的比例一般高于农村，但奇怪的是，城市中心的树木反而比农村的树木长得更茂盛、更高大"。若选项 A 为真，则能解释城市树木长得比农村树木更茂盛的原因；选项 B 说明城市中心的年平均气温明显比农村高，从而促进了树木生长，可以解释题干现象；选项 C 完全可以解释城市树木长得更高大的原因；选项 D 说明可能是树木的品种不同，可以解释城市树木长得更高大的原因；选项 E 的断定"农村空气中的氧含量高于城市"无法解释题干现象。正确答案为 E。

【盲点分析】

（1）"最无助于解释"题型的解题技巧，应该找最无关的或者是加重了题干矛盾的选项。

（2）解题时不需要过多的专业领域知识，只需要常识即可。

（3）一定要找到矛盾的两个现象，抓住题干关键的信息。

49.【答案】D。

【解析】题干断定了两个充分条件假言命题。电气革命导致了技术、科学的结合与发展，技术、科学的结合与发展导致了面对尖锐的伦理道德问题和资源环境问题，所以，电气革命导致了面对尖锐的伦理道德问题和资源环境问题。由此可以得出：导致面对尖锐的伦理道德问题和资源环境问题的一个重要原因是电气革命。因此，复选项Ⅰ符合题干的断定。

复选项Ⅱ，"如果没有电气革命"，这是否定充分条件假言命题的前件，未必能否定后件，所以复选项Ⅱ不符合题干的断定。

复选项Ⅲ，"没有科学与技术的结合"，这是否定充分条件假言命题的后件，必然要否定前件。因此，复选项Ⅲ符合题干的断定。正确答案为 D。

【盲点分析】

（1）A 不可避免导致 B。这种自然语言的逻辑表达为：A 推出 B。

（2）如果 P，则 Q。虽然，如果有 Q，未必推出 P，但 P 毫无疑问是产生 Q 的一个原因。

（3）考生要明确充分条件假言命题的基本性质与逻辑公式。

50.【答案】E。

【解析】本题是"解释看似矛盾的两个现象"题型。去年与今年，来疗养的教职工占教职工总数比例下降，但入住率却上升。

选项 A 说到教职工总数比去年有较大增长，可以解释去年和今年的数据差异。选项 B 说明今年有外来人口占了床位。选项 C 说明在客房数不变的情况下床位大大减少了，因为单人间与双人间增加了，挤压了多人间的床位数。选项 D 说明客房总数少了。选项 E 如果为真，也只能说明增加了吸引力，但不能说明吸引了多少外来人口或者教职工，与题目中的两个看似冲突的数据没有关系，不能解释题干矛盾。正确答案为 E。

【盲点分析】

（1）解释题型必须看清楚题干需要解释的现象。

（2）不能把不同的选项串联在一起进行解答。

（3）不要过度联想与过度假设。

51.【答案】B。

【解析】题干论证结构：夫妻之间争吵次数多、感情不和，是起居时间不同导致的。选项 B 如果为真，则说明不是起居时间不同导致夫妻争吵，而是夫妻已经吵架，导致起居时间不同。选项 B 如果为真，则说明题干犯了"因果倒置"的错误，有力地削弱了题干的论证。正确答案为 B。

【盲点分析】

削弱题型的思路之一：因果倒置。

干扰项：

选项 A 说的是争吵与夫妻关系，题干说的是争吵（夫妻关系）与起居规律，关键概念不一致；选项 E 说的是"起居时间的不同很少是夫妻争吵的直接原因"，并不一定就不是原因，有可能是间接原因。

52.【答案】D。

【解析】证据：科学家只把同样具有创新性研究目标的人作为同行。结论：如果有的科学家普及科学知识，则大多数科学家不会把他当作同行。论证假设的前提就是建立证据、结论之间的联系，即普及科学知识与创新性研究不兼容。正确答案为 D。

【盲点分析】

（1）假设题型以及必须假设题型的解题思路。

（2）要学会找到证据与结论的关键词。

（3）复选项Ⅱ为什么也是需要假设的？因为如果普及科学知识也需要创新性研究，则说明那些普及科学知识的科学家也一定在进行创新性研究，那么其他科学家就没有理由不把从事科学知识普及的科学家看作自己的同行。

53.【答案】C。

【解析】首先，分析题干所列的已知条件，标好序号。

"李佳佳梦想找一个高个子、高收入、高学历的男友。"这四个人中：

（1）只有三个人是高个子。

（2）只有两个人是高收入。

（3）只有一个人是高学历。

（4）每个人至少具备"一高"。

（5）甲和乙的收入一样高。

（6）乙和丙的个子一样高。

（7）丙和丁的个子不是一种类型（如果丙是高个子，则丁是矮个子；反之亦然）。

（8）她结识了甲、乙、丙、丁四个男性朋友，其中只有一人同时具备"三高"。

其次，分析条件中确定的信息，见表 1-3-3，将确定的信息填入表中。根据条件（1）"只有三个人是高个子"，可知"不是高个子"的只有一个；再根据条件（6）"乙和丙的个子一样高"，可知"乙和丙为高个子"；根据条件（7），可知丁不是高个子。再根据条件（1），可知甲为高个子。

根据条件（2）"只有两个是高收入"和条件（5）"甲和乙的收入一样高"，可知"甲、乙为高收入，或者丙、丁为高收入"。

最后，假设甲、乙是高收入，则丙、丁不是高收入，那么根据已知条件可推出：丁不是高收入也不是高个子。根据条件（4）"每个人至少具备'一高'"，可知丁必须是高学历。如果这样，则根据条件（3）"只有一个人是高学历"，无法满足条件（8）"只有一人同时具备'三高'"，导致了矛盾。所以，假设甲、乙是高收入不能成立。因此，丙、丁是高收入。根据条件（8），只能是丙同时具备"三高"。正确答案为 C。

表 1-3-3

	高个子	高收入	高学历
甲	（1）（6）（7）是	否	
乙	（1）（6）是	否	
丙	（1）（6）是		是
丁	（1）（6）（7）否	是	

54.【答案】A。

【解析】列表1-3-4，把题干确定信息填入。根据条件（1）和条件（4），得出：G只看了《大话西游2》。

根据条件（5），可知J没看《湄公河行动》和《我不是潘金莲》；根据条件（6），可知H没看《从你的全世界路过》。

根据问题给出的补充条件，可知L看的是《我不是潘金莲》；根据"6人看这4部电影"、条件（2）和条件（3），可知H和F没看《我不是潘金莲》。因此，K看的是《我不是潘金莲》。F和H看同一部电影，所以选项A为真。正确答案为A。

表 1-3-4

	F	G	H	J	K	L
《大话西游2》		1		?	0	0
《湄公河行动》		0		0	0	0
《我不是潘金莲》	0	0	0	0	1	1
《从你的全世界路过》		0	0	?	0	0

55.【答案】A。

【解析】列表1-3-5，把题干确定信息填入。根据条件（1）和条件（4），得出：G只看了《大话西游2》。

根据条件（5），可知J没看《湄公河行动》和《我不是潘金莲》；根据条件（6），可知H没看《你的全世界路过》。

如果把选项A代入，则会得出K看的是《大话西游2》，即G和K看的都是《大话西游2》；又因为条件（2）和（3），所以J和L也看同一部电影，因此四部电影只看了三部，与条件（1）"每部电影至少有一个人看"矛盾。所以，选项A一定为假。正确答案为A。

表 1-3-5

	F	G	H	J	K	L
《大话西游2》		1		?	1	
《湄公河行动》		0		0	0	
《我不是潘金莲》		0		0	0	
《从你的全世界路过》		0	0	?	0	

考点详解篇

第一部分　形式逻辑
　　第一章　概念
　　第二章　性质命题
　　第三章　三段论
　　第四章　模态命题
　　第五章　联言命题、选言命题
　　第六章　假言命题
第二部分　综合推理
　　第七章　演绎推理的综合推理训练
　　第八章　综合推理考点与解题技巧分析
第三部分　论证逻辑
　　第九章　归纳类比推理
　　第十章　评价论证题型
　　第十一章　加强题型专项训练与提高
　　第十二章　削弱题型专项训练与提高
　　第十三章　解释题型专项训练与提高

考点分析： 本部分为考点详解篇，是最重要的考试内容详解。考点详解篇帮助考生把握联考逻辑的真谛，主要讲解三部分的内容，分别为形式逻辑、综合推理、论证逻辑，考生通过学习这部分内容可以清楚地了解命题内容。

时间安排： 本部分是教学性质的内容，建议考生用5天的时间通读。在通读过程中，考生重在获悉联考逻辑的考试特点。

第一部分　形式逻辑

第一章　概　念

本章思维导图

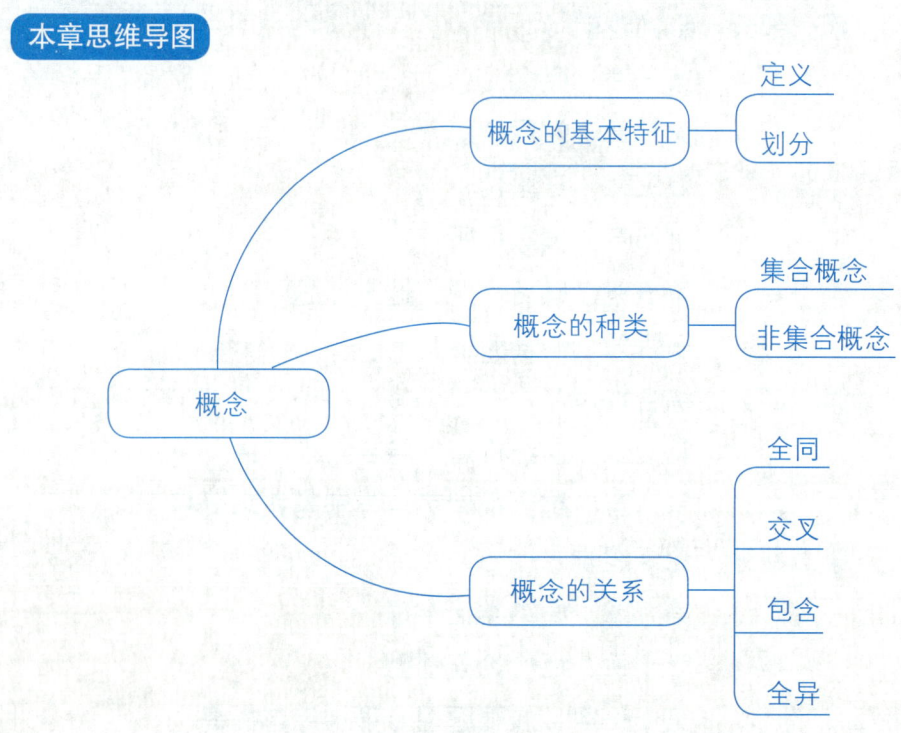

第一节　考情分析

概念是联考逻辑的基础部分，但是较少直接考查，多数题目会结合性质命题以及三段论等内容进行考查，见表 2-1-1。

表 2-1-1

考试年份	2011	2012	2013	2014	2015	2016	2017	2018	2019	2020
题目数量	0	1	0	0	1	0	1	0	0	0

第二节　考点测评

一、评价论证题型中对于证据结论核心概念的把握能力测评

【例题 1】我国正常婴儿在 3 个月时的平均体重在 5～6 kg 之间。因此，如果一个 3 个

月的婴儿的体重只有 4 kg，则说明其间他（她）的体重增长低于平均水平。

以下哪项如果为真，最有助于说明上述论证存在漏洞？

A. 婴儿体重增长低于平均水平不意味着发育不正常。

B. 上述婴儿在 6 个月时的体重高于平均水平。

C. 上述婴儿出生时的体重低于平均水平。

D. 母乳喂养的婴儿体重增长较快。

E. 我国婴儿的平均体重较 20 年前有了显著的增加。

【答案】C

【解析】本题是评价论证漏洞题型。快速找到论证的证据与结论的核心概念。证据：平均体重 5~6 kg，现有一个 3 个月的婴儿体重 4 kg。结论：其间这个婴儿的体重增长低于平均水平。证据是绝对体重的比较，结论是其间体重增长速度的比较，这明显是偷换了体重与体重增长这两个概念。而体重增长还与其初始体重有关系。因为如果婴儿出生时的体重比较低，3 个月之内体重由 3 kg 长到 4 kg，那么其增长速度就高于正常婴儿的速度。正确答案为 C。

> 提醒 ➡
>
> 评价论证漏洞题型必须明确把握题干中的证据与结论这两个核心概念。

【简评】本题主要考查在分析问题的过程中，考生能否对核心概念的界定保持一致，能否理解不同概念之间的转换关系，而未考查特定的逻辑学基本理论和思维方式。如果本题做错的话，则说明考生在答题过程中未能准确理解题干信息，暴露出考生的阅读理解能力不足或者阅读习惯较差。

二、集合间关系的理解能力测评

【例题 2】去年 4 月，股市出现了强劲反弹，某证券部通过对该部股民持仓品种的调查发现，大多数经验丰富的股民都买了小盘绩优股，而所有年轻股民都选择了大盘蓝筹股，而所有买了小盘绩优股的股民都没买大盘蓝筹股。

如果上述情况为真，则以下哪项关于该证券部股民的调查结果也必定为真？

Ⅰ. 有些年轻的股民是经验丰富的股民。

Ⅱ. 有些经验丰富的股民没买大盘蓝筹股。

Ⅲ. 年轻的股民都没买小盘绩优股。

A. 只有Ⅱ。　　B. Ⅰ和Ⅱ。　　C. Ⅱ和Ⅲ。　　D. Ⅰ和Ⅲ。　　E. Ⅰ、Ⅱ和Ⅲ。

【答案】C

【解析】推出结论题型。当题干中有"所有""有些"等标志词时，可以用欧拉图解题，也可以直接进行推理。

已知条件：（1）大多数经验丰富的股民都买了小盘绩优股；（2）所有年轻股民都选择了大盘蓝筹股；（3）所有买了小盘绩优股的股民都没买大盘蓝筹股。根据条件（2）和条件（3）可推出（4）：年轻股民→买大盘蓝筹股→没有买小盘绩优股。由此可知，复选项Ⅲ一定为真。

根据条件（1）和条件（4）可推出：大多数经验丰富的股民→买小盘绩优股→没买大盘蓝筹股→不是年轻股民。由此可知，复选项Ⅱ一定为真。

复选项Ⅰ的真假无法确定。所以，正确答案为C。

本题也可以用欧拉图（如图2-1-1所示）解题法。

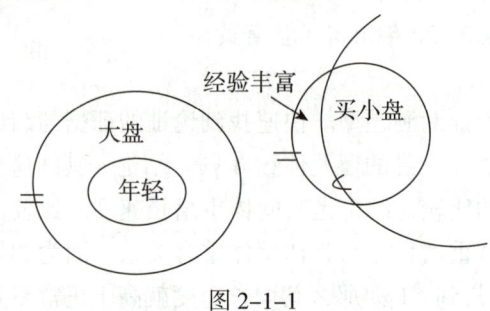

图 2-1-1

由图可知：经验丰富的股民与年轻股民不一定有交集。

【简评】本题主要考查代表着一定概念的集合之间的包含和交叉关系，考查考生在多个集合之间存在相互关系时，能否分析出确定性的结果。此类题型的训练，能够提高考生具体问题抽象化和抽象问题具体化的能力。此类题型为每年必考内容。

> **提醒** ➡
>
> 学会分析概念集合之间的关系，学会用欧拉图解题。

—— 第三节　考点精讲与核心题型 ——

在逻辑试题中，概念部分主要的考查角度如下：

第一，寻找证据和结论的核心概念，明确概念的逻辑方法。要求考生理解与把握论证中的核心概念，不要偷换概念。

第二，概念的种类，主要探讨集合概念与非集合概念。

第三，概念间关系运算与推理。一般可以使用欧拉图解题，或者集合间关系运算。

重点体现：学会抓住论证中的核心概念；明确概念的内涵与外延并掌握其在逻辑试题中的作用；掌握下定义的方法；理解概念外延间的关系；掌握欧拉图的画法；理解集合概念与非集合概念。考生要体会上述考点在试题中的表现。

一、概念基础理论与试题类型

概念有两个基本逻辑特征：内涵和外延。

概念的内涵是指概念所反映的事物的特性或本质，是一个概念区别于其他概念的特征；概念的外延是指具有这些属性、特征的一个个具体的存在。

例如，"人"这个概念的内涵是指能够自觉地制造、使用劳动工具的高等哺乳动物；其外延是指古今中外的、活着的或死去的、男的或女的、具体存在的人。

任何概念都有内涵和外延，概念的内涵规定了概念的外延，概念的外延也影响着概念的内涵。明确概念的内涵和外延，即对概念进行有效的界定，是正确思考的前提。

明确概念的内涵与外延必须注意两点：

第一，要在一定的上下文中对概念做客观的理解，不要钻牛角尖。这里的上下文指的就是题干。

第二，不要从片面的角度去理解一个广为人知的词语，不能偷换概念。

1. 明确概念内涵的逻辑方法：下定义

下定义是明确概念内涵的逻辑方法。通过下定义这个方法，可以明确这个概念所反映的对象的特点和本质。

例如，笔就是用来书写或者画画的工具。

定义的组成：

（1）被定义项，就是其内涵被揭示的概念，用符号 DS 表示。

（2）定义项，就是用来揭示被定义项内涵的概念，用符号 DP 表示。

（3）定义联项，它的作用在于把被定义项和定义项联结起来组成一个定义。定义联项的语词形式：……就是……。

经典试题精讲

【例题1】平反是对处理错误的案件进行纠正。

以下哪项最为确切地说明上述定义的不严密？

A. 对案件是否处理错误，应该有明确的标准。

B. 应该说明平反的操作程序。

C. 应该说明平反的主体及其权威性。

D. 对平反的客体应该具体分析。平反了，不等于没错误。

E. 对原来重罪轻判的案件进行纠正不应该称为平反。

【答案】E

【解析】题型：削弱。考点：定义的理解。

题干为一个属加种差定义。根据定义的规则：定义概念的外延必须等于被定义概念的外延，不得扩大或缩小。选项E则指出，存在符合"对处理错误的案件进行纠正"但不是"平反"的事物，即原先的定义过宽。一般来说，指出定义不严密的题型只需要找到具体的反例即可解题。正确答案为E。

【例题2】在经济发展理论中，技术创新是指新技术、新发明在生产中的首次应用，是在生产体系中建立新的生产函数或供应函数，引起一种生产要素和生产条件的新组合。经济学强调技术创新具有非独占性、不确定性、市场性和系统性等特点。

根据以上定义，下列行为属于经济学范畴的技术创新的是：

A. 美国的航天技术极其发达、先进，航天飞机可以在太空自由翱翔。
B. 日本某食品制造厂引进国外先进生产技术，提高了产品质量。
C. 海尔集团经过不断探索，生产出适合各类人群需要的家用电器，取得了极大的市场回报。
D. 通过微软公司的技术可以查到任何一台使用微软软件的计算机的信息。
E. 王先生教育儿子小王好好读书，不要天天玩网游，然而小王对他的教诲置若罔闻。

【答案】C

【解析】技术创新定义的要点：（1）新技术、新发明的首次应用；（2）非独占性、不确定性、市场性和系统性。C项是新技术的首次应用，并且突出了市场性，属于技术创新。A项不具有市场性，不符合要点（2）。B项是引进国外先进生产技术，不是新技术的首次应用，不符合要点（1）。D项微软公司的技术具有独占性，不符合要点（2）。正确答案为C。

【例题3】"自我陶醉人格"是以过分重视自己为主要特点的人格障碍。它有多种具体特征：过高估计自己的重要性，夸大自己的成就；对批评反应强烈；希望他人注意自己和羡慕自己；经常沉湎于幻想中，把自己看成特殊的人；人际关系不稳定，嫉妒他人，损人利己。

以下各项自我陈述中，除了哪项均能体现上述"自我陶醉人格"的特征？

A. 我是这个团队的灵魂，一旦我离开了这个团队，他们将一事无成。
B. 他有什么资格批评我？大家看看，他的能力连我的一半都不到。
C. 我的家庭条件不好，但不愿意被别人看不起，所以我借钱买了一部智能手机。
D. 这么重要的活动竟然没有邀请我参加，组织者的人品肯定有问题，不值得与这样的人交往。
E. 我刚接手别人很多年都没有做成的事情，我跟他们完全不在一个层次，相信很快就会将事情搞定。

【答案】C

【解析】总结题干，"自我陶醉人格"的特点：（1）过分重视自己；（2）过高估计自己的重要性，夸大自己的成就；（3）对批评反应强烈；（4）希望他人注意自己和羡慕自己；（5）经常沉湎于幻想中，把自己看成特殊的人；（6）人际关系不稳定，嫉妒他人，损人利己。分析选项：A项符合特点（1），不选；B项符合特点（2）和特点（3），不选；C项是不自信的表现，不属于"自我陶醉人格"；D项符合特点（2），不选；E项符合特点（5），不选。正确答案为C。

2. 明确概念外延的逻辑方法：划分与归类

划分就是通过把一个属概念分为若干种概念，从而明确概念外延的逻辑方法。

例如，把"人"这个概念划分为"男人"和"女人"。

划分有三个要素：母项、子项与划分的标准。

母项就是被划分的属概念，子项就是划分所得的种概念。每次划分必须以对象的一定属性作根据，作根据的一定属性就是划分的标准。每次划分必须遵循同一个标准。

划分不同于分解。分解是把整体分为部分。例如，把"人"分解成"头""手""足"等。

划分也不同于列举。列举是揭示概念部分外延的逻辑方法，就是通常所说的举例说明。

例如，"女明星，如周迅、王菲等"。

划分的规则：

（1）每次划分只能根据一个标准。违反这一规则，就会犯"划分标准不一"的错误。

例如，杂志分为季刊、月刊、自然科学刊物、外文刊物。这就是在同一次划分中，所采用的标准不一致。

（2）子项外延之和应与母项的外延为全同关系。违反这一规则，就会犯"划分不全"或"多出子项"的错误。

例如，燃料工业分为煤炭工业、石油工业、太阳能利用工业、原子能工业以及天然气加工工业等。这就是多出了子项。

（3）各子项的外延应是全异关系，或者说，各子项的外延应互相排斥。违反这一规则就会犯"子项相容"的错误。

例如，戏剧分为悲剧、喜剧、舞剧、话剧、地方剧、儿童剧等。这就是划分出来的子项出现了交叉关系。

归类就是确定某一具体对象是否属于某一概念外延的思维活动。

例如，"电笔"是不是"笔"？这就是一个外延归类的思维活动。首先，要确定"笔"的内涵：笔是用来写或画的工具。其次，确定"电笔"是不是符合这个属性。最后，我们将"电笔"排除在"笔"的外延之外。而"眉笔"是用来画的工具，符合"笔"的属性，则归属于"笔"的外延——这就是归类。归类有助于我们准确认识概念。

经典试题精讲

【例题4】我最爱阅读外国文学作品，英国的、法国的、古典的，我都爱读。

上述陈述在逻辑上犯了哪项错误？

A. 划分外国文学作品的标准混乱，前者是按国别划分，后者是按时代划分。

B. 外国文学作品，没有分是诗歌、小说还是戏剧等。

C. 没有说最喜好什么。

D. 没有说是外文原版还是翻译本。

E. 在"古典的"后面，没有紧接着指出"现代的"。

【答案】A

【解析】题型：指出论证缺陷。考点：概念划分。

题干在陈列的时候把"外国文学作品划分出了英国的、法国的"，这是按照国别划分的；而"古典的"则是按照时代划分的。题干违反了划分的规则：每次划分只能根据一个标准；划分出来的概念不能存在交叉关系。正确答案为A。

【例题5】甲：只有加强知识产权保护，才能推动科技创新。

乙：我不同意。过分强化知识产权保护，肯定不能推动科技创新。

以下哪项与上述反驳方式最为类似？

A. 妻子：孩子只有刻苦学习，才能取得好成绩。

　　丈夫：也不尽然。学习光知道刻苦而不能思考，也不一定会取得好成绩。

B. 母亲：只有从小事做起，将来才有可能做成大事。

　　孩子：老妈你错了。如果我们每天只是做小事，将来肯定做不成大事。

C. 老板：只有给公司带来回报，公司才能给他带来回报。
员工：不对呀。我上月帮公司谈成一笔大业务，可是只得到1%的奖励。
D. 老师：只有读书，才能改变命运。
学生：我觉得不是这样。不读书，命运会有更大的改变。
E. 顾客：这件商品只有价格再便宜一些，才会有人来买。
商人：不可能。这件商品如果价格再便宜一些，我就要去喝西北风了。

【答案】B

【解析】题干中乙的反驳把甲的"只有加强知识产权保护"偷换成"过分强化知识产权保护"，并以此否定甲的结论。A项的"不尽然"是不一定的意思，与题干的"不同意"不一致，而且A项增加了"不能思考"。B项与题干的反驳方式一致，孩子把"只有从小事做起"偷换成"只是做小事"，并以此否定母亲的结论。其他选项的错误并不是偷换概念。正确答案为B。

【例题6】王研究员：我国政府提出的"大众创业、万众创新"激励着每一个创业者。对于创业者来说，最重要的是需要一种坚持精神。不管在创业中遇到什么困难，都要坚持下去。

李教授：对于创业者来说，最重要的是要敢于尝试新技术。因为有些新技术一些大公司不敢轻易尝试，这就为创业者带来了成功的契机。

根据以上信息，以下哪项最准确地指出了王研究员与李教授的分歧所在？

A. 最重要的是敢于迎接各种创业难题的挑战，还是敢于尝试那些大公司不敢轻易尝试的新技术。

B. 最重要的是坚持创业，有毅力、有恒心把事业一直做下去，还是坚持创新，做出更多的科学发现和技术发明。

C. 最重要的是坚持把创业这件事做好，成为创业大众的一员，还是努力发明新技术，成为创新万众的一员。

D. 最重要的是需要一种坚持精神，不畏艰难，还是要敢于尝试新技术，把握事业成功的契机。

E. 最重要的是坚持创业，敢于成立小公司，还是尝试新技术，敢于挑战大公司。

【答案】D

【解析】概括两个人的分歧一定要把两个人的证据和结论都找到。王研究员：最重要的是坚持。李教授：最重要的是敢于尝试新技术。A项：题干没有提到"敢于迎接各种创业难题的挑战"。B项：李教授的观点不是"坚持创新"和"做出更多的科学发现和技术发明"，而是敢于创新和带来更多成功的机会。C项：李教授的观点不是"发明新技术"，而是尝试新技术。D项正确，E项明显错误，正确答案为D。

二、概念的种类

从不同的标准来划分，概念的种类有很多。在管理类、经济类联考逻辑试题中，重点在于把握集合概念和非集合概念的区别。

集合概念反映的是概念的集合体的属性，即事物的集体属性与整体属性。集体与整体具有的属性，其集合中的个体并不一定具有，即一个集合体具有的属性不能必然推到每一个个体。例如，"中国人勇敢"，强调的是中国人的集体属性，不能推出"中国人小明勇敢"，也不能推出"大多数中国人勇敢"，否则就犯了混淆概念的逻辑错误。

非集合概念反映的是概念的类的属性，即一个非集合概念所具有的属性，其类属的每一个分子都必然具备。例如，"人都是会死的"，其中的"人"就是一个类，即只要是人就会死，其中的每一个分子都必然具有此类属性。一般来说，表示非集合概念属性的命题中会出现"所有""都""凡是"等修饰词。

经典试题精讲

【例题7】克鲁特是德国家喻户晓的"明星"北极熊，北极熊是北极名副其实的霸主，因此，克鲁特是名副其实的北极霸主。

以下除哪项外，均与上述论证中出现的谬误相似？

A. 儿童是祖国的花朵，小雅是儿童，因此，小雅是祖国的花朵。

B. 鲁迅的作品不是一天能读完的，《祝福》是鲁迅的作品。因此《祝福》不是一天能读完的。

C. 中国人是不怕困难的，我是中国人。因此，我是不怕困难的。

D. 康怡花园坐落在清水街，清水街的建筑属于违章建筑。因此，康怡花园的建筑属于违章建筑。

E. 西班牙语是外语，外语是普通高等学校招生的必考科目。因此西班牙语是普通高等学校招生的必考科目。

【答案】D

【解析】"北极熊是北极名副其实的霸主"，这里的北极熊指的是北极熊这个群体的整体，而不是整体中的每一只，题干采取了三段论的形式，犯了混淆概念的错误。A项：儿童是一个集合概念，与题干类似。B项：鲁迅的作品指的是所有鲁迅作品的集合，与题干类似。C项：中国人是一个集合概念，与题干类似。D项："坐落在"是属于的意思，与题干的"……是……"的结构不类似。E项：外语是一个集合概念，与题干类似。正确答案为D。

三、概念间的关系

概念外延间的关系有四种：全同、交叉、包含、全异。

（1）全同关系：两个概念外延完全相同，如图2-1-2所示。

（2）交叉关系：就是A、B两个概念在外延上有并且只有一部分是重合的，即至少有A是B，并且有A不是B且有B不是A，如图2-1-3所示。

（3）包含关系：指一个概念的外延大于并包含另一个概念的全部外延。包含关系，包括真包含于关系（图2-1-4：A真包含于B）、真包含关系（图2-1-5：A真包含B）。例如，"章子怡"这个概念相对于"中国电影明星"这个概念来说，为真包含于关系；但我们也可以说，"中国电影明星"这个概念真包含了"章子怡"这个概念。

（4）全异关系：两个概念在外延上没有任何重合，是互相排斥的，如图2-1-6所示。

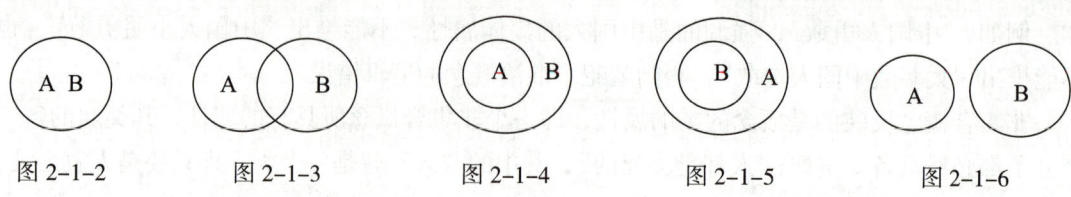

图 2-1-2　　　　图 2-1-3　　　　图 2-1-4　　　　图 2-1-5　　　　图 2-1-6

下面我们回顾一下：

图 2-1-2 中 A、B 两个概念为全同（同一）关系。例：鲁迅与《阿 Q 正传》的作者。

图 2-1-3 中 A、B 两个概念为交叉关系。例：大学生与共产党员。

图 2-1-4、图 2-1-5 中 A、B 两个概念为包含关系。例：中国作家与路遥。

图 2-1-6 中 A、B 两个概念为全异关系。例：水与火。

这种用圆来表示概念外延的方法是考生需要掌握的。这种方法在解题中有时能起到很好的作用。通常，概念间的关系不会单独出题，而是和三段论结合在一起。不管怎样，只要是利用概念间的关系、根据条件推出结论的题型，欧拉图的方法就比较有用。

背景知识：这种用圆圈来表示概念外延的方法叫欧拉图。欧拉（L. Euler，1707—1783年），瑞士数学家，最先采用圆圈图表示概念之间的外延关系。这种圆圈图，史称"欧拉图"或"欧拉图解"。

考试题型：多数为推出结论。

【特别提醒】

用欧拉图解题要注意两点：

（1）所有的 S 都是 P。

S 与 P 之间的关系有图 2-1-7 所示的两种可能：

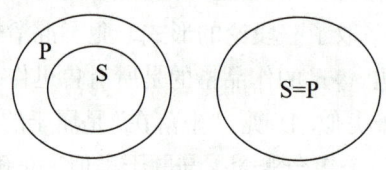

图 2-1-7

"所有的 S 都是 P"为真，只能得出"有些 P 是 S"，但不能得出"有些 P 不是 S"。

建议：解题时使用修正欧拉图来画，见图 2-1-8 左。

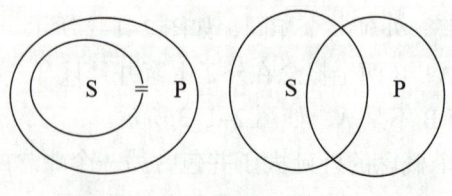

图 2-1-8

（2）有些 S 是 P。

其意思是"至少存在 S 是 P"，当然能推出"有些 P 是 S"，但不一定能推出"有些 S 不是 P"，也不能推出"有些P不是S"。见图2-1-8右。

经典试题精讲

【例题8】某大学一寝室中住着若干个学生。其中，一个是哈尔滨人，两个是北方人，一个是广东人，两个在法律系，三个是进修生。该寝室中恰好住了8个人。

如果题干中关于身份的介绍涉及了寝室中所有的人，则以下各项关于该寝室的断定都不与题干矛盾，除了：

A. 该校法律系每年都招收进修生。

B. 该校法律系从未招收过进修生。

C. 来自广东的室友在法律系就读。

D. 来自哈尔滨的室友在财政金融系就读。

E. 该寝室的三个进修生都是南方人。

【答案】C

【解析】题型：推出结论。考点：概念间关系。

本题考查概念外延间的关系。"哈尔滨人"与"北方人"为包含于关系。假定其他概念间关系不交叉，则最多可能介绍8个人。所以，要保证介绍8个人，则其他概念间的关系不能交叉。而题目问题的意思是"如果以下哪个选项为真，则不能介绍8个人"。所以，如果选项C为真，则"广东人"与"法律系学生"出现了包含于关系，题干最多只能介绍7个人，导致与题干矛盾。正确答案为C。

本题关键：首先，要看懂问题；其次，要明白概念间的关系。

【例题9】世界上最漂亮的猫中有一些是波斯猫，然而人们必须承认，所有的波斯猫都是自负的，并且所有的自负的波斯猫总是让人生气的。

如果以上陈述正确，则以下每一项陈述必然是正确的，除了：

A. 世界上最漂亮的猫中有一些是让人生气的。

B. 一些让人生气的波斯猫是世界上最漂亮的猫。

C. 任何不让人生气的猫不是波斯猫。

D. 一些自负的猫属于世界上最漂亮的猫。

E. 一些让人生气且最漂亮的猫不是波斯猫。

【答案】E

【解析】本题可以找假的选项，也可以找真假不一定的选项。

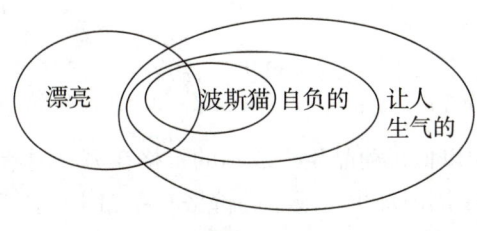

图2-1-9

A 项中"漂亮"与"让人生气的"有交集，A 项是正确的。B 项中"漂亮"与"让人生气的波斯猫"有交集，B 项正确。C 项中"不让人生气的猫"与"波斯猫"没有交集，C 项正确。D 项中"漂亮"与"自负的猫"有交集，D 项正确。见图 2-1-9。E 项：真假不一定。正确答案为 E。

第四节 习题巩固

1. 有 5 名在日本侵华时期被抓到日本的原中国劳工起诉日本一家公司，要求赔偿损失。2007 年日本最高法院在终审判决中声称：根据《中日联合声明》，中国人的个人索赔权已被放弃，因此驳回中国劳工的诉讼请求。1972 年签署的《中日联合声明》是这样写的："中华人民共和国政府宣布，为了中日人民的友好，放弃对日本国的战争赔偿要求。"

以下哪项与日本最高法院的论证方法相同？

A. 王英会说英语，王英是中国人，所以，中国人会说英语。

B. 我校运动会是全校的运动会，奥运会是全世界的运动会，我校学生都必须参加校运动会开幕式，所以，全世界的人都必须参加奥运会开幕式。

C. 中国奥委会是国际奥委会的成员，Y 先生是中国奥委会的委员，所以，Y 先生是国际奥委会的委员。

D. 教育部规定，高校不得从事股票投资，所以，北京大学的张教授不能购买股票。

E. 你不要相信小李的话。因为他的父亲老李就是一个臭名昭著的说谎者。

2. 如今，人们经常讨论职工下岗的问题，但也常常弄不清"下岗职工"的准确定义。国家统计局（1997）261 号统计报表的填表说明中对"下岗职工"的说明是：下岗职工是指由于企业的生产和经营状况等原因，已经离开本人的生产和工作岗位，并已不在本单位从事其他工作，但仍与用人单位保留劳动关系的人员。

按照以上划分标准，以下哪项所述的人员可以称为下岗职工？

A. 赵大大原来在汽车制造厂工作，半年前辞去工作，开了一个汽车修理铺。

B. 钱二萍原来是某咨询公司的办公室秘书。最近，公司以经营困难为由，解除了她的工作合同，她只能在家做家务。

C. 张三枫原来在手表厂工作，因长期疾病不能工作，经批准提前办理了退休手续。

D. 李四喜原来在某服装厂工作，长期请病假。其实他的身体并不坏，目前在家里开了个缝纫部。

E. 王五伯原来在电视机厂工作，今年 53 岁。去年工厂因产品积压，人员富余，让 50 岁以上的人回家休息，等 55 岁时再办正式退休手续。

3. "倾销"被定义为以低于商品生产成本的价格在另一国销售这种商品的行为。H 国的河虾生产者正在以低于 M 国河虾生产成本的价格，在 M 国销售河虾。因此 H 国的河虾生产者正在 M 国倾销河虾。

以下哪一项对评估上文提到的倾销行为是必要的？

A. 倾销定义中的"生产成本"指的是商品原产地的生产成本，还是销售地同类商品的生产成本。

B. 如果 H 国一直以低于 M 国的河虾生产成本的价格在 M 国销售河虾，M 国的河虾业就会破产。

C. 专家们在倾销行为对两国的经济都有害或都有利，还是只对其中的一方有害或有利的问题上达成了共识。

D. 由于计算商品生产成本的方法不同，所以很难得出同一种商品在不同国家的生产成本的精确比较数值。

E. 出于贸易保护的需要，M 国河虾生产者故意低估自己的生产成本。

4. 姑息治疗是指对那些治愈性治疗无望或不能接受治愈性治疗的病人采取完全的、主动的医疗和护理，控制疼痛及有关症状，并对心理、社会和精神问题予以重视。其目的是为病人和家属赢得最好的生活质量。姑息治疗同样适用于早期肿瘤病人，可将姑息治疗与抗肿瘤治疗相结合。

根据上述定义，下列最不可能属于姑息治疗的是：

A. 某患者因病情恶化且年老体衰，无法翻身，长了褥疮，口腔也有霉菌感染，护士为其洗澡擦身，并做了口腔清洁。

B. 某患者因为癌症晚期，且自身状况差无法进行抗癌治疗，医生认为患者已没有治疗价值，劝患者回家休养。

C. 某年轻患者刚结婚便被诊断为乳腺癌，情绪非常激动，拒绝接受治疗，医生为其进行了心理辅导。

D. 某患者手术后严重疼痛，无法入睡，医生给他安置了止疼泵，并给予一定的镇静药，让患者能好好休息。

E. 某患者诊断为肝癌晚期，感觉无法活着，医生给其做了肝移植手术，并且告诉病人移植手术成功率极高。

5. 小李将自家护栏边的绿地毁坏，种上了黄瓜。小区物业管理人员发现后，提醒小李：护栏边的绿地是公共绿地，属于小区的所有人。物业为此下发了整改通知书，要求小李限期恢复绿地。小李对此辩称："我难道不是小区的人吗？护栏边的绿地既然属于小区的所有人，当然也属于我。因此，我有权在自己的土地上种黄瓜。"

以下哪项论证，和小李的错误最为相似？

A. 所有人都要对他的错误行为负责，小梁没有对他的这次行为负责，所以小梁的这次行为没有错误。

B. 所有参展的兰花在这次博览会上都被订购一空，李阳花大价钱买了一盆花，由此可见，李阳买的必定是兰花。

C. 没有人能够一天读完大仲马的所有作品，没有人能够一天读完《三个火枪手》，因此，《三个火枪手》是大仲马的作品之一。

D. 所有莫尔碧骑士组成的军队在当时的欧洲都是不可战胜的，翼雅王是莫尔碧骑士之一，所以翼雅王在当时的欧洲是不可战胜的。

E. 任何一个人都不可能掌握当今世界的所有知识，地心说不是当今世界的知识，因此，有些人可以掌握地心说。

6. 李栋善于辩论，也喜欢诡辩。有一次他论证道："郑强知道数字 87654321，陈梅家的电话号码正好是 87654321，所以郑强知道陈梅家的电话号码。"

以下哪一项与李栋论证中所犯的错误最为类似？

A. 所有蚂蚁都是动物，所以所有大蚂蚁都是大动物。

B. 中国人是勤劳勇敢的，李岚是中国人，所以李岚是勤劳勇敢的。

C. 张冉知道如果 1∶0 的比分保持到终场，他们的队伍就能出线，现在张冉听到了比赛结束的哨声，所以张冉知道他们的队伍出线了。

D. 黄兵相信晨星在早晨出现，而晨星其实就是暮星，所以黄兵相信暮星在早晨出现。

E. 金砖是由原子构成的，原子不是肉眼可以见的，所以，金砖不是肉眼可见的。

7. 绝大多数慷慨的父母是好父母，但是一些自私自利的父母也是好父母。然而，所有好父母都有一个特征：他们都是好的听众。

如果以上陈述是正确的，则以下哪项也必然正确？

A. 所有是好的听众的父母是好父母。

B. 一些是好的听众的父母不是好父母。

C. 绝大多数是好的听众的父母是慷慨大方的。

D. 一些是好的听众的父母是自私自利的。

E. 自私自利的父母中是好的听众的人数比慷慨的父母中的少。

8. 一些麋鹿的骨盆骨与所有猪的骨盆骨具有许多相同的特征。虽然不是所有的麋鹿都有这些特征，但是一些动物学家声称，所有具有这些特征的动物都是麋鹿。

如果以上陈述是真的，则以下哪项也一定是真的？

A. 麋鹿与猪的相似之处要多于它与其他动物的相似之处。

B. 一些麋鹿与猪在其他方面的不同之处要少得多。

C. 所有动物，如果它们的骨盆骨具有相同的特征，那么它们的其他骨骼部位一般也会具有相同或相似的特征。

D. 所有的猪都是麋鹿。

E. 所有的麋鹿都是猪。

9. 所有安徽来京打工人员，都办理了暂住证；所有办理了暂住证的人员，都获得了就业许可证；有些安徽来京打工人员当上了门卫；有些业余武术学校的学员也当上了门卫；所有的业余武术学校的学员都未获得就业许可证。

如果上述断定都是真的，则除了以下哪项，其余的断定也必定是真的？

A. 所有安徽来京打工人员都获得了就业许可证。

B. 没有一个业余武术学校的学员办理了暂住证。

C. 有些安徽来京打工人员是业余武术学校的学员。

D. 有些门卫没有就业许可证。

E. 有些门卫有就业许可证。

10. 以下哪个人的身份，不可能符合上述题干所做的断定？

A. 一个获得了就业许可证的人，但并非是业余武术学校的学员。

B. 一个获得了就业许可证的人，但没有办理暂住证。

C. 一个办理了暂住证的人，但并非是安徽来京打工人员。

D. 一个办理了暂住证的业余武术学校的学员。

E. 一个门卫，他既没有办理暂住证，又不是业余武术学校的学员。

答案与解析

1. 【答案】D

【解析】题干的推论混淆了"中国政府"与"中国人"这两个概念，即一个组织、政府、机构放弃了要求，并不等于个人放弃了要求。选项D混淆了"高校"这个机构与"张教授"这个成员这两个概念，其论证方法与题干相同。

2. 【答案】E

【解析】题干给了一个"下岗职工"的定义，要求根据本定义寻找符合"下岗职工"概念内涵的选项。考生只要看清楚"下岗职工"的定义，细心一点，这种类型的题目没有难度。"下岗职工"的定义：（1）由于企业的生产和经营状况等原因，即不是个人原因；（2）已经离开本人的生产和工作岗位，并已不在本单位从事其他工作；（3）仍与用人单位保留劳动关系的人员。

3. 【答案】A

【解析】本题是评估题型。考点：概念的界定与定义。

题干给了"倾销"的定义，即"以低于商品生产成本的价格在另一国销售这种商品的行为"，这个定义的漏洞就在于生产成本的国别问题。选项A准确指出了这个漏洞。

4. 【答案】B

【解析】本题是定义判断与归类题型。姑息治疗的定义：（1）对象是治愈性治疗无望或不能接受治愈性治疗的病人；（2）措施是采取完全的、主动的医疗和护理。选项A、C、D、E均符合定义；选项B中的医生劝患者回家休养不符合要点（2）。正确答案为B。

5. 【答案】D

【解析】本题是结构类似题型，严格依葫芦画瓢。结构类似题型的解题关键是逻辑形式与语言形式的比较。题干逻辑形式：护栏边的绿地既然属于小区的所有人，我是小区的人，所以，护栏边的绿地也属于我。此逻辑推理中，"小区的所有人"是一个集合概念，但"小区的人"则是一个非集合概念，不能根据集体具有某种属性推出一个具体的个体也具有此种属性，题干论证犯了"混淆概念"的错误。选项D中，"莫尔碧骑士组成的军队"是集合概念，而"莫尔碧骑士"则是非集合概念，一个军队不可战胜，不代表军队中的每一个人也是不可战胜的，与题干犯了同样的错误。选项A的语言形式与题干不一样，有"都""没有"等语词；选项B的逻辑形式与题干不一样；选项C的语言形式、逻辑形式与题干都不一样；选项E的逻辑形式、语言形式与题干都不一样，有"不可能""都""不是""有些"等语词。正确答案为D。

6. 【答案】D

【解析】本题是结构类似题型。技巧：先弄清题干的论证方法，重点关注题干的逻辑形式与语言形式。题干是一个三段论推理，其中还有一个"知道"的概念，"郑强知道数字

87654321"并不代表他知道这个数字所代表的一切含义,题干把数字的性质偷换成了电话号码的性质。D 项错误与题干一样,把晨星的性质偷换成了暮星的性质。B 项所犯错误是"混淆集合概念与非集合概念","中国人勇敢"并不代表每一个中国人都勇敢,且 B 项里中项的位置也与题干不一样,语言形式也不一样;A 项是性质命题直接推理,不是三段论推理,且两次"大"的含义不一样,语言形式与逻辑形式均与题干不一样;C 项前提是充分条件假言命题,与题干前提的形式不一致。E 项的结论为否定,前提有一个否定,与题干的逻辑形式不一样。注意:结构类似题型的解题关键是比较逻辑形式与语言形式,需要考生具有一定的逻辑基础知识。正确答案为 D。

7. 【答案】D

【解析】本题解析的欧拉图如图 2-1-10 所示。

根据图所示,选项 A 不一定正确,有可能有些好听众不是好父母;选项 B 不一定正确,因为理论上好父母与好听众还有相等的可能性;选项 C 中的"绝大多数"不能推出;选项 D 一定正确,因为自私自利的父母与好父母、好听众之间存在交集。正确答案为 D。

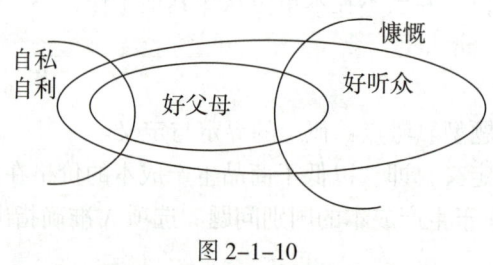

图 2-1-10

8. 【答案】D

【解析】本题为推出结论题型。考点:概念间关系。已知条件:(1)所有猪的骨盆骨具有某些麋鹿的某些特征;(2)所有具有这些特征的动物都是麋鹿。根据条件(1)和条件(2)可以推出:猪都是麋鹿。正确答案为 D。

需要注意:逻辑命题有一个原则,叫作"假定为真"原则,即问题如果假设题干条件为真,那我们就根据其是真的进行推理,不必用我们的专业知识或生活常识对其进行质疑,不必认为题目出错了。逻辑考试主要考查的是逻辑推理能力,即根据现有条件,按照逻辑知识进行推理即可。

9. 【答案】C

【解析】本题为推出结论题型。题干中有"所有""有些"等标记词,可以用欧拉图解题,也可以用推理解题。

由已知条件可以得出:(1)安徽来京打工人员→办暂住证→获得就业许可证;(2)安徽来京打工人员与门卫有交集;(3)业余武校学员与门卫有交集;(4)所有的业余武校学员都未获得就业许可证。根据条件(1)和条件(4)可知,选项 C 一定是假的,因为所有安徽来京打工人员都不是业余武校学员。正确答案为 C。

10. 【答案】D

【解析】本题为推出结论题型。题干有"所有""有些"等标志词,可以用欧拉图解题,当然也可以用推理解题。

由已知条件可以得出:(1)安徽来京打工人员→办暂住证→获得就业许可证;(2)安徽来京打工人员与门卫有交集;(3)业余武校学员与门卫有交集;(4)所有的业余武校学员都未获得就业许可证。根据条件(1)和条件(4)可知,选项D一定是假的,因为办了暂住证的人不可能是业余武校学员。正确答案为D。

第二章 性质命题

本章思维导图

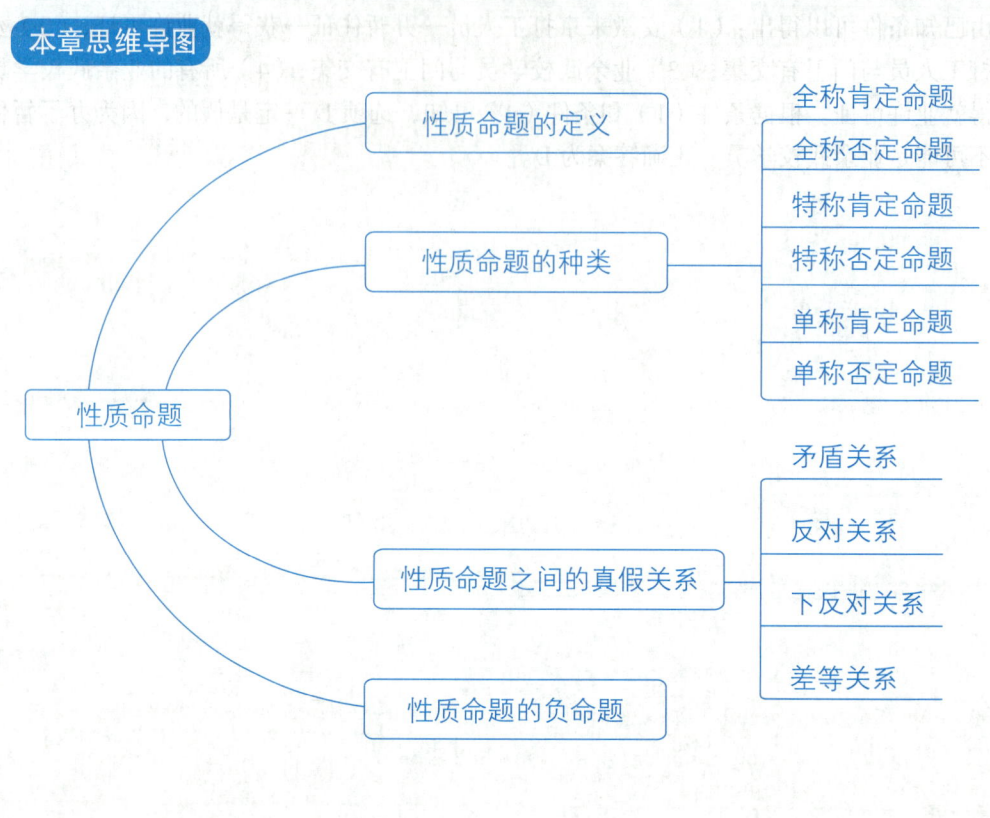

第一节 考情分析

性质命题是联考逻辑每年的必考内容,均占到 2～6 分,见表 2-2-1,需要考生认真学习,好好掌握,本章学习内容均可以推广到后续章节。

表 2-2-1

考试年份	2011	2012	2013	2014	2015	2016	2017	2018	2019	2020
题目数量	1	1	1	2	2	2	1	2	1	1

第二节 考点测评

一、性质命题之间真假关系、负命题推理能力测评

【例题 1】已知"所有的广告都不是真实的"为真,请判断以下哪些判断一定是真的?

Ⅰ.有的广告不是真实的。

Ⅱ.有的广告是真实的。

Ⅲ.所有的广告都是真实的。

Ⅳ.不是有的广告是真实的。

A. Ⅰ、Ⅱ、Ⅳ。

B. Ⅰ、Ⅳ。

C. Ⅱ、Ⅲ、Ⅳ。

D. Ⅱ、Ⅳ。

E. 只有Ⅰ。

【答案】B

【解析】本题是推出结论题型。考点：性质命题之间的真假关系推理以及负命题推理。

已知"所有的广告都不是真实的"为真，由此可以推出"有的广告不是真实的"为真和"不是有的广告是真实的"为真，前者是差等关系，后者是矛盾关系的负命题。所以复选项Ⅰ、Ⅳ一定为真。正确答案为B。

复选项Ⅱ与"所有的广告都不是真实的"为矛盾关系，两者必定一真一假，所以复选项Ⅱ一定为假。复选项Ⅲ与"所有的广告都不是真实的"为反对关系，两者只能有一真，所以复选项Ⅲ一定为假。

【简评】本题是考查性质命题之间的真假关系的基本题型，考生依据自己的常识便可解题。考生若对解答本题有压力或想提高解题速度，则需要对本章内容进行细致系统的学习。

二、性质命题真假话推理能力测评

【例题2】以下是关于某中学甲班同学参加夏令营的三个断定：

（1）甲班有学生参加了夏令营。

（2）甲班所有学生都没有参加夏令营。

（3）甲班的蔡明没有参加夏令营。

如果上述三个断定中只有一项为真，则以下哪项一定为真？

A. 甲班同学并非都参加了夏令营。

B. 甲班同学并非都没有参加夏令营。

C. 甲班参加夏令营的学生超过半数。

D. 甲班仅蔡明没有参加夏令营。

E. 甲班仅蔡明参加了夏令营。

【答案】B

【解析】本题是真假话题型。（1）和（2）为矛盾关系，必定一真一假；根据已知条件"只有一项为真，"推出（3）为假，则蔡明参加了夏令营。选项B"甲班同学并非都没有参加夏令营"的意思等于"甲班同学有人参加了夏令营，"所以正确答案为B。

【简评】性质命题真假话题型是性质命题中综合性较强的题目，考查的内容比较丰富，对考生的基础知识和逻辑思维能力要求较高，是联考逻辑最常见的题型之一，可能暴露考生的知识和思维盲点，是考生复习备考的重点。

第三节 考点精讲与核心题型

一、什么是性质命题

性质命题是反映对象具有或不具有某种性质的命题，一般来说，在自然语言中都是用单句的形式来表现的。什么是命题？命题就是表达判断的语句，即陈述句。有些时候，也会以反问句的形式来表达一种肯定的或者否定的判断，如"这些逻辑题难道不简单吗"。

又如，"太阳是从东方升起的。"这个陈述句断定了太阳具有"从东方升起"的性质。

1. 一切性质命题都是由四个部分组成的

（1）主项，即表示命题对象的概念，也叫主词。（如上例中的"太阳"，在逻辑上一般用符号"S"表示。）

（2）谓项，即表示命题对象具有或不具有的性质的概念，也叫宾词。（如上例中的"从东方升起"，在逻辑上一般用符号"P"表示。）

（3）联项，也叫性质命题的"质"，即联结主项与谓项的概念。联项分为肯定联项与否定联项，即"是"与"不是"。（如上例"太阳是从东方升起的"中的"是"，就是肯定联项。）

需要说明的是，在汉语的自然表达中，我们常常会省略肯定联项"是"，或者根本没有这个"是"，只要表达的是肯定的意思，那就是肯定命题。例如，情况很好。这个命题虽然没有"是"这个字，但它仍然是肯定命题，联项为肯定联项"是"。

（4）量项，即表示命题中主项数量的概念，一般也称为命题的"量"。（在管理类联考逻辑考试中，有时候也考谓项的量，我们会在后面的内容中讲解。）

2. 命题的量一般有三种

（1）全部的量（逻辑术语为全称量项），即对主项这个概念的每一个分子都做了断定，一般用"所有""一切""都"等语词来表示。

要说明的是，"所有""一切"等全称量词经常会省略。例如，人皆会死。只要其意思是断定主项的全部，就是全称量项。

（2）部分的量（逻辑术语为特称量项），即在一个命题中，仅仅对主项的部分做了断定，但未确定主项的全部外延，通常用"有些""有的""有""部分"等语词来表示。特称量项不能省略。

【特别提醒】

在管理类联考逻辑考试中，特称量项"有些""有的"的意思仅仅是"至少有些"，即"至少有一个"的意思。

例如，已知"有些人是自私的"为真，只能确定"至少有人是自私的"为真，但不能确定"有些人不自私"的真假。

这一点和我们在日常表达中有些差异，也是很多考生的盲点。因为在平时的生活中，当我们说"有些人很努力"，好像往往意味着"有些人不努力"，但在逻辑上，这是不确定的，最多只能说"可能"，绝对不能认为"一定可以"推出，请考生牢记。

【巩固练习】

已知"有些男人是真正无私的"。如果这个命题为真，请问"有些男人不是真正无私的"是真还是假？

正确答案应该是不能确定。

（3）个体的量（逻辑术语为单称量项），即在一个命题中对主项的一个对象做了断定。单称量项通常用"这个""那个"等语词来表示，如"这个学生考得不错"；或者干脆用单独概念充当主项，如"我是一个逻辑教师"。

二、性质命题的种类

根据量和质的不同，排列组合之后，可将性质命题分为六种：

1. 全部肯定命题

逻辑术语为全称肯定命题，符号表示：SAP。S 表示主项，P 表示谓项，A 表示全部肯定，即所有的 S 都是 P。下同，不再赘述。

例：所有的人都会死。

2. 全部否定命题

逻辑术语为全称否定命题，符号表示：SEP。

例：所有的人都不会死。

3. 部分肯定命题

逻辑术语为特称肯定命题，符号表示：SIP。

例：有些人会死。

4. 部分否定命题

逻辑术语为特称否定命题，符号表示：SOP。

例：有些人不会死。

5. 单称肯定命题

例：这个人会死。

6. 单称否定命题

例：这个人不会死。

大家可能已经发现，上面列举的六种命题不可能都是真的，因为有些命题之间有矛盾关系，或者有真假之间的对应关系，这就是管理类、经济类联考逻辑考试的考点：相同主项、谓项的性质命题之间的真假对应关系。在试题中表现为：已知某个命题为真，判断其他几个命题的真假。

这些命题之间的真假关系并不复杂，大多数时候考生直接按照自己的常识理解即可，这里不做过多讲解。本教材着重讲解考生容易丢分的部分。

三、性质命题之间的真假关系

具有相同主项、谓项的性质命题之间的真假对应关系及在管理类、经济类联考逻辑试题中的应用。

1. 矛盾关系：真假完全相反

SAP 与 SOP、SEP 与 SIP 为矛盾关系。

具有矛盾关系的两个命题不可同时为真，不可同时为假，一定为一真一假。

两对有矛盾关系的命题：

"所有的 S 都是 P" 与 "有些 S 不是 P"。

"所有的 S 都不是 P" 与 "有些 S 是 P"。

例如，如果已知"所有的人都会死"为真，则"有些人不会死"一定为假；如果已知"所有的人都会死"为假，则"有些人不会死"一定为真。

【特别提醒】

这两对命题之间的真假关系和生活常识完全符合，一般都不会出错。

还有一对矛盾关系的命题："这个 S 是 P" 与 "这个 S 不是 P"。

2. 反对关系：至少一假

SAP 与 SEP 为反对关系。

具有反对关系的两个命题不可能同时为真，但有可能同时为假。所以，如果已知其中一个命题为真，则另一个命题一定为假；如果已知其中一个命题为假，则另一个命题不能确定真假，除非有别的条件加入。

在反对关系中，管理类、经济类联考逻辑试题一般只考查下列这对命题："所有的 S 都是 P" 与 "所有的 S 都不是 P"。

例如，如果已知"所有的人都会死"为真，则"所有的人都不会死"一定为假；如果已知"所有的人都会死"为假，则不能确定"所有的人都不会死"的真假。

【特别提醒】

逻辑考试在考查考生根据已有的条件进行分析推理的能力时，一般都会假定一些条件为真。有些时候，这些假定为真的命题并不符合生活常理或专业知识，请看清题目。注意，逻辑考查的是考生根据假定的条件进行分析推理的能力，而不是专业知识。

【特别提醒】

"所有的 S 都是 P" 与 "某个具体的 S 不是 P" 两者不是矛盾关系，而是反对关系。

例如，已知"3 班的同学都报考中国人民大学"为真，则"3 班的丽丽同学不报考中国人民大学"一定为假；如果已知"3 班的同学都报考中国人民大学"为假，则能推出"3 班有的同学没报考中国人民大学"为真，但不能确定"3 班的丽丽同学不报考中国人民大学"的真假。

3. 下反对关系：至少一真

SIP 与 SOP 为下反对关系。

具有下反对关系的两个命题不可能同时为假，至少有一个为真，但有可能同时为真。所以，如果已知其中一个命题为真，则另一个命题不能确定真假；如果其中一个命题为假，则另一个命题一定为真。

例如，如果"有些人很优秀"为真，那么不能确定"有些人不是很优秀"的真假；如果"有些人很优秀"为假，则"有些人不是很优秀"一定为真。

4. 差等关系（俗称包含关系）

若全称命题为真，则同质的特称命题为真；若特称命题为假，则同质的全称命题为假。其他推理方向真假不定。

SAP 与 SIP、SEP 与 SOP 之间就是差等关系。

如果"所有的 S 都是 P"为真，则"有些 S 是 P"一定为真；如果已知"有些 S 是 P"为真，则不能确定"所有的 S 都是 P"的真假。

如果"所有的 S 都是 P"为假，则"有些 S 是 P"真假不定；如果已知"有些 S 是 P"为假，则"所有的 S 都是 P"一定为假。

【特别提醒】

"某个具体 S 是 P"与"有些 S 是 P"之间的关系也是差等关系。

如果已知"丽丽很漂亮"为真，则可推出"有些人很漂亮"一定为真；如果已知"有人很漂亮"为真，则不能确定"丽丽很漂亮"的真假。

具有同样素材的 A、E、I、O 四种性质命题之间的真假关系可用图 2-2-1 来帮助记忆。

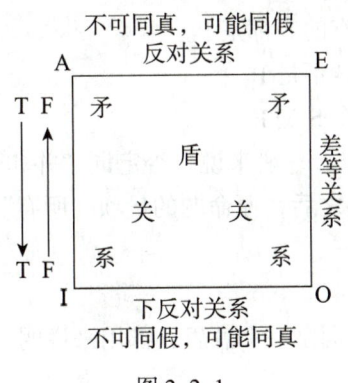

图 2-2-1

图 2-2-1 说明：T 表示真，F 表示假。图 2-2-1 中的箭头所指的意思：若 A 命题为真，则 I 命题一定为真；若 I 命题为假，则 A 命题一定为假。（E 命题和 O 命题的关系以此类推）

如果把单称命题放进来，则会出现更复杂的真假情况。当然，这种纯理论的东西也可以不用记忆。因为一个正常的人凭常识也能理解。例如，已知"小丽是北大毕业的"为真，可以推出"有些人是北大毕业的"为真；但"有些人是北大毕业的"为真，却不能确定"小丽是北大毕业的"的真假。

六种性质命题之间的逻辑对当关系如图 2-2-2 所示。

四、性质命题负命题

负命题，即对原命题进行否定的命题。例如，命题 P，其负命题为非 P。

并非"所有的 S 都是 P"= 有些 S 不是 P。

并非"所有的 S 都不是 P"= 有些 S 是 P。

并非"有些 S 是 P"= 所有的 S 都不是 P。

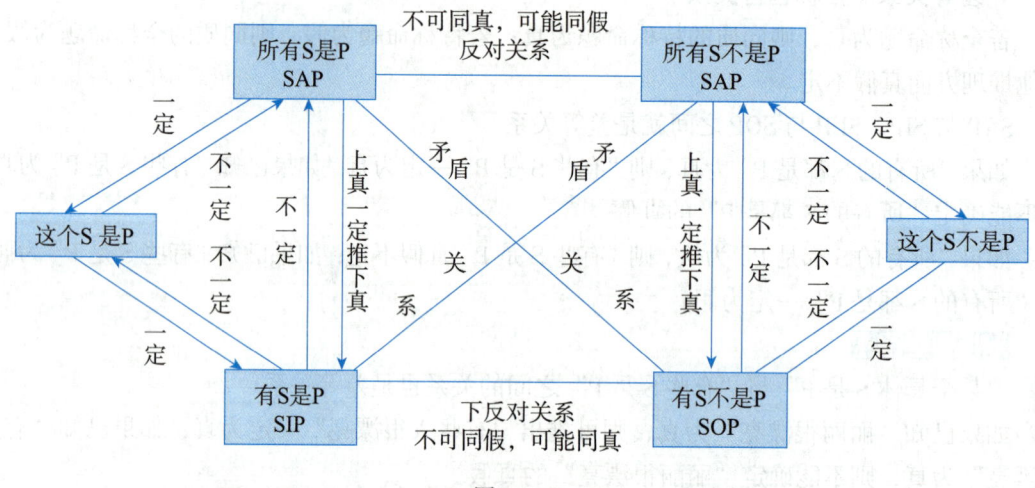

图 2-2-2

并非"有些 S 不是 P"= 所有的 S 都是 P。

并非"这个 S 是 P"= 这个 S 不是 P。

并非"这个 S 不是 P"= 这个 S 是 P。

考生要体会其中的转换规律，一般来说，否定词"并非""不"出现在整句之前，则是对整个命题进行否定，等价转换之后，原命题的量项"所有"与"有些"互换；原命题的联项"肯定"与"否定"互换。

【特别提醒】

（1）"所有""都"这两个词是一个意思，都用来说明主语的数量，不要重复变换，删除一个即可。

（2）性质命题否定之后，进行等价转换后，改变的只是量项与联项，主语与宾语无须改变。

例如，并非"所有不漂亮的女人都没有尊严"= 有些不漂亮的女人有尊严。

其中，"不漂亮的女人"为一个整体，作主语。

（3）"没有 S 不是 P"= "所有的 S 都是 P"。

五、性质命题之间的真假关系题型精讲

【例题 1】北方人不都爱吃面食，但南方人都不爱吃面食。

如果已知上述第一个断定为真,第二个断定为假,则以下哪项不能确定真假?

Ⅰ.北方人都爱吃面食,有的南方人也爱吃面食。

Ⅱ.有的北方人爱吃面食,有的南方人不爱吃面食。

Ⅲ.北方人都不爱吃面食,南方人都爱吃面食。

A.只有Ⅰ。　　B.只有Ⅱ。　　C.只有Ⅲ。　　D.只有Ⅱ和Ⅲ。　　E.Ⅰ、Ⅱ和Ⅲ。

【答案】D

【解析】题干的第一个断定为真,等价于"有的北方人不爱吃面食"。题干的第二个断定为假,等价于"有的南方人爱吃面食"。复选项Ⅰ的前半句为假,整体为假;复选项Ⅱ的前半句真假不定,后半句也真假不定;复选项Ⅲ的前半句真假不定,后半句也真假不定。正确答案为D。

六、性质命题真假话题型精讲

【例题 2】郝大爷过马路时不幸摔倒昏迷,所幸有小伙子及时将他送往医院救治。郝大爷病情稳定后,有 4 位陌生的小伙子陈安、李康、张幸、汪福来医院看望他。郝大爷问他们究竟是谁送自己来医院,他们回答如下:

陈安:我们4人都没有送您来医院。

李康:我们4人有人送您来医院。

张幸:李康和汪福至少有一人没有送您来医院。

汪福:送您来医院的人不是我。

后来证实上述 4 人有两人说真话,两人说假话。

根据以上信息,可以得出哪项?

A.说真话的是李康和张幸。　　B.说真话的是陈安和张幸。

C.说真话的是李康和汪福。　　D.说真话的是张幸和汪福。

E.说真话的是陈安和汪福。

【答案】A

【解析】本题是真假话题型。先找矛盾关系,因为矛盾关系的双方必为一真一假;找不到矛盾关系,再找反对关系、下反对关系、差等关系进行假设。

陈安和李康的话是矛盾关系,必有一真一假。假设汪福的话为真,那么张幸的话也为真,就有三个人的话为真,与题干不符,因此汪福的话肯定为假,陈安的话也为假。正确答案为A。

【例题 3】某公司包括总经理在内共有 20 名员工。有关这 20 名员工,以下三个断定中只有一个是真的:

Ⅰ.有人在该公司入股。

Ⅱ.有人没在该公司入股。

Ⅲ.总经理没在该公司入股。

根据以上事实,以下哪项是真的?

A.20 名员工都入了股。　　B.20 名员工都没入股。

C.只有一人入了股。　　D.只有一人没入股。

E. 无法确定入股员工的人数。

【答案】A

【解析】本题是真假话题型。考点：性质命题之间的真假关系。

复选项Ⅰ、Ⅱ这两句话为"下反对关系"，即"可能同真，不可能同假"，所以，这两句话至少有一句是真的。根据已知条件，三句话中只有一句话为真，则这一句真话只能在复选项Ⅰ、Ⅱ之中，复选项Ⅲ这句话必定为假，由此可推出"总经理在该公司入股"为真。根据性质命题之间的真假关系，可推出"有人在该公司入股"为真。由于只有一句话为真，所以"有人没在该公司入股"为假，则其矛盾命题"所有的人都在该公司入股"为真。所以，正确答案为A。

本题还有另一种解题思路：设"总经理没在该公司入股"为真，那么"有人没在该公司入股"肯定为真，这样就有两句话为真，与题干"以下三个断定中只有一个是真的"矛盾，所以假设错误，"总经理肯定入股了"为真，可推出"有人在该公司入股"为真。根据"只有一句话为真"可知，"有人没在该公司入股"肯定为假，其矛盾命题"所有的员工都在该公司入股了"一定为真。正确答案为A。

【特别提醒】

真假话题型的做题技巧：先找有矛盾关系的一对命题（必一真一假）；如果找不到矛盾关系命题，则可以找反对关系命题（至少有一假）或者寻找下反对关系命题（至少有一真）；另外，还可以通过寻找差等关系命题进行假设代入。

第四节 习题巩固

1. "常在河边走，哪有不湿鞋。"搞财会工作的，都免不了有或多或少的经济问题，特别是在当前商品经济大潮下，更是如此。

以下哪项如果是真的，则最有力地否定了上述断定？

A. 某投资信托公司的会计，经管财务30年，拒受贿赂，一尘不染，多次受到表彰。
B. 随着法制的健全，经济犯罪必将受到严厉的打击。
C. 由于加强了两个文明建设，广大财会人员的思想觉悟有了明显的提高。
D. 以上断定，宣扬的是一种"人不为己，天诛地灭"的剥削阶级世界观。
E. "慎独"是中国的传统美德，这种传统美德，必将发扬光大。

2. 关于甲班体育达标测试，三位老师有如下预测：

张老师说："不会所有人都不及格。"

李老师说："有人会不及格。"

王老师说："班长和学习委员都能及格。"

如果三位老师中只有一人的预测正确，则以下哪项一定为真？

A. 班长和学习委员都没及格。
B. 班长和学习委员都及格了。

C. 班长及格，但学习委员没及格。
D. 班长没及格，但学习委员及格了。
E. 以上各项都不一定为真。

3. 这个单位已发现有育龄职工违纪超生。
如果上述断定是真的，则在下述三个断定中不能确定真假的是：
Ⅰ. 这个单位没有育龄职工不违纪超生。
Ⅱ. 这个单位有的育龄职工没违纪超生。
Ⅲ. 这个单位所有的育龄职工都未违纪超生。
A. Ⅰ和Ⅱ。　　B. Ⅰ、Ⅱ和Ⅲ。　　C. Ⅰ和Ⅲ。　　D. 只有Ⅱ。　　E. 只有Ⅰ。

4. 某公司发生一起贪污案，在对所有可能涉案人员进行排查后，四名审计人员各有如下断定：
甲：所有人都没有贪污。
乙：张经理没有贪污。
丙：这些涉案人员不都没有贪污。
丁：有的人没有贪污。
如果四位审计人员中只有一人的断定属实，那么以下哪项是真的？
A. 甲的断定属实，张经理没有贪污。
B. 丙的断定属实，张经理没有贪污。
C. 丙的断定属实，张经理贪污了。
D. 丁的断定属实，张经理没有贪污。
E. 丁的断定属实，张经理贪污了。

5. 某旅游团去木兰围场旅游，团员们骑马、射箭、吃烤肉，最后去商店购买纪念品。已知：
Ⅰ. 有人买了蒙古刀。
Ⅱ. 有人没有买蒙古刀。
Ⅲ. 该团的张先生和王女士都买了蒙古刀。
如果以上三句话中只有一句为真，则以下哪项肯定为真？
A. 张先生和王女士都没买蒙古刀。
B. 张先生没买蒙古刀，但王女士买了蒙古刀。
C. 该旅游团的李先生买了蒙古刀。
D. 张先生和王女士都买了蒙古刀。
E. 张先生和王女士至少有一个人买了蒙古刀。

6. 设"并非无商不奸"为真，则以下哪项一定为真？
A. 所有商人都是奸商。　　　　　　B. 所有商人都不是奸商。
C. 并非有的商人不是奸商。　　　　D. 并非有的商人是奸商。
E. 有的商人不是奸商。

7. 桌子上有4个杯子，每个杯子上写着一句话。第一个杯子：所有的杯子中都有水果糖。第二个杯子：本杯中有苹果。第三个杯子：本杯中没有巧克力。第四个杯子：有些杯子中没有水果糖。

如果其中只有一句真话，那么以下哪项为真？

A. 所有的杯子中都有水果糖。　　　　　B. 所有的杯子中都没有水果糖。

C. 所有的杯子中都没有苹果。　　　　　D. 第三个杯子中有巧克力。

E. 第二个杯子中有苹果。

8. 已知甲班有 100 人，关于该班有多少人会游泳，有三句陈述：

Ⅰ. 有的人会游泳。

Ⅱ. 有的人不会游泳。

Ⅲ. 班长不会游泳。

已知关于游泳的三句陈述中，只有一句话是真的。

请问以下哪个选项一定为真？

A. 甲班有 99 人会游泳。　　　　　　　B. 甲班只有一个人会游泳。

C. 甲班有 100 人会游泳。　　　　　　　D. 甲班的人都不会游泳。

E. 条件不足，不足以推出结论。

9. 大会主席宣布："此方案没有异议，大家都赞同，通过。"

如果以上不是事实，则以下哪项必为事实？

A. 大家都不赞同方案。　　　　　　　　B. 有少数人不赞同方案。

C. 有些人赞同，有些人反对。　　　　　D. 至少有人是赞同方案的。

E. 至少有人是反对方案的。

10. 税务局发现这个公司有些职工偷税漏税。

如果上述断定为真，则以下四个断定不能确定真假的是：

Ⅰ. 这个公司没有职工不偷税漏税。

Ⅱ. 这个公司有些职工没有偷税漏税。

Ⅲ. 这个公司所有职工都没有偷税漏税。

Ⅳ. 这个公司的职工丽丽偷税漏税。

A. 仅Ⅰ。　　B. Ⅱ和Ⅳ。　　C. Ⅰ、Ⅱ和Ⅳ。　　D. Ⅰ、Ⅲ和Ⅳ。　　E. Ⅱ和Ⅳ。

答案与解析

1.【答案】A

【解析】题型：削弱。考点：性质命题的矛盾关系。

题干可语意转化为"搞财会工作的人都有经济问题"，为全称肯定命题，其矛盾命题（特称否定命题）对其削弱最有力。正确答案为 A。

2.【答案】A

【解析】本题是真假话题型，考点：性质命题。张老师的话等于"有人及格"，张老师的话与李老师的话为下反对关系，至少有一真；根据已知条件，只有一人的预测为真，推出王老师的话为假，即"班长和学习委员都能及格"为假，得出班长和学习委员至少有一个人不及格，因而，推出李老师的话为真。由于只有一人的预测为真，所以张老师的话为假，即所有人都不及格。正确答案为 A。

另一种解题思路：假设王老师的话为真，则可推出张老师的话为真，两句话为真，与已知"只有一人的预测为真"矛盾,所以,假设不成立,即王老师的话一定假。其他解题步骤如上。

3.【答案】A

【解析】本题考查性质命题之间的真假对应关系,较容易出错。当"有些S是P"为真时,"有些S不是P"真假不定,"所有的S都是P"也真假不定,而"所有的S不是P"必假。

题干为特称肯定命题"有些S是P"。复选项Ⅰ的意思是"这个单位所有的育龄职工都违纪超生了",为全称肯定命题,这与题干为差等关系,有可能是真的,但也可能是假的。复选项Ⅱ的意思是"这个单位有的育龄职工没违纪超生",为特称否定命题,与题干为下反对关系,不能确定真假。复选项Ⅲ为全称否定命题,与题干为矛盾关系,肯定为假。

该题要求选择不能确定真假的选项,正确答案为A。

4.【答案】C

【解析】本题是真假话题型,考点:性质命题。丙的意思是有的人贪污了。甲、丙的话为矛盾关系,必有一真一假。由已知只有一人的断定属实,推出乙和丁的话都为假,因此张经理贪污,丙的断定属实。正确答案为C。

5.【答案】A

【解析】本题是真假话题型。考点:性质命题之间的真假关系。

先找矛盾关系命题,发现没有;那么找下反对关系命题、反对关系命题、差等关系命题。

复选项Ⅰ、Ⅱ为下反对关系,即"可能同真,不可能同假",所以这两句话至少有一句话是真的。根据已知条件,三句话中只有一句话为真,则这一句真话只能在复选项Ⅰ、Ⅱ之中,复选项Ⅲ必定为假,可推出"张先生和王女士至少有一个人没有买蒙古刀"为真。〔提醒:如果"张先生和王女士都买了"为假,不能必然得出"两人都没买"的真假;公式为"并非(P且Q)"="非P或非Q"。〕根据性质命题之间的真假关系,可推出复选项Ⅱ为真。由于只有一句话为真,所以复选项Ⅰ为假,则其矛盾命题"所有的人都没买蒙古刀"为真。正确答案为A。

本题还有另一种解题思路:设复选项Ⅲ为真,那么复选项Ⅰ肯定为真,这样就有两句话为真,与"三句话中只有一句为真"矛盾,所以,假设复选项Ⅲ为真不成立,即张先生和王女士至少有一个人没买蒙古刀。由此可知,复选项Ⅱ为真。根据"只有一句为真"可知,复选项Ⅰ肯定为假,其矛盾命题"所有人都没买蒙古刀"一定为真。正确答案为A。

6.【答案】E

【解析】题型:推出结论。考点:性质命题的否定。

"无商不奸"的意思是"所有的商人都是奸商",为全称肯定命题;"并非"是对其的否定,则其矛盾命题(特称否定命题)"有的商人不是奸商"必为真。正确答案为E。

为巩固知识点,请考生自行把选项C、D的意思弄明白。

7.【答案】D

【解析】本题是真假话题型。考点:性质命题。

真假话题型的解题思路:先找矛盾关系命题。第一个和第四个杯子上的话为矛盾关系,必有一真一假。已知"只有一句真话",则第二个、第三个杯子上的话都是假的,所以,"第三个杯子中有巧克力"。正确答案为D。

8.【答案】C

【解析】本题是真假话题型。考点：性质命题之间的真假关系。

先找矛盾关系命题，发现没有；那么找下反对关系命题、反对关系命题、差等关系命题。

复选项Ⅰ、Ⅱ为"下反对关系"，即"可能同真，不可能同假"，所以，这两句话至少有一句是真的。根据已知条件"三句陈述中，只有一句话是真的"，则这一句真话只能在复选项Ⅰ、Ⅱ之中，复选项Ⅲ这句话必定为假，可推出"班长会游泳"为真。根据性质命题之间的真假关系，可推出"有的人会游泳"为真。由于只有一句话为真，所以"有的人不会游泳"为假，则其矛盾命题"所有的人都会游泳"为真。正确答案为 C。

本题还有另一种解题思路：设复选项Ⅲ"班长不会游泳"为真，那么复选项Ⅱ"有人不会游泳"肯定为真，这样就有两句话为真，与"三句陈述中，只有一句话是真的"矛盾，所以，假设"班长不会游泳"不成立，即"班长会游泳"为真。由此可知，"有的人会游泳"为真。根据"只有一句话是真的"可知，"有的人不会游泳"肯定为假，其矛盾命题"所有人都会游泳"一定为真。正确答案为 C。

9.【答案】E

【解析】本题是推出结论题型。考点：性质命题的否定。

全称否定命题"所有人都没有异议"为假，则其矛盾命题（特称肯定命题）"至少有人是有异议的"为真。所以，正确答案为 E。本题的难点在于逻辑上对"有些"的理解："有些"意味着"至少有些"，并不能确定为"少数或多数或一般或全部"。另外，"有些 S 不是 P"为真，并不能确定"有些 S 是 P"为真，所以，选项 D 不能确定真假。做错本题的考生，请认真阅读"性质命题之间的真假关系"的知识点。

10.【答案】C

【解析】本题考查性质命题之间的真假对应关系，较容易出错。当"有些 S 是 P"为真时，则"有些 S 不是 P"真假不确定，"所有的 S 都是 P"也真假不定，而"所有的 S 不是 P"必假。

题干为特称肯定命题"有些 S 是 P"。复选项Ⅰ的意思是"这个单位的所有职工都偷税漏税了"，为全称肯定命题，与题干为差等关系，不能确定真假。

复选项Ⅱ为特称否定命题，与题干为下反对关系，不能确定真假。

复选项Ⅲ为全称否定命题，与题干为矛盾关系，肯定为假。

复选项Ⅳ为单称肯定命题，已知有职工偷税漏税，但不能确定是丽丽偷税漏税，所以复选项Ⅳ不能确定真假。

该题要求选择不能确定真假的选项，所以，正确答案为 C。

第三章 三 段 论

本章思维导图

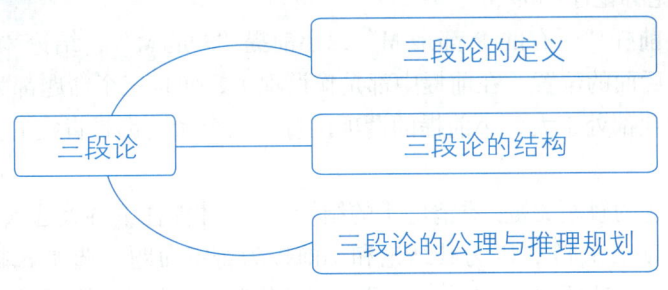

第一节 考情分析

三段论一直以来都是联考逻辑考查的重要内容,见表 2-3-1,通常都是和性质命题、联言命题、选言命题、假言命题结合起来考查,涉及的范围比较广。

表 2-3-1

考试年份	2011	2012	2013	2014	2015	2016	2017	2018	2019	2020
题目数量	1	1	2	2	1	0	1	2	2	1

第二节 考点测评

【例题】凡金属都是导电的,铜是导电的,所以,铜是金属。
下面哪项与上述推理结构最相似?
A. 所有的鸟都是卵生动物,蝙蝠不是卵生动物,所以,蝙蝠不是鸟。
B. 所有的鸟都是卵生动物,天鹅是鸟,所以,天鹅是卵生动物。
C. 所有从事工商管理的都要学习企业管理,老陈是学习企业管理的,所以,老陈是从事工商管理工作的。
D. 只有精通市场营销理论,才是一个合格的市场营销经理,老张精通市场营销理论,所以,老张是合格的市场营销经理。
E. 华山险于黄山,黄山险于泰山,所以,华山险于泰山。

【盲点分析】结合考点评测题,弄清楚三段论的结构。
【答案】C
【解析】题干本身就是一个三段论,只不过这个三段论是错误的。但结构类似题型并不一定要考生指出错在何处,只要结构相似即可。

注意分析技巧：结论中的主项叫小项，一般记作 S；结论中的谓项叫大项，一般记作 P；两个前提中共有的项叫中项，中项起到连接两个前提的作用，故又称为联系项或媒介项，一般记作 M。在三段论中，含有大项的前提叫大前提，标记序列为 1；含有小项的前提叫小前提，标记序列为 2；结论标记序列为 3。

　　题干分析：大前提"所有的 P 都是 M"，小前提"S 是 M"，结论"S 是 P"，中项在两个前提中都处于后面的位置（在前提中都是作谓项），而且三个命题都为肯定命题。

　　这个推理的中项都处于大、小前提的谓项位置，三个命题都是肯定的。与其类似的推理只有选项 C。

　　这种结构类似题的解题关键：看清题干的结构之后，才能往下寻找选项，否则，容易误选。

　　选项分析：选项 A 排除，因为其结论和小前提为否定命题；选项 B 排除，因为其中项在大前提的主项前面；选项 C 正确，无论是中项的位置，还是命题的质和量，都完全吻合；选项 D 排除，这是一个必要条件假言命题推理；选项 E 为一个关系推理。

第三节　考点精讲与核心题型

一、三段论的结构

　　三段论在我们的日常讲话、法庭辩论、公文写作中都是比较常见的，在逻辑试题中，一个最重要的题型就是结构类似。所以，我们必须首先理解什么叫三段论。

　　三段论是由两个含有共同项的性质命题作为前提，推出另一个性质命题作为结论的演绎推理。在一个有效的三段论中，一共只出现三个概念，每个概念出现且仅出现两次，例如：

　　所有的人都会死，　　　　（大前提）
　　我们是人，　　　　　　　（小前提）
　　所以，我们　　会死。　　（结论）
　　　　　（小项）（大项）

　　其中，结论中的主项叫作小项，如上例中的"我们"；结论中的谓项叫作大项，如上例中的"会死"；两个前提中共有的项叫作中项，中项起到连接两个前提的作用，故又称为联系项或媒介项，如上例中的"人"。在三段论中，含有大项的前提叫大前提，如上例中的"所有的人都会死"；含有小项的前提叫小前提，如上例中的"我们是人"。

　　一般来说，标准的三段论结构是 1. 大前提；2. 小前提；3. 结论。但在日常语言中，可能会省略其中的一句，也有可能会把结论提前到第一句，这些都不影响三段论的结构。而这些，都是逻辑考试的考核点。

　　对于三段论来说，真正影响结构的是中项的位置、结论与前提的"质"（肯定或否定）、结论与前提的主项的"量"（"所有"或"有些"）。

二、三段论的公理与推理规则

在逻辑考试的试题中并不考查学生的逻辑专业知识，三段论这个考点往往侧重于比较三段论的结构、补充三段论推理的前提、利用三段论推理推出结论（这一点可以用欧拉图来解决）。考生多做几道真题，掌握其中的技巧即可。

【特别提醒】

如果你仅仅是针对管理类、经济类逻辑考试，此部分完全不用看，请直接跳到题型精讲部分。

没有下面的知识并不影响解题的准确性与速度。解题时有更好的方法，详见题型精讲部分。

1. 三段论的公理

三段论的公理表述如下：一类对象的全部是什么（或不是什么），那么这类对象中的部分对象也是什么（或不是什么）。通俗一点说就是，凡是肯定了（或否定了）一类对象的全部，也就必然要肯定（或否定）这一类对象的任何一部分或任何一个。欧拉图如下：

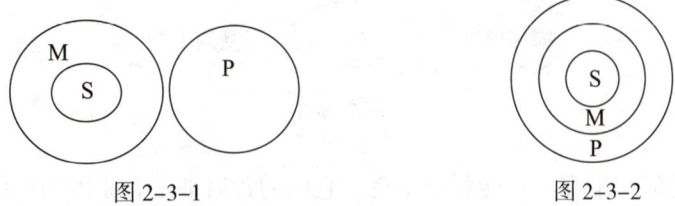

图 2-3-1　　　　　　　　图 2-3-2

图 2-3-1：所有的 M 都不是 P，所有的 S 都是 M，所以，所有的 S 都不是 P。

图 2-3-2：所有的 M 都是 P，所有的 S 都是 M，所以，所有的 S 都是 P。

2. 三段论的规则

三段论的规则有五条（无须记忆、无须掌握）：

第一条：中项在前提中至少周延一次且不得偷换概念。

第二条：在前提中不周延的项在结论中也不得周延。

第三条：两个否定的前提不能得出结论。

第四条：两个前提中如果有一个是否定的，则结论是否定的；如果结论是否定的，则前提中一定有一个并且只有一个是否定的。

第五条：两个特称的前提推不出结论；如果两个前提中有一个是特称，则结论必然为特称。

三、三段论题型精讲

三段论历史较为悠久，理论知识比较多，公理、规则等内容也比较复杂，但参加管理类联考、经济类联考的考生不必记忆与背诵三段论的相关理论，只需要掌握相关题型的解题技巧即可快速准确解题。

三段论经常考的题型有三种：推出结论题型、结构类似题型、补充前提题型。

题型一：推出结论题型

【例题1】倪教授认为，我国工程技术领域可以考虑与国外先进技术合作，但任何涉及核心技术的项目决不能受制于人；我国许多网络安全建设项目涉及信息核心技术，如果全盘引进国外先进技术而不努力自主创新，我国的网络安全将会受到严重威胁。

根据倪教授的描述，可以得出以下哪项？

A. 我国有些网络安全建设项目不能受制于人。
B. 我国工程技术领域的所有项目都不能受制于人。
C. 如果能做到自主创新，我国的网络安全就不会受到严重威胁。
D. 我国许多网络安全建设项目不能与国外先进技术合作。
E. 只要不是全盘引进国外先进技术，我国的网络安全就不会受到严重威胁。

【答案】A

【解析】根据欧拉图，如图2-3-3所示，可以很清楚地看出，正确答案为A。

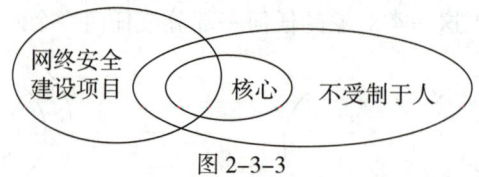

图2-3-3

【例题2】任何结果都不可能凭空出现，它们的背后都是有原因的；任何背后有原因的事物均可以被人认识。而可以被人认识的事物都必然不是毫无规律的。

根据以上陈述，以下哪项为假？

A. 任何结果都可以被人认识。
B. 任何结果出现的背后都是有原因的。
C. 有些结果的出现可能毫无规律。
D. 那些可以被人认识的事物必然有规律。
E. 人有可能认识所有事物。

【答案】C

【解析】根据欧拉图，如图2-3-4所示，直接能得出：任何结果的出现都必然是有规律的。它的矛盾命题为：有些结果的出现可能没有规律。正确答案为C。

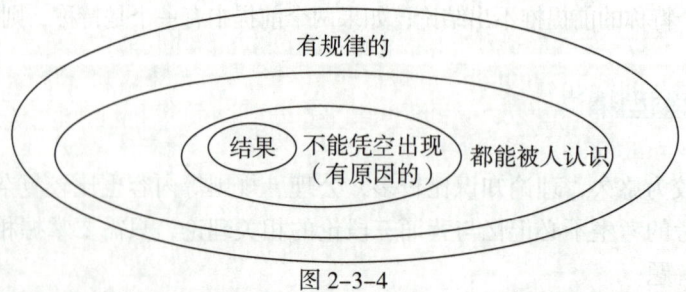

图2-3-4

题型二：结构类似题型

【例题3】所有的聪明人都是近视眼，我近视得很厉害，所以我很聪明。
以下哪项与上述推理的逻辑结构一致？
A. 我是个笨人，因为所有的聪明人都是近视眼，而我的视力那么好。
B. 所有的猪都有四条腿，但这种动物有八条腿，所以它不是猪。
C. 小陈十分高兴，所以小陈一定长得很胖，因为高兴的人都能长胖。
D. 所有的天才都高度近视，我一定是高度近视，因为我是天才。
E. 所有的鸡都是尖嘴，这种总在树上待着的鸟是尖嘴，因此它是鸡。
【答案】E
【解析】题型：结构类似。考点：三段论。
这种结构类似题的解题关键：看清题干的结构之后，才能往下寻找选项，否则，容易误选。
题干分析：大前提—小前提—结论。推理结构：所有的P都是M，S是M，所以S是P，中项在两个前提中都处于后面的位置（在前提中都是谓项），而且，三个命题都为肯定命题。
题干的小前提有一个陷阱，"我近视得很厉害"应该转化成标准形式"我是近视眼"。
A项有陷阱：结论提前，而且结论"我是个笨人"等价于"我不是个聪明人"。
A项可整理为：所有的聪明人都是近视眼，我不是近视眼，所以我不是聪明人（是个笨人）。
A项的结构：所有的P都是M，S不是M，所以S不是P。
B项有陷阱："这种动物有八条腿"等价于"这种动物不是四条腿"，和选项A结构类似。
C项有陷阱：大小前提的位置打乱。C项可整理为：所有高兴的人都能长胖，小陈十分高兴，所以小陈一定长得很胖。C项的结构：所有的M都是P，S是M，所以S是P。
D项：所有的天才都高度近视，我是天才，所以我一定高度近视。选项D和选项C结构一致。
E项的结构：所有的P都是M，S是M，所以S是P。由此可见，各选项中，只有E选项的结构和题干的一致，正确答案为E。
考生要注意体会本题选项中所设置的陷阱。

题型三：补充前提题型

【例题4】大山中学所有骑自行车上学的学生都回家吃午饭，因此，有些家在郊区的大山中学的学生不骑自行车上学。
为使上述论证成立，以下哪项关于大山中学的断定是必须假设的？
A. 骑自行车上学的学生家都不在郊区。　　B. 回家吃午饭的学生都骑自行车上学。
C. 家在郊区的学生都不回家吃午饭。　　D. 有些家在郊区的学生不回家吃午饭。
E. 有些不回家吃午饭的学生家不在郊区。
【答案】D
【解析】本题是补充前提题型。考点：三段论。
问题"为使上述论证成立，以下哪项关于大山中学的断定是必须假设的"的意思是，题干的论证本身是不成立的、有缺陷的，必须要补充一个前提，即补充题干论证的证据与结论中缺的部分，在证据与结论之间进行搭桥，题干的论证才可能成立。所以，这类题目需要补充一个必要性前提。所谓必要性前提，即没有这个前提，其推理一定是错误的。

为使题干的论证成立，必须把"回家吃午饭"与"家在郊区的学生"进行搭桥，满足此要求的只有选项 C、D、E。选项 E 代入题干无法推出其结论，选项 C、D 代入题干都可以推出其结论。请注意：本题的关键在于理解必要性前提，即如果否定它，则题干的论证不成立。所以，对于假设题而言，一般在两个话题一致的选项中，排除范围过大的选项。正确答案为 D。

当然，本题还有更方便快速的做法。三段论补充前提类题型的口诀：在一个完整有效的三段论中，主项、谓项涉及的概念都必须出现两次而且只能出现两次，即把只出现一次的概念进行串联。在本题中，"回家吃午饭"与"家在郊区的学生"需要进行串联，选项 C、D、E 都有"回家吃午饭"与"家在郊区的学生"这两个概念。此题的结论是特称否定命题，已经给出的前提是全称肯定命题，根据三段论的推理规则，"如果结论是否定的，则前提中一定有且只有一个是否定的"以及"如果两个前提中有一个是特称，则结论必然特称"可知，需要补充一个特称否定命题。正确答案为 D。

第四节 习题巩固

1. 有些导演留大胡子，因此，有些留大胡子的人是大嗓门。

为使上述推理成立，必须补充以下哪项作为前提？

A. 有些导演是大嗓门。
B. 所有大嗓门的人都是导演。
C. 所有导演都是大嗓门。
D. 有些大嗓门的不是导演。
E. 有些导演不是大嗓门。

2. 姜昆是相声演员，姜昆是曲艺演员。所以相声演员都是曲艺演员。

以下哪项推理明显说明上述论证不成立？

A. 人都有思想，狗不是人，所以狗没有思想。

B. 商品都有价值，商品都是劳动产品。所以，劳动产品都有价值。

C. 所有技术骨干都刻苦学习，小张不是技术骨干，所以，小张不是刻苦学习的人。

D. 犯罪行为都是违法行为，犯罪行为都应受到社会谴责，所以，违法行为都应受到社会谴责。

E. 黄金是金属，黄金是货币。所以，金属都是货币。

3. 主张信仰都不科学。因为科学不是宗教，宗教都主张信仰。

以下哪项最能说明上述推理不成立？

A. 所有渴望成功的人都必须努力工作，我不渴望成功，所以我不必努力工作。

B. 商品都有使用价值，空气当然有使用价值，所以空气当然是商品。

C. 不刻苦学习的人都成不了技术骨干，小张是刻苦学习的人，所以小张能成为技术骨干。

D. 台湾人不是北京人，北京人都说汉语，所以，说汉语的人都不是台湾人。

E. 犯罪行为都是违法行为，违法行为都应受到社会谴责，所以应受到社会谴责的行为都是犯罪行为。

4. 所有校学生会委员都参加了大学生电影评论协会，张珊、李斯和王武都是校学生会委员。大学生电影评论协会不吸收大学一年级学生参加。

如果上述断定为真，则以下哪项一定为真？

Ⅰ. 张珊、李斯和王武都不是大学一年级学生。
Ⅱ. 所有校学生会委员都不是大学一年级学生。
Ⅲ. 有些大学生电影评论协会的成员不是校学生会委员。

A. 只有Ⅰ。　　B. 只有Ⅱ。　　C. 只有Ⅲ。　　D. Ⅰ和Ⅱ。　　E. Ⅰ、Ⅱ和Ⅲ。

5. 通信部队的士兵学习了不少步兵战术，赵洪是通信部队的士兵，所以他也学习了不少步兵战术。

以下哪项与上述论述最为相似？

A. 哲学系的学生都学"微积分"这门课程，张中是哲学系的一名学生，所以她也学习了"微积分"这门课程。

B. 所有的旧电脑软件需要经常升级，这个电脑软件是新的，所以不需要经常升级。

C. 某个工厂的工人参加了不少科普讲座，老马是这个工厂的一名工人，所以他也参加了不少科普讲座。

D. 参加这次演出的成员多数是女学生，张中参加了这次演出，所以她也是女学生。

E. 哲学系的教师写了许多哲学方面的论文，老张不是哲学系的一名教师，所以他没有写过哲学方面的论文。

6. 我是北京人，但同时我也是中国人。因此，北京人都是中国人。

以下哪项最能说明上述推理不成立？

A. 姜坤是相声演员，姜坤是曲艺演员。因此，相声演员都是曲艺演员。

B. 鲁迅是绍兴人，鲁迅是文学家。因此，绍兴人都是文学家。

C. 商品都有使用价值，太阳光不是商品。因此，太阳光没有使用价值。

D. 爱迪生是科学家，爱迪生没有大学文凭。因此，没有大学文凭的人有可能成为科学家。

E. 班干部参加了奥运志愿服务，小赵也参加了奥运志愿服务，所以，小赵是班干部。

7. 所有景观房都可以看到山水景致，但是李文秉家看不到山水景致，因此，李文秉家不是景观房。

以下哪项和上述论证方式最为类似？

A. 善良的人都会得到村民的尊重，乐善好施的成公得到了村民的尊重，因此，成公是善良的人。

B. 东墩市场的蔬菜都非常便宜，这篮蔬菜不是在东墩市场买的，因此，这篮蔬菜不便宜。

C. 九天公司的员工都会说英语，林英瑞是九天公司的员工，因此，林英瑞会说英语。

D. 达到基本条件的人都可以申请小额贷款，孙雯没有申请小额贷款，因此，孙雯没有达到基本条件。

E. 进入复试的考生笔试成绩都在160分以上，王离芬的笔试成绩没有达到160分，因此，王离芬没有进入复试。

8. 有些阔叶树是常绿植物，因此阔叶树都不生长在寒带地区。

以下哪项如果为真，最能反驳上述结论？

A. 有些阔叶树不生长在寒带地区。　　B. 常绿植物都生长在寒带地区。

C. 某些寒带地区不生长常绿植物。　　D. 常绿植物都不生长在寒带地区。

E. 常绿植物不都是阔叶树。

9. 所有物质实体都是可见的，而任何可见的东西都没有神秘感。因此，精神世界不是物质实体。

以下哪项最可能是上述论证所假设的？

A. 精神世界是可见的。　　　　　　　B. 有神秘感的东西都是不可见的。

C. 可见的东西都是物质实体。　　　　D. 精神世界有时也是可见的。

E. 精神世界具有神秘感。

10. 蓝星航线上所有货轮的长度都大于 100 m，该航线上所有客轮的长度都小于 100 m。蓝星航线上的大多数轮船都是 1990 年以前下水的。金星航线上的所有货轮和客轮都是 1990 年以后下水的，其长度都小于 100 m。大通港一号码头只对上述两条航线的轮船开放，该码头设施只适用于长度小于 100 m 的轮船。捷运号是最近停靠在大通港一号码头的一艘货轮。

如果上述判定为真，则以下哪项一定为真？

A．捷运号是 1990 年以后下水的。

B．捷运号属于蓝星航线。

C．大通港只适于长度小于 100 m 的货轮。

D．大通港不对其他航线开放。

E．蓝星航线上的所有轮船都早于金星航线上的轮船下水。

答案与解析

1. 【答案】C

【解析】补充前提题型的题干论证本身是不成立的、有缺陷的，必须要补充一个前提进去，即补充论证证据与结论中缺的部分，在证据与结论之间进行搭桥，题干的论证才可能成立。所以，一般可以把选项代入题干已知条件进行推理，看看能否推出题干中的结论。

当然，补充前提题型更方便、更快速的做法是：在一个完整有效的三段论中，主项、谓项涉及的概念都必须出现两次而且只能出现两次，即把只出现一次的进行串联，"导演"与"大嗓门"需要进行串联。此题的结论是特称命题，已经给出的前提是特称命题，根据三段论的推理规则，"两个特称的前提推不出结论"可知，需要补充一个全称命题，排除选项 A、D、E。根据"全称命题的主项都是周延的，而肯定命题的谓项都是不周延的"可知，选项 B 的主项是周延的，而结论的谓项是不周延的，违背了三段论的推理规则"在前提中不周延的项在结论中也不得周延"，排除选项 B。正确答案为 C。

2. 【答案】E

【解析】本题是结构类似题型。考点：三段论推理错误类似。

题干的推理属于三段论推理，两个前提的主项都是同一个单独概念，结构形式：M 是 S，M 是 P，所以 S 都是 P。与题干具有同样的结构形式的只有选项 E。而选项 E 的前提都是真的，但其结论"金属都是货币"明显是假的，这就说明其推理形式是错误的。所以，如果选项E为真，则说明题干的论证也是错误的。选项B和D的前提都是全称命题，题干的前提是单称命题，结构形式不类似，排除。正确答案为E。

3．【答案】D

【解析】本题是结构类似题型。考点：三段论推理的错误类似。

题干的结构：所有P都不是M，所有M都是S，所以所有S都不是P。注意题干语言表达中的陷阱，题干把结论提前了。在五个选项中，选项A的大前提中项位置与题干不一致；选项B的前提和结论都是肯定命题；选项C是充分条件假言命题否定前件进而否定后件的推理，且结论为肯定命题；选项E的前提和结论都是肯定命题。只有选项D具有和题干相同的推理形式，且选项D的结论明显是假的。所以，正确答案为D。

4．【答案】D

【解析】本题是推出结论题型。题干条件：张珊等人→校学生会委员→电影协会→非一年级。由此可知，复选项Ⅰ一定为真；复选项Ⅱ也一定为真；复选项Ⅲ不一定为真，因为两者有完全重合的可能。所以，正确答案为D。

5．【答案】C

【解析】本题题干为三段论，题干的错误为偷换概念，"通信部队的士兵"在"通信部队的士兵学习了不少步兵战术"中为集合概念，强调的是整体集合具有的属性，不能根据集体具有某种属性推出一个具体的个体也具有此种属性。A项有"都"，与题干不类似；B项"所有"，与题干不类似；D项增添量词"多数"，与题干不类似；E项结论为否定形式，与题干不类似。C项的结构和语言形式与题干完全一样，所以，正确答案为C。

6．【答案】B

【解析】题型：结构类似。考点：三段论。

题干的推理属于三段论的推理，两个前提的主项都是同一个单独概念，结构形式：M是S，M是P，因此S都是P，与题干具有同样的结构形式的只有选项A、B。选项B的结论"绍兴人都是文学家"是错误的，由正确的前提推出错误的结论，由此说明其推理形式是有问题的。正确答案为B。

7．【答案】E

【解析】本题考点：三段论的结构类似。这种结构类似题的解题关键是看清题干的结构之后，再往下寻找选项，否则容易误选。

题干结构：（1）所有P都可以看到M；（2）S看不到M；（3）所以S不是P。只有选项D、E的形式和结构与题干一样。但选项D有陷阱，即"孙雯没有申请小额贷款"并不一定是不可以申请。所以，正确答案为E。

8．【答案】B

【解析】本题是三段论反驳结论题型。题干结论：所有阔叶树都不生长在寒带地区。削弱则只需要证明"有的阔叶树生长在寒带地区"为真。如果选项B为真，根据已知条件"有些阔叶树是常绿植物"可以推出：有些阔叶树生长在寒带地区。这与题干结论矛盾。所以，正确答案为B。

本题也可以按照假设题型解题。先找到题干论证的假设，即"有些常绿植物不生长在寒带地区"；然后对假设进行否定，得出的结论与选项 B 一致。因此，正确答案为 B。

9.【答案】E

【解析】A 选项补充进题干论证：所有物质实体都是可见的，而任何可见的东西都没有神秘感，精神世界是可见的，得不出来精神世界不是物质实体。A 选项排除。B 选项仅仅是重复并加强了题干，没有涉及神秘感或者物质实体与精神世界之间的关系，排除。C 选项仅仅重复并加强题干的论述，没有涉及神秘感或者物质实体与精神世界之间的关系，排除。D 选项明显不对，故排除。E 选项补充入题干：所有物质实体都是可见的，而任何可见的东西都没有神秘感，精神世界具有神秘感，因此，精神世界不是物质实体。补充了精神世界和神秘感之间的联系，形成了一条完整的推理链，正确。

10.【答案】A

【解析】由捷运号停靠在大通港一号码头，可推出其长度小于 100 m。因为大通港一号码头的设施只适用于长度小于 100 m 的轮船。由捷运号是货轮，可推出它不是蓝星航线上的。因为蓝星航线上的所有货轮的长度都大于 100 m。由捷运号不是蓝星航线上的，可推出是金星航线上的。因为大通港一号码头只对这两条航线的轮船开放。由捷运号是金星航线上的，可推出是 1990 年以后下水的。因为金星航线上的所有货轮和客轮都是 1990 年以后下水的。

第四章 模态命题

本章思维导图

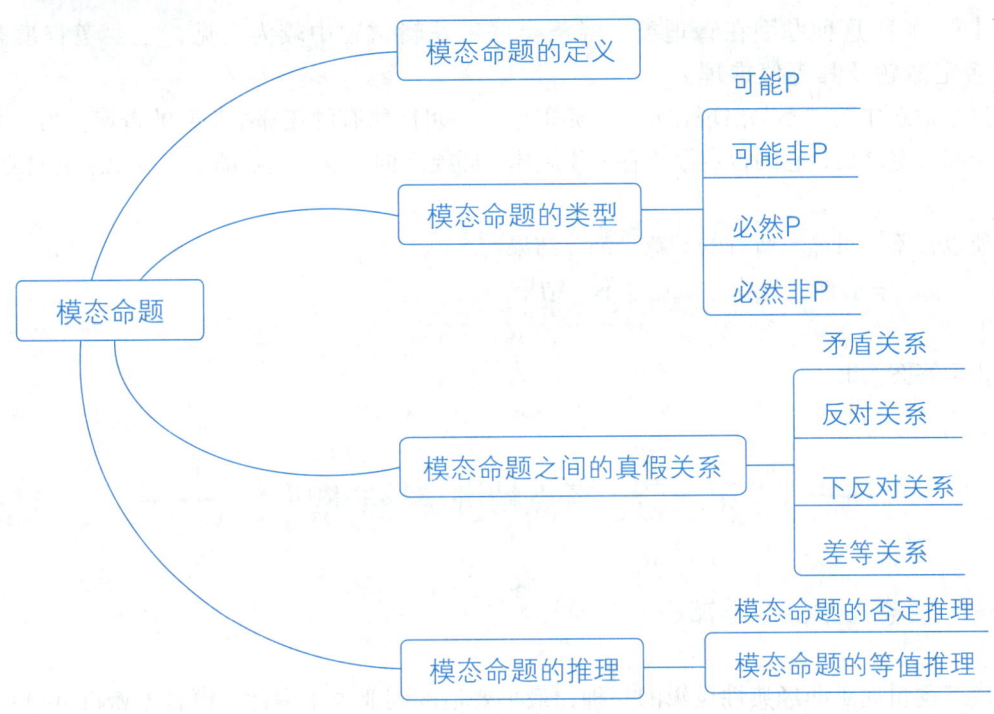

第一节 考情分析

模态命题与性质命题类似，相应性质均可推广过来使用，近些年多出现模态命题与文言文结合考查的题型，见表2-4-1。

表2-4-1

考试年份	2011	2012	2013	2014	2015	2016	2017	2018	2019	2020
题目数量	0	1	1	0	0	0	1	1	1	0

第二节 考点测评

【例题】不可能所有的花都结果。
以下哪项断定的含义与上述断定最为接近？

A. 可能所有的花都不结果。　　B. 可能有的花不结果。
C. 可能有的花结果。　　　　　D. 必然所有的花都不结果。
E. 必然有的花不结果。

【答案】E

【解析】这种题型在管理类、经济类联考逻辑试题中较为常见，主要考查模态命题的否定命题及其等值推理。

这个命题中的"不"出现在句首，是对整个"可能所有的花都结果"的否定。当一个句子被全部否定之后，它的否定等值有一条规律，即模态词、量项、质都要变成原来的对立面。

> 所以，不　可能　所有的　花　都　结果
> 　　　= 必然　有些　　 花　不　结果。

正确答案为 E。

第三节　考点精讲与核心题型

一、模态命题的基础知识

模态逻辑属于非经典性逻辑的一种，最早要追溯到亚里士多德。模态（Modality）一词的原意是指"必然"和"可能"两个词，含有"必然"或"可能"的命题就称为模态命题。研究有模态命题参与的推理的学科就叫模态逻辑。为了通俗易懂，下面尽量用通俗化的语言进行陈述。

例如，汽车的速度不可能超过光速。

1. 在生活中，大多数判断可以概括为三类

（1）必然的判断：$x=10$ 或 $x \neq 10$ 是必然的。

（2）可能的判断：我这个决策方案很可能会成功。（就像买彩票，如果卖方不作弊，那么，你买彩票中奖的可能性还是有的。）

以上两种包含"必然""可能"的命题就是模态命题。

（3）事实判断：我中了一百万。

一般来说，只有事实判断才有我们平时所说的真假。例如，当我没有中一百万时，我却说："我中了一百万。"这个命题一定是假的。而"我可能中一百万"这个命题不一定是假的。

事实判断即使为真，也不一定意味着这个判断是必然的，即就算"我中了一百万"为真，也不意味着"我必然中一百万"为真。

逻辑讲究严谨与周密，这正是我们未来作为一个管理者必须具备的素质。模态逻辑比较抽象，比较艰深。

【特别提醒】

在逻辑考试中，模态命题一般只会出现 2 分的题目，而且有行之有效的解题方法，不必死记硬背知识点和公式。

所谓的模态命题，就是指断定事物可能性或必然性的判断。通俗地讲，在管理类、经济类考试中，就是指包含了"可能""必然""不可能""不必然"等语词（这些语词被称为模态词）的句子。在模态命题中，模态词的位置是不固定的，可以在前，也可以在后，还可以在中间，要注意识别。

例如，不可能所有的错误都能避免。

客观规律不以人的意志为转移是必然的。

模态命题指的是包含模态词的命题。模态词分为可能性和必然性两种。常见的可能性模态词有"可能""大概""也许"，常见的必然性模态词有"一定""必定""必然"等。

2. 模态命题之间的真假关系

模态命题一般分为四种：必然 P、必然非 P，可能 P、可能非 P。这四种模态命题也具有类似于性质命题之间所具有的真假对当关系。具体如下：

（1）具有矛盾关系的命题：必然 P 与可能非 P、必然非 P 与可能 P。矛盾关系的两个命题不可同真，不可同假，必为一真一假。

（2）具有反对关系的命题：必然 P 和必然非 P。反对关系的两个命题不可同真，但可能同假。如果已知"必然 P"这个命题为真，则"必然非 P"这个命题一定为假；如果已知"必然 P"这个命题为假，则"必然非 P"真假不定。

（3）具有下反对关系的命题：可能 P 和可能非 P。下反对关系的两个命题不可同假，但可能同真。如果已知两个命题中的一个为真，则另一个命题真假不定；如果已知两个命题中的一个为假，则另一个命题必定为真。

（4）具有差等关系的命题：必然 P 和可能 P，必然非 P 和可能非 P。差等关系的命题性质：当已知必然性的命题为真时，则其同质的可能性命题一定为真；当已知可能性命题为假时，则其同质的必然性命题一定为假。其余方向的推理则不能必然确定。

模态判断的对当关系见图 2-4-1。

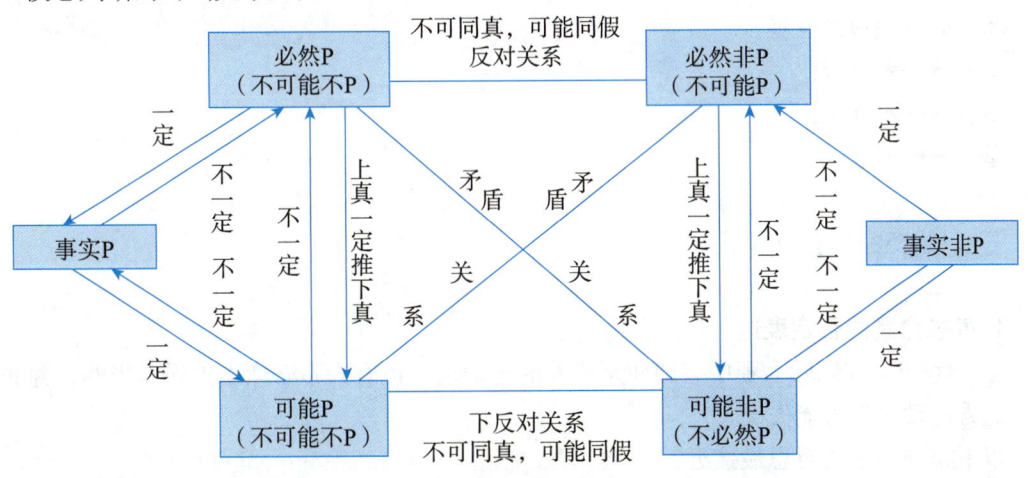

图 2-4-1

二、模态命题的否定命题及其等值推理

注意否定的位置，一种是否定在模态词前，这是对整个模态命题的否定，如并非必然 P、并非可能 P；另一种是否定在模态词后，即仅仅对 P 进行否定，如必然非 P、可能非 P。这两种否定是不一样的。

当否定词在模态词前时，否定不仅是对 P 的否定，还是对模态的否定。

并非必然 P= 可能非 P；

并非可能 P= 必然非 P；

并非必然非 P= 可能 P；

并非可能非 P = 必然 P。

另外，在必然、实然（P）、可能的推理中，必然的总是事实发生的，事实发生的总是可能的。所以：

必然 P→P→可能 P。

不可能的总是不现实的，不现实的总是不必然的，所以：

不可能 P→非 P→不必然 P。

在试题中，考查此知识点的问题多为"哪句话最接近上文意思？"或者"以下哪项最能支持（最能质疑）上述论断？"等。

以下为比较常用的等值公式：

"并非必然 P" 等价于 "可能非 P"；

"并非必然非 P" 等价于 "可能 P"；

"并非可能 P" 等价于 "必然非 P"；

"并非可能非 P" 等价于 "必然 P"。

看看有什么规律性的东西？

我们发现，当"并非"在句首时，是对后面整个句子的否定；当"并非"消除后，其后面的模态词、量词、质都要变为原命题的对立面。

模态命题的否定命题的转换：

将下列三组概念互换：

必然 ⟷ 可能；

所有 ⟷ 有些；

是 ⟷ 不是。

三、模态命题题型精讲

1. 模态命题的否定表达

【例题 1】在国际大赛中，即使是优秀的运动员，也有人不必然不失误，当然，并非所有的优秀运动员都可能失误。

以下哪项与上述意思最接近？

A. 有的优秀运动员可能失误，有的优秀运动员可能不失误。

B. 有的优秀运动员可能失误，有的优秀运动员不可能失误。
C. 有的优秀运动员可能不失误，有的优秀运动员一定不失误。
D. 有的优秀运动员一定失误，有的优秀运动员一定不失误。
E. 优秀运动员都可能失误，其中有的优秀运动员不可能不失误。

【答案】B

【解析】 本题是模态命题的等价命题。"有人不必然不失误"等价于"有人可能失误"，注意其中的否定词"不"并不管辖"有人"；"并非所有的优秀运动员都可能失误"等价于"有的优秀运动员必然不失误"。"不可能失误"等价于"必然不失误"。正确答案为 B。

2. 模态命题的真假话题型

【例题 2】在宏达杯足球联赛前，四个球迷有如下预测：

甲：红队必然不能夺冠。

乙：红队可能夺冠。

丙：如果蓝队夺冠，那么黄队是第三名。

丁：冠军是蓝队。

如果四人的断定中只有一个断定为假，则可推出以下哪项结论？

A. 冠军是红队。　　　　　　　　B. 甲的断定为假。
C. 乙的断定为真。　　　　　　　D. 黄队是第三名。
E. 丁的断定为假。

【答案】D

【解析】本题是真假话题型。考点：模态命题。

"必然非 P"与"可能 P"为矛盾关系，所以，甲、乙的话矛盾，必为一真一假。已知"四人的断定中只有一个断定为假"，则丙、丁的话都是真的。所以，冠军为蓝队，黄队为第三名。正确答案为 D。

第四节　习题巩固

1. 卫星提供的最新气象资料表明，原先预报的明年北方地区的持续干旱不一定出现。以下哪项最接近于题干中气象资料所表明的含义？

A. 明年北方地区的持续干旱可能不出现。
B. 明年北方地区的持续干旱可能出现。
C. 明年北方地区的持续干旱一定不出现。
D. 明年北方地区的持续干旱出现的可能性比不出现大。
E. 明年北方地区的持续干旱不可能出现。

2. 某专家针对后半年的房价做出预测：房价可能上涨。以下哪项和专家意思相同？

A. 房价不可能不上涨。　　　　　　B. 房价不一定上涨。

C. 房价也可能维持原状。 D. 房价上涨的可能性很小。

E. 房价不一定不上涨。

3. 天气预报显示：今天可能下雨。

如果这个预报是准确的，那么以下哪句话不成立？

A. 今天可能不下雨。 B. 今天一定不下雨。

C. 今天不可能不下雨。 D. 并非今天一定下雨。

E. 并非今天不可能不下雨。

4. 在新疆恐龙发掘现场，专家预言：可能发现恐龙头骨。

以下哪个命题和专家的意思相同？

A. 不可能不发现恐龙头骨。 B. 不一定发现恐龙头骨。

C. 恐龙头骨的发现可能性很小。 D. 不一定不发现恐龙头骨。

E. 在其他地方也可能发现恐龙头骨。

5. 不可能所有的证人都说实话。

如果上述命题是真的，那么以下哪个命题必然是真的？

A. 所有证人一定都不说实话。 B. 有的证人说实话。

C. 有的证人不说实话。 D. 刑事案件的证人都说实话。

E. 刑事案件的某些证人都不说实话。

6. 在上次考试中，老师出了一道非常古怪的难题，有 86% 的考生不及格。这次考试之前，王见明预测说："根据上次考试的情况，这次老师不一定会出那种难题了。"胡思明说："这就是说这次考试老师肯定不出那种难题了。太好了！"王见明说："我不是这个意思。"

下面哪句话与王见明预测的意思相似？

A. 这次考试老师不可能不出那种难题。 B. 这次考试老师必定不出那种难题了。

C. 这次考试老师可能不出那种难题了。 D. 这次考试老师不可能出那种难题了。

E. 这次考试老师不一定不出那种难题。

7. 在市场预测中，专家说：明年电脑不降价是不可能的。

以下哪项和专家所说的同真？

A. 明年电脑一定降价。 B. 明年电脑可能降价。

C. 不可能预测明年电脑是否降价。 D. 明年电脑可能不降价。

E. 明年电脑一定不降价。

8. 人都不可能不犯错误，不一定所有人都会犯严重错误。

如果上述断定为真，则以下哪项一定为真？

A. 人都可能会犯错误，但有的人可能不犯严重错误。

B. 人都可能会犯错误，但所有的人都可能不犯严重错误。

C. 人都一定会犯错误，但有的人可能不犯严重错误。

D. 人都一定会犯错误，但所有的人都可能不犯严重错误。

E. 人都可能会犯错误，但有的人一定不犯严重错误。

9. 一把钥匙能打开天下所有的锁，这样万能的钥匙是不可能存在的。

以下哪项最符合题干的断定？

A. 任何钥匙都必然有它打不开的锁。
B. 至少有一把钥匙必然打不开天下所有的锁。
C. 至少有一把锁天下所有的钥匙都必然打不开。
D. 任何钥匙都可能有它打不开的锁。
E. 至少有一把钥匙可能打不开天下所有的锁。

10. 唐代韩愈在《师说》中指出:"孔子曰:三人行,则必有我师。是故弟子不必不如师,师不必贤于弟子,闻道有先后,术业有专攻,如是而已。"
根据上述韩愈的观点,可以得出以下哪项?

A. 有的弟子必然不如师。   B. 有的弟子可能不如师。
C. 有的师不可能贤于弟子。 D. 有的弟子可能不贤于师。
E. 有的师可能不贤于弟子。

答案与解析

1. 【答案】A
【解析】题型是推出结论。考点:模态命题的否定表达。
题干"不一定出现"中的"一定"就是"必然"的意思,根据模态命题等值公式"不必然 P"等价于"可能非 P"可知,"不一定出现"等价于"可能不出现"。正确答案为 A。

2. 【答案】E
【解析】本题是模态命题的等价表达。选项 A 的意思为"房价必然上涨";选项 B 的意思为"房价可能不上涨",与专家的意思为下反对关系,意思并不相同;选项 E 的意思为"房价可能上涨",与专家的意思相同。正确答案为 E。

3. 【答案】B
【解析】本题是模态命题的矛盾命题。"可能下雨"的矛盾命题为"必然不下雨"。A 项与"可能下雨"为下反对关系,不可同假,但可能同真;C 项的意思是"必然下雨",当"可能下雨"为真时,"必然下雨"的真假不能确定;D 项的意思是"今天可能不下雨";E 项的意思是"今天必然下雨"。正确答案为 B。

4. 【答案】D
【解析】本题考查模态命题的等价表达。A 项的意思是"必然发现恐龙头骨";B 项的意思是"可能不发现恐龙头骨";D 项的意思是"可能发现恐龙头骨"。其余两项均是无关项,正确答案为 D。

5. 【答案】C
【解析】本题考查模态命题的否定等价表达。"不可能所有的证人都说实话"等价于"必然有的证人没说实话",由此可以推出选项 C 一定为真。正确答案为 C。

6. 【答案】C
【解析】本题考查模态命题的否定等价表达。"不一定会出那种难题"等价于"可能不会出那种难题"。正确答案为 C。

7. 【答案】A
【解析】本题考查模态命题的否定表达。"明年电脑不降价是不可能的"等价于"不可能不降价",也等价于"必然降价"。注意其中的"不可能"在后面。正确答案为 A。

8. 【答案】C

【解析】本题考查模态命题的否定表达。"人都不可能不犯错误"等价于"人都必然犯错误"。注意其中的"不可能"并不管辖"人都";"不一定所有人都会犯严重错误"等价于"可能有的人不会犯严重错误"。正确答案为 C。

9. 【答案】A

【解析】本题考查模态命题的否定表达。注意其中的句式变化,题干意思是"不可能存在一把钥匙能打开天下所有的锁",根据模态命题的推理规律,其等价于"必然不存在一把钥匙能打开天下所有的锁",也等价于"必然所有的钥匙都有不能打开的某些锁"。正确答案为 A。

10. 【答案】E

【解析】本题是模态命题。"师不必贤于弟子"等价于"有的师可能不贤于弟子"。正确答案为 E。

第五章 联言命题、选言命题

本章思维导图

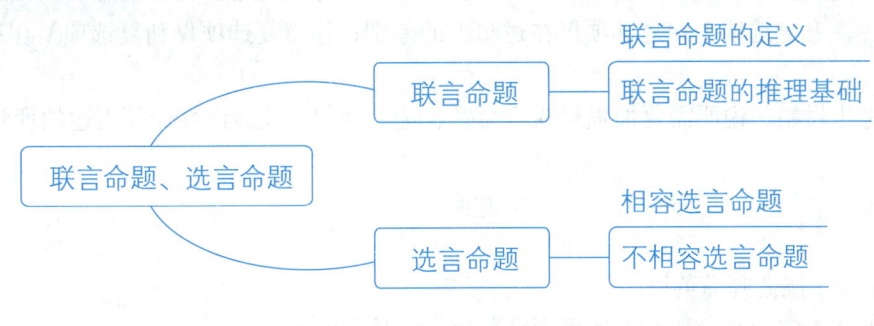

第一节 考情分析

近年来，联言、选言命题通常会与假言命题结合起来考查，见表 2-5-1，尤其是假言命题与相容选言命题的互换，单纯考查联言、选言命题的题目由于过于简单，几乎不考。

表 2-5-1

考试年份	2011	2012	2013	2014	2015	2016	2017	2018	2019	2020
题目数量	2	1	2	2	2	2	0	0	2	1

第二节 考点测评

一、联言命题的否定推理能力测评

【例题 1】小陈并非既懂英语又懂法语。
如果上述断定为真，那么下述哪项断定必定为真？
Ⅰ．小陈懂英语但不懂法语。
Ⅱ．小陈懂法语但不懂英语。
Ⅲ．小陈或者不懂英语，或者不懂法语。
Ⅳ．如果小陈懂英语，那么他一定不懂法语。
Ⅴ．小陈要是不懂法语的话，那么他就一定懂英语。
A．Ⅰ和Ⅱ。　B．仅Ⅳ。　C．Ⅳ和Ⅴ。　D．Ⅲ和Ⅳ。　E．Ⅰ、Ⅱ、Ⅲ和Ⅳ。
【答案】D
【解析】本题是推出结论题型，考查联言命题的否定表达。题干考查对"并非（P且Q）"的理解。

"并非（P且Q）"＝"非P或者非Q"。

小陈"既懂英语且懂法语"是假的，则意味着他至少有一种语言不懂。根据公式可知："或者不懂英语，或者不懂法语"为真。根据相容选言命题"否定一个变项，就要肯定另一个变项"可知，"如果肯定懂其中一种，则另一种一定不懂"为真。因此正确答案为D。注意复选项Ⅲ的理解；注意复选项Ⅰ和复选项Ⅳ在逻辑上的差别；注意复选项Ⅳ和复选项Ⅴ在逻辑上的差别。

如果考生做错，说明需要加强对联言命题、选言命题以及假设性命题表达的理解。

二、联言命题、选言命题推理能力测评

【例题2】饶老师懂英语。
如果上述断定为真，那么下述哪项推断也一定是真的？
A. 饶老师懂英语，但饶老师不懂阿拉伯语。
B. 或者饶老师懂英语，或者饶老师懂俄语。
C. 饶老师可能懂日语，也可能懂德语。
D. 李老师不懂英语。
E. 要么饶老师懂英语，要么饶老师懂法语。

【答案】B

【解析】本题考查对"且""或""要么""可能"的理解。如果考生做错，则需要体会以上语言的逻辑表达。

选项A为联言命题，当且仅当两个变项都为真，选项A才一定为真。

选项B为相容选言命题，只需一个变项为真，"P或者Q"一定为真。所以，正确答案为B。

选项C虽有"可能"，但已知条件与选项C无关，所以，选项C不能确定真假。

选项D与题干无关，不能确定真假。

选项E为不相容选言命题，"要么P，要么Q"为真，当且仅当P、Q中"有且只有一个为真"。由已知条件可知"饶老师懂英语"为真，但不确定"饶老师懂法语"的真假，所以，选项E不能确定真假。

你选错了吗？请对照解析，看看你的逻辑盲点在哪里。

第三节　考点精讲与核心题型

一、联言命题的基础知识

1. 定义和表现形式

联言命题是断定几种事物情况同时存在的复合命题，标准形式是"P并且Q"。

例如，外资控股国有银行，不仅会提升国有银行的服务质量，也会提高国有银行抗风险

的能力。

在日常语言中，联言命题也经常表达为"不仅P，而且Q""虽然P，但是Q""既P，又Q""一边P，一边Q"等。

在日常语言中，也可能没有这些关联词，但只要命题断定的是几种事物情况同时存在，那么这个命题就是联言命题。在逻辑术语中，我们一般把"并且"这样起联系作用的词叫"真值连接词"，把"P""Q"叫变项。

例如：

"枯藤老树昏鸦，小桥流水人家。"这个命题表示6个意象的并列。

"没有花香，没有树高。"这个命题表示"既没有花香，也没有树高"。

2. 联言命题的推理基础

当且仅当联言命题的所有变项都是真的时，一个联言命题是真的。也就是说，只要有一个变项是假的，联言命题就是假的。

通过训练强化记忆：

（1）已知："P并且Q"为真，则P_____。

（2）已知：P为真，但Q真假不定，则"P并且Q"_____。

（3）已知：P为假，Q真假不定，则"P并且Q"_____。

答案：（1）必然为真。（2）不能确定真假。（3）必然为假。

这个性质一定要理解。下面的真值表2-5-2能帮助你理解并记忆：

表2-5-2

P	Q	P并且Q
真	真	真
真	假	假
假	真	假
假	假	假

理工科的同学可以把这种命题理解成串联电路，见表2-5-3和图2-5-1。

表2-5-3

	P	Q	P∧Q
①	+	+	+
②	+	−	−
③	−	+	−
④	−	−	−

串联电路

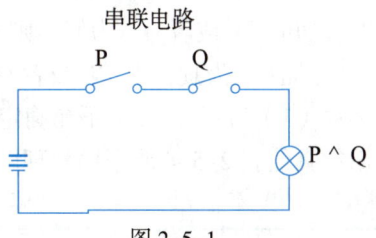

图2-5-1

二、选言命题的基础知识

选言命题分为相容选言命题和不相容选言命题。

（一）相容选言命题

相容选言命题是断定事物若干种可能情况中至少有一种情况存在的命题。

1. 基本表达形式

"或者 P，或者 Q"。

其中，P、Q 称为变项，"或者"称为"真值连接词"。

在自然语言中，表达形式还有"可能 P，可能 Q""或许 P，或许 Q"。

例如，"之所以出现如此重大的事故，很有可能是因为管理人员的责任心不到位，也有可能是因为防碰撞系统的设计缺陷"。

这句话所表达的就是相容选言命题，即事故原因或者是管理人员的责任心不到位，或者是防碰撞系统的设计缺陷。作者认为至少有一个原因成立，也可能是两个原因都成立。

2. 推理基础

如果一个相容选言命题是真的，则它所有的变项中，至少有一个为真（这是必然的），至多可以全部为真（这是可能的）。

也就是说，只有在所有变项都为假的情况下，这个相容选言命题才是假的。只要有一个变项为真，则这个相容选言命题为真。

3. 相容选言命题的推理形式

因为相容选言命题的性质是所有的变项中至少有一个是真的，所以，如果我们能确定一个正确的相容选言命题中的其他几个变项是假的，那么就能确定剩下的变项是真的。

例如，命题"P 或者 Q"为真，且已知 P 为假，则必然推出：Q 为真。

这就是相容选言命题推理的有效式：否定肯定式。

符号化表示：

$(P \lor Q) \land \neg P \rightarrow Q$

概括成公式：

"P 或 Q" = "如果非 P，则 Q"。

请理解以下的训练题：

（1）已知："P 或者 Q"为真，且 P 为假，则 Q _____。

（2）已知："P 或者 Q"为真，且 P 为真，则 Q _____。

（3）已知："P 或者 Q"为假，则 P _____。

（4）已知：P 为真，则"P 或者 Q" _____。

答案：（1）为真。（2）不能确定真假。（3）为假。（4）为真。

下面的真值表 2-5-4 能帮助你理解并记忆：

表 2-5-4

P	Q	P 或者 Q
真	真	真

续表

P	Q	P 或者 Q
真	假	真
假	真	真
假	假	假

可以把这种命题理解成表 2-5-5：

表 2-5-5

	P	Q	P ∨ Q
①	+	+	+
②	+	-	+
③	-	+	+
④	-	-	-

（二）不相容选言命题

1. 基本表达形式

当一个选言命题的变项不能同时为真时，那么这个选言命题就是不相容选言命题。不相容选言命题的性质：在两个不相容的变项中，有且只能有一个变项是存在的。

例如：要么闭关锁国等候死亡，要么改革开放迎接新生；要么选择生，要么就选择死。

不相容选言命题的变项一般来说都是对立的关系，不能同时存在。在自然语言中，不相容选言命题一般用"要么 P，要么 Q"来表示。

当然，在具体的语言环境下，"不是……就是……""或者……或者……，二者不可兼得"等语词也可以用来表示不相容的选择。例如，"不是生，就是死"表示的就是不相容选言命题。

2. 推理基础

一个真的不相容选言命题，必须有且只能有一个变项是真的；否则，这个命题就是假的。真值表 2-5-6 如下：

表 2-5-6

P	Q	要么 P，要么 Q
真	真	假
真	假	真
假	真	真
假	假	假

3. 不相容选言命题的推理形式

因为不相容选言命题的性质是所有的变项中有且只能有一个是真的，所以，如果我们能确定一个正确的不相容选言命题中的一个变项是假的,那么就能确定剩下的那个变项是真的(否定肯定式)。

反之,如果能确定一个正确的不相容选言命题中的一个变项是真的,那么就能确定另一个变项是假的(肯定否定式)。

例如:命题"要么 P,要么 Q"为真,且已知 P 为假,则必然推出 Q 为真;命题"要么 P,要么 Q"为真,且已知 P 为真,则必然推出 Q 为假。

这就是不相容选言命题的两个有效推理:否定肯定式和肯定否定式。

三、联言命题、选言命题题型精讲

联言命题、选言命题的常考的题型有否定等值题型、补充前提题型、真假话题型等。

【特别提醒】
这部分内容相当重要,一定要完全理解。

题型一:否定等值题型

【例题 1】如果"鱼和熊掌不可兼得"是不可改变的事实,则以下哪项也一定是事实?
A. 鱼可得但熊掌不可得。　　　　　　B. 熊掌可得但鱼不可得。
C. 鱼和熊掌皆不可得。　　　　　　　D. 如果鱼不可得,则熊掌可得。
E. 如果鱼可得,则熊掌不可得。

【答案】E

【解析】题型:推出结论。考点:联言命题的否定。
以下解析必须牢记,并理解。
"并非(P 且 Q)"="非 P 或者非 Q"="如果 P,则非 Q"="P、Q 中至少有一个是假的"。
当命题"P 且 Q"为假时,则意味着:P、Q 中至少有一个是假的;也就意味着:或者 P 是假的,或者 Q 是假的;也就意味着:如果其中一个为真,则必然要否定另一个。
P 表示"鱼可得",Q 表示"熊掌可得"。则题干断定的是:
"并非(鱼可得并且熊掌可得)"等价于"鱼不可得或者熊掌不可得",也等价于"如果鱼可得,则熊掌不可得"。
正确答案为 E。

【例题 2】并非蔡经理负责研发或者负责销售工作。
如果上述陈述为真,则以下哪项陈述一定为真?
A. 蔡经理既不负责研发也不负责销售。
B. 蔡经理负责销售但不负责研发。
C. 蔡经理负责研发但不负责销售。
D. 如果蔡经理不负责销售,那么他负责研发。
E. 如果蔡经理不负责研发,那么他负责销售。

【答案】A

【解析】题干考查"并非（P 或 Q）"，等价于"非 P 且非 Q"。正确答案为 A。

【例题3】某经营户违反经营条例，执法人员向他宣布："要么罚款，要么停业，两者必居其一。"他表示不同意。

如果他坚持自己的意见的话，以下哪项断定是他在逻辑上必须同意的？

A. 罚款但不停业。

B. 停业但不罚款。

C. 既不停业也不罚款。

D. 如果不能做到既不罚款又不停业，就必须接受既罚款又停业。

E. 或者不罚款，或者不停业。

【答案】D

【解析】题干考查的是对"要么 P，要么 Q"的否定。执法人员宣布："要么罚款，要么停业。"这是一个不相容选言命题，经营户对此进行否定。根据不相容选言命题的性质，当且仅当"P、Q 同真或者 P、Q 同假"时，"要么 P，要么 Q"为假。既然他不同意执法人员的话，则意味着有两种选择：P、Q 同真或同假。所以，如果他不选择"既不罚款也不停业"，则必须选择"既罚款又停业"，正确答案为 D。

选项 C 极容易误选，"既不罚款也不停业"仅仅只是两种可能性中的一种，虽是经营户的想法，但并不是"要么 P，要么 Q"这句话否定之后的必然结果。

题型二：补充前提题型

【例题4】小李考上了清华，或者小孙没考上北大。

增加以下哪项条件，能推出小李考上了清华？

A. 小张和小孙至少有一人未考上北大。　　B. 小张和小李至少有一人未考上清华。

C. 小张和小孙都考上了北大。　　D. 小张和小李都未考上清华。

E. 小张和小孙都未考上北大。

【答案】C

【解析】题干为"P 或者 Q"的表达形式，考点为相容选言命题。题目问当这个相容选言命题为真时，需要加上哪些条件，可以推出"小李考上清华"这个结论。本题为补充前提来推出结论的题型，根据相容选言命题的性质，其有效推理为否定肯定式。所以，只需要加上一个条件使得"小孙没考上北大"为假，就可以推出"小李考上清华"为真。正确答案为 C。当选项 C 为真，则"小孙没考上北大"为假，而题干为一个相容选言命题，要求至少有一个变项为真，所以，可以得出"小李考上了清华"。

题型三：真假话题型

【例题5】某大学正在组队参加国际大学生辩论赛。张珊和李思是两个候选辩手。

甲说："要么张珊入选，要么李思入选。"

乙说："张珊入选，或者李思入选。"

组队结果说明，两人的预测只有一个成立。

由上述断定能推出以下哪项结论？

A．张珊和李思都入选。　　　　　　B．张珊和李思都未入选。

C．张珊入选，李思未入选。　　　　D．张珊未入选，李思入选。

E．题干的条件不足以推出两人是否入选的确定结论。

【答案】A

【解析】本题是真假话题型，考查"或者……或者……"与"要么……要么……"的性质。

当P、Q同时为真时，则"或者P，或者Q"一定为真；"要么P，要么Q"一定为假。所以，正确答案为A。

另一种解法：本题是真假话题型，先找矛盾，找不到矛盾条件可以进行假设代入。假设甲说的话为真，则张珊与李思中有且只有一个入选，乙的话一定为真（因为相容选言命题只需要一个变项为真即为真）。这样就有两句话为真，与题干只有一个预测成立矛盾，说明假设不成立。所以，甲的话必定为假，乙的话必定为真。正确答案为A。

题型四：联言命题、选言命题性质理解题型

【例题6】已知：第一，《神鞭》的首次翻译出版用的或者是英语或者是日语，二者必居其一；第二，《神鞭》的首次翻译出版或者在旧金山或者在东京，二者必居其一；第三，《神鞭》的译者或者是林浩如或者是胡乃初，二者必居其一。

如果上述断定都是真的，则以下哪项也一定是真的？

Ⅰ．《神鞭》不是林浩如用英语在旧金山首先翻译出版的，因此，《神鞭》是胡乃初用日语在东京首先翻译出版的。

Ⅱ．《神鞭》是林浩如用英语在东京首先翻译出版的，因此，《神鞭》不是胡乃初用日语在东京首先翻译出版的。

Ⅲ．《神鞭》的首次翻译出版是在东京，但不是林浩如用英语翻译出版的，因此一定是胡乃初用日语翻译出版的。

A．仅Ⅰ。　　B．仅Ⅱ。　　C．仅Ⅲ。　　D．Ⅱ和Ⅲ。　　E．Ⅰ、Ⅱ和Ⅲ。

【答案】B

【解析】题型：推出结论。考点：对联言命题、选言命题的理解。

题干已知：不是英语，必是日语；不是林浩如，必是胡乃初；不是在旧金山，必是在东京。复选项Ⅰ："不是林浩如用英语在旧金山首先翻译出版"，这是一个对联言命题的否定，意味着"林浩如""英语""旧金山"至少有一个不成立，但不能确定哪个一定不成立，不能推出"胡乃初用日语在东京首先翻译出版"，还有"林浩如用日语在东京首先翻译出版"等可能。所以，复选项Ⅰ不一定为真。复选项Ⅲ道理类似："不是林浩如用英语翻译出版"，意味着"林浩如"和"英语"不能同时成立，至少有一个为假，并不能推出"胡乃初"和"日语"同时成立，还有"林浩如用日语翻译出版""胡乃初用英语翻译出版"等可能。所以，复选项Ⅲ不一定为真。

复选项Ⅱ一定为真：如果"林浩如用英语在东京首先翻译出版"成立，即联言命题为真，

则"林浩如""英语""东京"三个都必须成立。也就是说,"胡乃初用日语在东京首先翻译出版"不成立。所以,复选项Ⅱ一定为真。正确答案为 B。

题型五：联言命题、选言命题否定推理题型

【例题7】总经理："根据本公司目前的实力,我主张环岛绿地和宏达小区这两项工程至少上马一个,但清河桥改造工程不能上马。"

董事长："我不同意。"

以下哪项如果为真,最为准确地表达了董事长实际同意的意思?

A. 环岛绿地、宏达小区和清河桥改造这三个工程都上马。
B. 环岛绿地、宏达小区和清河桥改造这三个工程都不上马。
C. 环岛绿地和宏达小区两个工程中至多上马一个,但清河桥改造工程要上马。
D. 环岛绿地和宏达小区两个工程中至多上马一个,如果这点做不到,那也要保证清河桥改造工程上马。
E. 环岛绿地和宏达小区两个工程都不上马,如果这点做不到,那也要保证清河桥改造工程上马。

【答案】E

【解析】题型：推出结论。考点：联言命题、选言命题的否定。

设 P 表示"环岛绿地工程上马",Q 表示"宏达小区工程上马",R 表示"清河桥改造工程上马"。

总经理的意见：（P 或者 Q）并且（非 R）。

董事长对其进行否定,即并非 [（P 或者 Q）并且（非 R）]。

根据联言命题、选言命题的否定公式,董事长的否定等于在说"（非 P 且非 Q）或者 R",即"非 P 且非 Q"与 R 这两个命题中至少要有一个为真。

根据相容选言命题的性质：一个相容选言命题为真,意味着两个变项中至少一个为真,如果已知其中一个变项为假,则剩下的变项必须为真。用公式表示：如果"非 P 并且非 Q"为假,则 R 一定真。正确答案为 E。

第四节 习题巩固

1. 一户人家养了四只猫,其中一只猫偷吃了家里的鱼。主人对它们进行审问,只有一只猫说真话。这四只猫的回答如下：

甲："乙是偷鱼贼。"
乙："丙是偷鱼贼。"
丙："甲或者乙是偷鱼贼。"
丁："乙或者丙是偷鱼贼。"

根据以上陈述，以下哪项陈述为假？

A. 甲不是偷鱼贼。　　　　　　　　B. 乙不是偷鱼贼。
C. 丙说真话。　　　　　　　　　　D. 丁说假话。
E. 甲说假话。

2. 一道逻辑推理单选题的四个选择答案分别是：

Ⅰ. 作案者是甲。

Ⅱ. 作案者是乙。

Ⅲ. 作案者是丙。

Ⅳ. 作案者是甲或乙。

则该题的正确答案应是：

A. Ⅰ。　　B. Ⅲ。　　C. Ⅱ。　　D. Ⅳ。　　E. 无法确定。

3. 某商场失窃，员工甲、乙、丙、丁涉嫌盗窃被拘审。

甲说："是丙作的案。"

乙说："我和甲、丁三人中至少有一人作案。"

丙说："我没作案。"

丁说："我们四人都没作案。"

如果四人中只有一人说真话，则可推出以下哪项结论？

A. 甲说真话，作案的是丙。　　　　B. 乙说真话，作案的是乙。
C. 丙说真话，作案的是甲。　　　　D. 丙说真话，作案的是丁。
E. 丁说真话，四人中无人作案。

4. 大小行星悬浮在太阳系边缘，极易受附近星体引力作用的影响。据研究人员计算，有时这些力量会将彗星从奥尔特星云拖出。这样，它们更有可能靠近太阳。两位研究人员据此分别做出了以下两种有所不同的断定：一、木星的引力作用要么将它们推至更小的轨道，要么将它们逐出太阳系；二、木星的引力作用或者将它们推至更小的轨道，或者将它们逐出太阳系。

如果上述两种断定只有一种为真，可以推出以下哪项结论？

A. 木星的引力作用将它们推至更小的轨道，并且将它们逐出太阳系。

B. 木星的引力作用没有将它们推至更小的轨道，但是将它们逐出太阳系。

C. 木星的引力作用将它们推至更小的轨道，但是没有将它们逐出太阳系。

D. 木星的引力作用既没有将它们推至更小的轨道，也没有将它们逐出太阳系。

E. 木星的引力作用如果将它们推至更小的轨道，就不会将它们逐出太阳系。

5. 张珊喜欢喝绿茶，也喜欢喝咖啡。她的朋友中没有人既喜欢喝绿茶，又喜欢喝咖啡，但她的所有朋友都喜欢喝红茶。

如果上述断定为真，则以下哪项不可能为真？

A. 张珊喜欢喝红茶。

B. 张珊的所有朋友都喜欢喝咖啡。

C. 张珊的所有朋友喜欢喝的茶在种类上完全一样。

D. 张珊有一个朋友既不喜欢喝绿茶，也不喜欢喝咖啡。

E. 张珊喜欢喝的饮料，她有一个朋友都喜欢喝。

6. 一桩投毒谋杀案，作案者要么是甲，要么是乙，二者必有其一；所用毒药或者是毒鼠强或者是乐果，二者至少其一。

如果上述断定为真，则以下哪项推断一定成立？

Ⅰ. 该投毒案不是甲投毒鼠强所为，因此一定是乙投乐果所为。
Ⅱ. 在该案侦破中发现甲投了毒鼠强，因此案中的毒药不可能是乐果。
Ⅲ. 该投毒案的作案者不是甲，并且所投毒药不是毒鼠强，因此一定是乙投乐果所为。

A. 只有Ⅰ。　　B. 只有Ⅱ。　　C. 只有Ⅲ。　　D. Ⅰ和Ⅲ。　　E. Ⅰ、Ⅱ和Ⅲ。

7. 一方面确定法律面前人人平等，同时又允许有人触犯法律而不受制裁，这是不可能的。

以下哪项最符合题干的断定？

A. 或者允许有人凌驾于法律之上，或者任何人触犯法律都要受到制裁，这是必然的。
B. 任何人触犯法律都要受到制裁，这是必然的。
C. 有人凌驾于法律之上，触犯法律而不受制裁，这是可能的。
D. 如果不允许有人触犯法律而可以不受制裁，那么法律面前人人平等是可能的。
E. 一方面允许有人凌驾于法律之上，同时又声称任何人触犯法律都要受到制裁，这是可能的。

8. 总经理：我主张小王和小孙两人中至少提拔一人。
董事长：我不同意。

以下哪项如果为真，最为准确地表述了董事长实际上同意的意思？

A. 小王和小孙两人都得提拔。　　B. 小王和小孙两人都不提拔。
C. 小王和小孙两人中至多提拔一人。　　D. 如果提拔小王，则不提拔小孙。
E. 如果不提拔小王，则提拔小孙。

9. 某单位要从100名报名者中挑选20名献血者进行体检。最不可能被挑选上的是1993年以来已经献过血，或是1995年以来在献血体检中不合格的人。

如果上述断定是真的，则以下哪项所言及的报名者最有可能被选上？

A. 小张1995年献过血，他的血型是O型，医用价值最高。
B. 小王是区献血标兵，近年来每年献血，这次她坚决要求献血。
C. 小刘1996年报名献血，因澳抗阳性体检不合格，这次出具了澳抗转阴的证明，并坚决要求献血。
D. 老张上次献血时间是在1992年，他因公伤截肢，血管中流动着义务献血者的血。他说，我比任何人都有理由献血。
E. 老孙1993年因体检不合格未能献血，1995年体检合格献血。

10. 部长：我国目前经济运行过热，通货膨胀率较高。根据目前的经济运行状况，我认为紧缩银行贷款和减少固定投资这两项政策至少要使用一个，但放松美元汇率政策不能实施。
总统：我不同意。

以下哪项最为准确地表达了总统实际同意的意思？

Ⅰ．紧缩银行贷款和减少固定投资这两个政策不能实施，但放松美元汇率政策要实施。

Ⅱ．紧缩银行贷款和减少固定投资两个政策至多实施一个，如果不行，那也要保证放松美元汇率政策实施。

Ⅲ．紧缩银行贷款和减少固定投资两个政策都不实施，如果这点做不到，那也要保证放松美元汇率政策的实施。

Ⅳ．或者紧缩银行贷款和减少固定投资这两项政策一个都不使用，或者要保证放松美元汇率政策的实施。

A．只有Ⅰ。　　B．Ⅰ和Ⅱ。　　C．Ⅱ和Ⅲ。　　D．Ⅲ和Ⅳ。　　E．只有Ⅲ。

答案与解析

1. 【答案】A

【解析】本题是真假话题型，先找矛盾条件，找不到矛盾条件可以进行假设代入。设甲的话为真，则丙、丁的话都为真，违背已知条件"只有一只猫说真话"。所以，甲的话为假，得出"乙不是偷鱼贼"为真。设乙的话为真，则丁的话为真，也与已知条件"只有一只猫说真话"矛盾，所以假设不成立，得出乙的话为假，"丙不是偷鱼贼"为真。由已推出的"乙不是偷鱼贼，丙不是偷鱼贼"可知，丁的话为假。这样，根据推出的结论，"甲""乙""丁"的话为假，可知丙的话为真，甲一定是偷鱼贼。题目问的是"以下哪项陈述为假"，那么选项A一定是假的。正确答案为A。

2. 【答案】B

【解析】本题是真假话题型。如果假设复选项Ⅰ为真，则复选项Ⅳ为真，两个答案都为真，不是单选题；设复选项Ⅱ为真，则复选项Ⅳ为真，也不是单选题；如果设复选项Ⅳ为真，则复选项Ⅰ和复选项Ⅱ至少有一个为真，也不是单选题。所以，正确答案为B。

3. 【答案】A

【解析】本题是真假话题型。甲、丙的话矛盾，必有一真一假；根据已知条件"只有一人说真话"，可知乙、丁的话为假，根据乙的话为假得出，甲、乙、丁都没有作案；根据丁的话为假得出，四人中至少有一人作案。所以，是丙作案的，丙说假话，甲说真话。正确答案为A。

4. 【答案】A

【解析】本题是真假话题型，考查"或者……或者……"与"要么……要么……"的性质。题干的两个断定分别是要么P，要么Q；或者P，或者Q。

当P、Q同时为真，则"或者P，或者Q"一定为真；"要么P，要么Q"一定为假。所以，正确答案为A。

另一种解法：本题是真假话题型，先找矛盾条件，找不到矛盾条件可以进行假设代入。假设断定一为真，则P、Q一定为一真一假，则断定二一定为真（因为相容选言命题只需要一个变项为真即为真）。这样，就有两种断定为真，与题干"只有一种为真"矛盾，说明假设不成立。所以，断定一必定为假，断定二必定为真。A项正确。

5. 【答案】E

【解析】本题是推出结论题型，考查对联言命题的语言理解。设绿茶为 P，咖啡为 Q，张珊喜欢"P 且 Q"，她的朋友中没人喜欢"P 且 Q"。所以，选项 E 一定是假的。正确答案为 E。

6.【答案】C

【解析】本题是推出结论题型，考查"或者……或者……""要么……要么……"的性质与理解。

复选项 I 不一定为真，因为"不是甲投毒鼠强所为"，还有可能是"甲投乐果所为""乙投毒鼠强所为"，不一定是"乙投乐果所为"。

复选项 II 不一定为真，因为"或者是毒鼠强，或者是乐果，二者至少其一"的意思是"毒鼠强与乐果中至少有一个"，也有可能两者都有。

复选项 III 一定为真，无论是"或者……或者……"，还是"要么……要么……"，都必须要有一个变项为真。正确答案为 C。

7.【答案】A

【解析】题型：推出结论。考点：模态命题与联言命题的否定。

题干的意思是"P 并且 Q"是不可能的。用公式表示："不可能（P 且 Q）"等于必然"非 P 或非 Q"。

非"法律面前人人平等"等价于"允许有人凌驾于法律之上"。

非"允许有人触犯法律而不受制裁"等价于"所有人触犯法律都要受到制裁"。

所以，正确答案为 A。

8.【答案】B

【解析】题型：推出结论。考点：选言命题的否定。

"小王和小孙两人中至少提拔一人"等价于"或者提拔小王，或者提拔小孙"。

董事长对此否定。根据公式："并非（P 或者 Q）" = "非 P 且非 Q"。

所以，正确答案为 B。

即使考生根据日常语言理解，也不会做错本题。如果理解出错，请考生注意以下说法：

对"P 和 Q 中至少一个为真"进行否定，意思是 P 和 Q 都为假。

对"P 和 Q 为真"进行否定，意思是："P 和 Q 中至少有一个为假"，即"非 P 或非 Q"。也就是说，如果先肯定其中一个为真，则剩下的那个就是假的，即"P 和 Q 中至多有一个真"。

对"P 和 Q 中至多一个为真"进行否定，意思是 P 和 Q 都为真。

对"要么 P，要么 Q，二者必居其一"进行否定，意思是或者"P 且 Q"，或者"非 P 且非 Q"。

9.【答案】D

【解析】题型：推出结论。考点：选言命题结合语义理解。

根据题干，只要符合以下两个条件之一者，最不容易被选上：（1）1993 年以来已经献过血；（2）1995 年以来在献血体检中不合格。接下来就是将选项逐个代入条件。选项 A 符合条件（1），选项 B 符合条件（1），选项 E 符合条件（1）；选项 C 符合条件（2）。选项 D 不符合这些被拒条件，所以，选项 D 所言及的报名者最有可能被选上。正确答案为 D。

10.【答案】D

【解析】本题是推出结论题型，考查联言命题的表达与否定等值。

部长的话：（P 或 Q）且 R。总统对部长的话进行否定，即"并非（紧缩贷款或者减少固定投资）且不放松汇率政策"，根据公式，等价于：不紧缩贷款且不减少固定投资，或者放松汇率政策，即如果"不紧缩贷款且不减少固定投资"为假，则一定放松汇率政策。正确答案为 D。

注意公式：

"并非（P 且 Q）" = "非 P 或者非 Q" = "如果 P，则非 Q" = "P、Q 中至少有一个是假的"。

"并非（P 或者 Q）" = "非 P 且非 Q"。

第六章 假言命题

本章思维导图

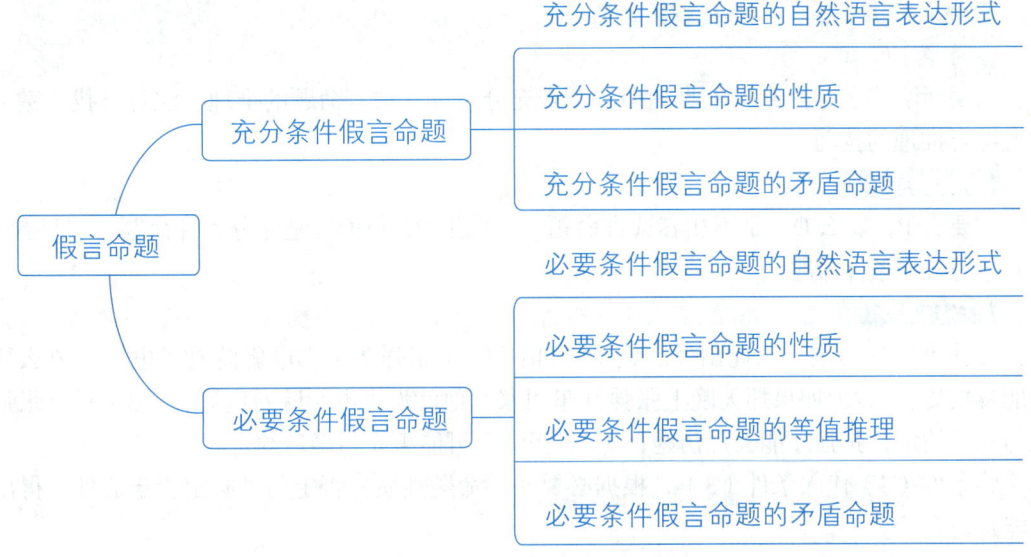

第一节 考情分析

假言命题一直以来都是形式逻辑最重要的考查内容,见表 2-6-1,应用最广,陷阱最多,分数最高,是考生备考的重中之重。

表 2-6-1

考试年份	2011	2012	2013	2014	2015	2016	2017	2018	2019	2020
题目数量	4	8	7	8	6	6	4	5	4	4

第二节 考点测评

一、充分条件假言命题推理能力测评

【例题 1】10 月 6 日晚上,张强要么去电影院看了电影,要么拜访了他的朋友秦玲。如果那天晚上张强开车回家,他就没去电影院看电影。只有张强事先与秦玲约定,张强才能去拜访她。事实上,张强不可能事先与秦玲约定。

根据以上陈述,可以得出以下哪项?

A. 那天晚上张强与秦玲一道去电影院看了电影。

B. 那天晚上张强拜访了他的朋友秦玲。

C. 那天晚上张强没有开车回家。

D. 那天晚上张强没有去电影院看电影。

E. 那天晚上张强开车去电影院看电影。

【答案】C

【解析】本题是上真推下真题型，考查充分条件、选言命题的推理。注意寻找关键词，注意综合推理的技巧。

【原理提示】

"要么P，要么Q"是不相容选言命题。"如果P，就Q"是充分条件命题。"只有P，才Q"是必要条件命题。

【技巧提示】

先找事实性命题，从此出发。题干条件：（1）张强要么去电影院看了电影，要么拜访了朋友秦玲；（2）如果那天晚上张强开车回家，他就没去电影院看电影；（3）只有张强事先与秦玲约定，张强才能去拜访她；（4）张强不可能事先与秦玲约定。

将条件（4）代入条件（3），根据必要条件命题性质，否定前件必定否定后件，得出：不能拜访秦玲。

将"不能拜访秦玲"代入条件（1），得出：张强看电影。

将"张强看了电影"代入条件（2），根据充分条件命题性质，否定后件必定否定前件，得出：张强没开车回家。正确答案为C。

二、必要条件假言命题推理能力测评

【例题2】野生动物保护组织：没有买卖就没有杀戮；没有杀戮，人与自然才能和谐相处。

如果以上陈述为真，则以下哪项陈述一定为真？

A. 只要有杀戮，就一定有买卖。

B. 只要禁止了买卖，人与自然就会和谐相处。

C. 只有禁止了买卖，人与自然才会和谐相处。

D. 人与自然之所以没能和谐相处，是因为存在杀戮。

E. 除非禁止了买卖，否则人与自然不能和谐相处。

【答案】A

【解析】题干考查必要条件与充分条件的理解。"没有买卖就没有杀戮"等价于"只有买卖，才有杀戮"，也等价于"如果有杀戮，则有买卖"，选项A一定为真。本题也可以把"没有买卖"看成条件P，则推出结果Q"没有杀戮"。根据充分条件命题性质，否定后件则必定否定前件，即如果有杀戮，则必定有买卖。正确答案为A。

三、假言命题的矛盾命题的理解能力测评

【例题3】只要不起雾,飞机就能按时起飞。
以下哪项如果为真,说明上述断定不成立?
Ⅰ.没起雾,但飞机没按时起飞。
Ⅱ.起雾,但飞机仍然按时起飞。
Ⅲ.起雾,飞机航班延期。
A.只有Ⅰ。　　B.只有Ⅱ。　　C.只有Ⅲ。　　D.Ⅱ和Ⅲ。　　E.Ⅰ、Ⅱ、Ⅲ。
【答案】A
【解析】本题考点是充分条件假言命题的矛盾命题。充分条件假言命题"如果P,那么Q",其矛盾命题为"P并且非Q",复选项Ⅰ具有"P并且非Q"的形式。正确答案为A。

第三节　基础知识和题型精讲

一、充分条件假言命题基础知识

例如:木秀于林,风必摧之。
这句话的意思是说,如果"木秀"于林,则风"必"摧之。
充分条件命题的意思是断定一个条件P的出现,必然会导致另一个现象Q的产生。我们称条件P就是现象Q的充分条件,由于充分条件断定的是前件P和后件Q之间的条件关系存在,并没有直接断定P这个条件在事实上一定存在,只是假设条件P存在的情况下,Q现象一定会产生,所以这个命题就叫作充分条件假言命题。

1. 充分条件假言命题的自然语言表达形式

充分条件假言命题的语言标志通常是:
"如果P,那么Q""只要P,就Q""若P,必Q""当P发生,Q就出现"等。
一般来说,"所有的P,都是Q""一P,就Q""越P,越Q"等自然语言方式也表达P就是Q的充分条件。
还有"P,必然Q""P推出Q""P产生,导致Q"等自然语言方式也是表达充分条件假言命题。
充分条件假言命题的逻辑形式是"如果P,那么Q"。一般用P→Q来表示。P→Q读作"P推出Q",也可读作"P蕴涵Q"。

2. 充分条件假言命题的性质

充分条件假言命题"P→Q"的基本性质:P条件发生,则Q结果必然出现,见表2-6-2。P称为充分条件的前件,Q称为后件。
即有之必然,无之未必不然。

表 2-6-2

	P	Q	P→Q
①	+	+	+
②	+	-	-
③	-	+	+
④	-	-	+

例如：只要你是人，你就会死。（P→Q）

充分条件假言命题的性质：

有前件就必有后件；（这句话的意思是，如果一个充分条件假言命题为真，则肯定其前件，就必然可以得到其后件。简称为有前必有后。以下以此类推。）

无前件未必无后件；

有后件未必有前件；

无后件则必无前件。

我们可以看出，一个充分条件假言命题为真，则在其基础上有三个必然有效的推理：

（1）肯定前件式

如果肯定一个充分条件假言命题的前件，则必然肯定其后件。

符号表达式为：

（P→Q）∧P→Q

（2）否定后件式

如果否定一个充分条件假言命题的后件，则必然要否定其前件。

符号表达式为：

（P→Q）∧¬Q→¬P

经典试题精讲

【例题1】家园小区的每栋住宅楼旁边都有地面停车位，并且都是按照与住户1：1的比例设置的。

如果上述断定为真，则以下哪项一定为真？

Ⅰ. 家园小区有的住宅楼有停车位。

Ⅱ. 如果一栋住宅楼的旁边有按照与住户1：1的比例设置的地面停车位，那么这栋住宅楼就是家园小区。

Ⅲ. 如果一栋住宅楼的旁边有按照与住户1：2的比例设置的地面停车位，那么这栋住宅楼就不是家园小区。

A. 仅Ⅱ。　　B. Ⅰ和Ⅱ。　　C. Ⅰ和Ⅲ。　　D. Ⅰ、Ⅱ和Ⅲ。　　E. 仅Ⅰ。

【答案】C

【解析】题干考查的就是充分条件假言命题的推理。题干意思：只要是家园小区的住宅楼，则一定有地面停车位且按 1：1 的比例设置。根据充分条件假言命题的性质"肯定前件则一定肯定后件"，复选项Ⅰ为真；复选项Ⅱ肯定充分条件假言命题的后件，根据其性质"肯定后件未必能肯定前件"，则复选项Ⅱ不一定为真；复选项Ⅲ否定充分条件假言命题的后件，根据其性质"否定后件则必否定前件"，则必然不是家园小区，所以复选项Ⅲ一定为真。正确答案为 C。

【例题 2】如果风很大，我们就会放飞风筝。如果天空不晴朗，我们就不会放飞风筝。如果天气很暖和，我们就会放飞风筝。

假定上面的陈述属实，如果我们现在正在放飞风筝，则下面的哪项也必定是真的？

Ⅰ．风很大。

Ⅱ．天空晴朗。

Ⅲ．天气暖和。

A. 仅Ⅰ。　B. Ⅰ和Ⅲ。　　C. 仅Ⅲ。　　D. 仅Ⅱ。　　E. Ⅰ、Ⅱ和Ⅲ。

【答案】D

【解析】题干为 3 个充分条件假言命题，问题所给的已知条件还有"我们正在放飞风筝"，根据充分条件假言命题的推理性质"有后件未必有前件"，未必能推出"风很大""天气暖和"；根据充分条件假言命题性质"否定后件必否定前件"，可以必然推出"天空晴朗"。正确答案为 D。

（3）充分条件假言命题的等值推理

根据真值表，我们发现，一个充分条件假言命题当且仅当其前件真而后件假时，才是假的；当其前件假时，后件不管真假，充分条件假言命题仍然是真的；当其后件真时，不管前件真假如何，充分条件假言命题也仍然是真的。也就是说，已知一个充分条件假言命题的前件为假，或者后件为真时，充分条件假言命题的值一定是真的。

用公式表示："如果 P，那么 Q"＝"非 P 或 Q"。

经典试题精讲

【例题 3】逻辑学家说：如果 2+2=5，则地球是方的。

以下哪项和逻辑学家所说的同真？

A. 如果地球是方的，则 2+2=5。　　　B. 如果地球是圆的，则 2+2≠5。

C. 2+2≠5 或者地球是方的。　　　　D. 2+2=5 或者地球是方的。

E. 2+2=5 并且地球是方的。

【答案】C

【解析】题干考查的是充分条件假言命题的等值推理。选项 B 可以由题干条件根据充分条件假言命题性质"否定后件必然否定前件"来推出，但其意思不完全等价于题干，因为不是方的不等于就是圆的，当然，是圆的肯定是否定是方的。"如果 P，那么 Q"＝"非 P 或 Q"，所以，"如果 2+2=5，则地球是方的"等价于"或者 2+2≠5，或者地球是方的"。正确答案为 C。

3. 充分条件假言命题的矛盾命题

有些时候，题干问的是，"如果以下哪项为真，则推出一个充分条件假言命题为假"，或者"已知一个充分条件假言命题为假,以下哪项必然为真"。这些问题都是在考查充分条件假言命题的矛盾命题。

充分条件假言命题的性质是"有之必然"。所以,当存在条件而没有结果出现的时候,则证明这个条件并不必然得出结果,就可以说明这个条件不是充分条件。

根据真值表,我们可以发现,一个充分条件假言命题只有在一个情况下是假的:前件为真,且后件为假。在其他的情况下,充分条件假言命题都是真的。

公式表达:"并非($P \to Q$)" = "$P \land 非 Q$"。

经典试题精讲

【例题4】 小王说:如果明天不下大雨,我一定去看足球比赛。

以下哪项如果为真,可以证明小王没有说真话?

Ⅰ.天没下大雨,小王没去看足球赛。

Ⅱ.天下大雨,小王去看了足球赛。

Ⅲ.天下大雨,小王没去看足球赛。

A.仅Ⅱ。　B.仅Ⅰ。　　C.仅Ⅲ。　　D.Ⅰ和Ⅱ。　　E.Ⅰ、Ⅱ和Ⅲ。

【答案】 B

【解析】 题干考查充分条件假言命题在什么情况下会被证明为假。小王没有说真话,所以小王说的话的矛盾为真。"如果P,那么Q"的矛盾为"P且非Q"。正确答案为B。

二、必要条件假言命题基础知识

看故事,学逻辑:

在公共汽车上,一个四五岁的男孩指着北京饭店大楼对身旁的老爷爷说:"真高!真漂亮!"接着,爷爷和孙子有了下面这段对话:

"爷爷,咱们为什么不住到这儿来?"

"等你长大了好好念书。只有念书念得好,才能住这样漂亮的高楼。"

"爷爷,你一定没好好学习。"

"哄"的一声,车上的人都笑了。

请分析:小男孩的结论是什么?证据是什么?推理过程如何?假如爷爷的话为真,那么小男孩的推理正确吗?

1. 必要条件假言命题的自然语言表达形式

必要条件指的是某条件P对于某结果Q来说是不可缺少的条件,我们称P就是Q的必要条件。必要条件假言命题的根本性质:无之必不然。其意思是,没有这个条件,必定不会产生结果。表达这种条件关系的命题就叫作必要条件假言命题。

例如:只有年满18周岁,才有选举权。

其意思是,年满18周岁是有选举权的不可缺少的前提,即如果没有年满18周岁,则不可能有选举权。

我们一般把必要条件假言命题表述成:"只有P,才Q"。逻辑上则表示为:$P \leftarrow Q$(读作 P 反蕴涵 Q）。

表达必要条件假言命题有"只有 P，才 Q""不 P，（就）不 Q""没有 P，（就）没有 Q""除非 P，否则不能 Q""P 对于 Q 来说是必不可少的""P 是 Q 的前提""P 是 Q 的基础"等自然语言表达形式。

例如：只有经历风雨，才会见彩虹。

相当于在说：如果不经历风雨，则不会见彩虹；

也相当于在说：没有经历风雨，就不会见彩虹；

也等价于"除非经历风雨，否则不会见彩虹"；

也等价于"如果要见彩虹，则必须经历风雨"。

以上几种表达方式在逻辑上是等值的，在自然语言中意思是非常接近的。

如果变成公式，则有以下等值的推理：

"只有 P，才 Q"＝"除非 P，否则没有 Q"＝"如果没有 P，则没有 Q"＝"如果 Q，则一定有 P"＝"P 或非 Q"。

请记住：解题时，如果不想单独记忆必要条件假言命题推理的公式，可以把必要条件等价转换成充分条件进行解题。具体规则如下：

"只有 P，才 Q"＝ Q→P；

"除非 P，否则不 Q"＝非 P→非 Q ＝ Q→P；

"除非 P，否则 Q"＝非 P→Q ＝非 Q→P。

2. 必要条件假言命题的性质

必要条件是指不可缺少的条件，且有了这个条件还不一定有结果。

必要条件假言命题的根本性质：无之必不然，有之不必然。

必要条件假言命题的性质也可以概括为四句话：

肯定前件未必能肯定后件；

否定前件则必然否定后件；

肯定后件则必然肯定前件；

否定后件未必能否定前件。

必要条件假言命题的真值如下表 2-6-3：

表 2-6-3

P	Q	P←Q
T	T	T
T	F	T
F	T	F
F	F	T

通过分析我们可以发现，如果一个必要条件假言命题为真，则在此基础上有两个必然有效的推理：

（1）否定前件式（否定必要条件假言命题的前件，则必然否定其后件）

如果否定必要条件假言命题的前件，则必然要否定其后件。因为，对于一个必要条件假言命题来说，缺少必要条件就不可能得到结果。

用公式表示：

（P←Q）∧¬P→¬Q

（2）肯定后件式（肯定必要条件假言命题的后件，则必然肯定其前件）

对于一个必要条件假言命题来说，如果得到了其结果，则必然是满足了其必要条件的。

用公式表示：

（P←Q）∧Q→P

3. 必要条件假言命题的等值推理

根据必要条件假言命题的性质与真值表，我们可以发现，一个必要条件假言命题当且仅当其前件为假且后件为真时才是假的，其他情况都是真的。当其前件为真时，后件不管真假，必要条件假言命题仍然为真；当其后件为假时，前件不管真假，必要条件假言命题的值为真。也就是说，当一个必要条件假言命题的前件为真，或者后件为假时，必要条件假言命题的值为真。用公式表示：

"只有P，才Q" = "P或非Q"

根据前面自然语言的理解以及与充分条件之间的关系，还有以下等值情况：

（1）"只有P，才Q" = "如果Q，则一定有P"

其意思是，如果P对于Q来说是不可缺少的条件，则可以推出"如果想要得到Q，则必须满足P"。

（2）"只有P，才Q" = "除非P，否则没有Q" = "如果没有P，则没有Q"

其意思是，如果P是Q的必要条件，即P是Q不可缺少的前提，则意味着"如果缺少了这个必要条件P，则一定不会有结果Q"。

经典试题精讲

【例题5】柏拉图学园的门口竖着一块牌子"不懂几何者不得入内"。这天，来了一群人，他们都是懂几何的人。

如果牌子上的话得到准确的理解和严格的执行，那么以下几句话中，只有一句是真的。这句真话是：

A. 他们可能不会被允许进入。　　B. 他们一定不会允许被进入。

C. 他们一定会被允许进入。　　　D. 他们不可能被允许进入。

E. 他们不可能不被允许进入。

【答案】A

【解析】"不懂几何者不得入内"等价于"只有懂几何者，才入内"，根据必要条件假言命题的性质，肯定前件未必能肯定后件，因此懂几何者，也未必入内，正确答案为A。

【例题6】除非不把理论当作教条，否则就会束缚思想。

以下各项都表达了与题干相同的含义，除了：

A. 如果不把理论当作教条，就不会束缚思想。

B. 如果把理论当作教条，就会束缚思想。

C. 只有束缚思想，才会把理论当作教条。

D. 只有不把理论当作教条，才不会束缚思想。

E. 除非束缚思想，否则不会把理论当作教条。

【答案】A

【解析】题型：推出结论。考点：充分条件和必要条件之间的关系。

本题问的是哪个选项和题干的意思不一样，题干为一个必要条件假言命题，即"只有不把理论当作教条，才不会束缚思想"，而选项 A 则把必要条件当成了充分条件。对于必要条件假言命题，肯定前件也未必能肯定后件，所以选项 A 是错误的理解，正确答案为 A。此题考点几乎每年必考，请考生重点对待。

4. 必要条件假言命题的矛盾命题

根据必要条件的性质与真值表，我们可以发现，一个必要条件命题当且仅当其前件为假且后件为真时，这个必要条件命题才是假的。因此，一个条件 P 为必要条件，则意味着缺少这个条件 P 绝对不会有结果 Q。如果没有这个条件 P 仍然有结果 Q，则说明这个条件 P 对于结果 Q 来说不是必要的。

"只有 P，才 Q"的矛盾命题为"非 P，而且 Q"。

用公式表示：

¬（X ← Y）= ¬X ∧ Y

注：¬这个符号表示"并非"。

矛盾命题为最有力的削弱。

经典试题精讲

【例题 7】只有具备足够的奖金投入和技术人才，一个企业的产品才能拥有高科技含量。而这种高科质含量，对于一个产品长期稳定地占领市场是必不可少的。

以下哪项情况如果存在，最能削弱以上断定？

A. 苹果牌电脑拥有高科技含量，并长期稳定地占领着市场。

B. 西子洗衣机没能长期稳定地占领市场，但该产品并不缺乏高科技含量。

C. 长江电视机没能长期稳定地占领市场，因为该产品缺乏高科技含量。

D. 清河空调长期稳定地占领市场，但该产品的厂家缺乏足够的奖金投入。

E. 开开电冰箱没能长期稳定地占领市场，但该产品的厂家有足够的奖金投入和技术人才。

【答案】D

【解析】题目要求对题干所描述的情况进行削弱，通过对题干的分析，发现题干是两个必要条件假言命题，逻辑结构为：只有具备足够的奖金投入和技术人才，产品才能拥有高科技含量；只有拥有高科技含量，产品才能长期稳定地占领市场。即：一个产品要想长期稳定地占领市场，必须满足三个必要条件，缺一不可。

通过寻找必要条件假言命题的矛盾命题，即没有满足必要条件，但仍然能长期稳定地占领市场，从而削弱了题干的断定。正确答案为 D。

第四节 习题巩固

主要强化充分条件与必要条件的语言理解、基本真假性质、等价命题、矛盾关系命题。

1. 生态文明建设事关社会发展方式和人民福祉。只有实行最严格的制度、最严密的法治，才能为生态文明建设提供可靠保障。如果要实行最严格的制度、最严密的法治，就要建立责任追究制度，对那些不顾生态环境盲目决策并造成严重后果者，追究其相应的责任。

根据以上信息，可以得出以下哪项？

A. 如果对那些不顾生态环境盲目决策并造成严重后果者追究相应责任，就能为生态文明建设提供可靠保障。
B. 实行最严格的制度和最严密的法治是生态文明建设的重要目标。
C. 如果不建立责任追究制度，就不能为生态文明建设提供可靠保障。
D. 只有筑牢生态环境的制度防护墙，才能造福于民。
E. 如果要建立责任追究制度，就要实行最严格的制度、最严密的法治。

2. 对于上市公司而言，有分红的企业才能发行新的股票。可是，如果一个企业有分红，那它就不需要资金。如果它需要融资，就没有办法分红。

如果以上陈述为真，则以下哪项陈述不可能为真？

A. 一个上市公司需要融资，而且没有办法分红。
B. 一个上市公司不是需要融资，就是没有办法分红。
C. 一个上市公司不需要融资，就一定会分红。
D. 一个上市公司既需要融资，也有办法分红。
E. 如果一个企业没有分红，那说明它是需要资金的。

3. 如果高级管理者本人不参与经营政策的制定，企业最后确定的经营政策就不会成功。另外，如果有更多的管理者参与经营政策的制定，告诉企业他们认为重要的经营政策，企业最后确定的经营政策将更加有效。

如果以上陈述为真，则以下哪项陈述不可能假？

A. 除非有更多的管理者参与经营政策的制定，否则，企业最后确定的经营政策不会成功。
B. 或者高级管理者本人参与经营政策的制定，或者企业最后确定的经营政策不会成功。
C. 如果高级管理者本人参与经营政策的制定，企业最后确定的经营政策就会成功。
D. 如果有更多的管理者参与经营政策的制定，企业最后制定的经营政策会更加有效。
E. 如果企业最后确定的经营政策没有成功，说明高级管理者没有参与经营政策的制定。

4. 正是因为有了第二味觉，哺乳动物才能够边吃边呼吸。很明显，边吃边呼吸对保持哺乳动物高效率的新陈代谢是必要的。

以下哪种哺乳动物的发现，最能削弱以上的断言？

A. 有高效率的新陈代谢和边吃边呼吸的能力的哺乳动物。
B. 有低效率的新陈代谢和边吃边呼吸的能力的哺乳动物。
C. 有低效率的新陈代谢但没有边吃边呼吸能力的哺乳动物。
D. 有高效率的新陈代谢但没有第二味觉的哺乳动物。

E. 有低效率的新陈代谢和第二味觉的哺乳动物。

5. 正是因为有了充足的奶制品作为食物来源，生活在呼伦贝尔大草原的牧民才能摄入足够的钙质。很明显，这种足够的钙质，对于呼伦贝尔大草原的牧民拥有健壮的体魄是必不可少的。

以下哪种情况如果存在，最能削弱以上的断定？

A. 有的呼伦贝尔大草原的牧民从食物中能摄入足够的钙质，且有健壮的体魄。

B. 有的呼伦贝尔大草原的牧民没有健壮的体魄，但从食物中摄入的钙质并不缺少。

C. 有的呼伦贝尔大草原的牧民没有健壮的体魄，他们从食物中不能摄入足够的钙质。

D. 有的呼伦贝尔大草原的牧民有健壮的体魄，但没有充足的奶制品作为食物来源。

E. 有的呼伦贝尔大草原的牧民没有健壮的体魄，但有充足的奶制品作为食物来源。

6. 大李和小王是某报新闻部的编辑，该报总编计划从新闻部抽调人员到经济部。

总编决定：未经大李和小王本人同意，将不调动两人。

大李告诉总编："我不同意调动，除非我知道小王已经调动了。"

小王说："除非我知道大李已经调动了，否则我不同意调动。"

如果上述三人坚持各自的决定，则可推出以下哪项结论？

A. 两人都不可能调动。

B. 两人都可能调动。

C. 两人至少有一人可能调动，但不可能两人都调动。

D. 要么两人都调动，要么两人都不调动。

E. 题干的条件推不出关于两人调动的确定结论。

7. 中周公司准备在全市范围内展开一次证券投资竞赛。在竞赛报名事宜里规定：没有证券投资实际经验的人不能参加本次比赛。张全力曾经在很多大的投资公司中实际从事过证券买卖操作。

那么关于张全力，以下哪项是根据上文能够推出的结论？

A. 他一定可以参加本次比赛，并获得优异成绩。

B. 他参加比赛的资格将取决于他证券投资经验的丰富程度。

C. 他一定不能参加本次比赛。

D. 他可能具有参加本次比赛的资格。

E. 他参加比赛的资格将取决于他以往证券投资的业绩。

8. 环宇公司规定，其所属的各营业分公司，如果年营业额超过 800 万元，其职员可获得优秀奖；只有年营业额超过 600 万元，其职员才能获得激励奖。年终统计显示，该公司所属的 12 个分公司中，6 个年营业额超过了 1 000 万元，其余的则不足 600 万元。

如果上述断定为真，则以下哪项关于该公司今年获奖情况的断定一定为真？

Ⅰ. 获得激励奖的职员，一定获得优秀奖。

Ⅱ. 获得优秀奖的职员，一定获得激励奖。

Ⅲ. 半数职员获得了优秀奖。

A. 仅Ⅰ。　　B. 仅Ⅱ。　　C. 仅Ⅲ。　　D. 仅Ⅰ和Ⅱ。　　E. Ⅰ、Ⅱ和Ⅲ。

9. 这几年参加注册会计师考试的人数越来越多了，可以说，所有想从事会计工作的人都想要获得注册会计师证书。小朱也想获得注册会计师证书，所以，小朱一定是想从事会计工作。

以下哪项如果是真的，最能加强上述论述？

A. 目前越来越多的从事会计工作的人取得了注册会计师证书。

B. 不想获得注册会计师证书，就不是一个好的会计工作者。

C. 只有想获得注册会计师证书的人，才有资格从事会计工作。

D. 只有想从事会计工作的人，才想获得注册会计师证书。

E. 想要获得注册会计师证书，一定要对会计理论非常熟悉。

10. 如果王教授是历史学家，又深入研究过夏、商、周三代历史，则他一定是中国的历史学家。

以上断定是根据以下哪项做出的？

A. 王教授不但研究过中国历史，也研究过外国历史。

B. 历史学家不可能深入研究中国的全部历史。

C. 大多数历史学家对于中国历史的研究都是从秦朝以后开始的。

D. 历史学家中只有中国的历史学家才会深入研究夏代历史。

E. 有少数外国历史学家也简单地了解过夏、商、周三代历史。

答案与解析

1. 【答案】C

【解析】本题是充分必要条件命题推理。技巧：直接使用逻辑口诀进行推理。

已知：（1）"只有实行最严格的制度、最严密的法治，才能为生态文明建设提供可靠保障"，即提供保障→实行严密法治。

（2）"如果要实行最严格的制度、最严密的法治，就要建立责任追究制度，对那些不顾生态环境盲目决策并造成严重后果者，追究其相应的责任"，即实行严密法治→追究责任。

（1）和（2）进行联合推理，得出：提供保障→实行严密法治→追究责任。根据充分条件性质，如果否定后件则必否定前件。正确答案为C。

2. 【答案】D

【解析】本题是充分条件命题的矛盾命题。"如果P，那么Q"，其矛盾命题为"P且非Q"。"如果它需要融资，就没有办法分红"，其矛盾命题是选项D。所以，正确答案为D。

3. 【答案】B

【解析】本题是充分条件命题的等价命题。"如果P，那么Q" = "非P或者Q"。"如果高级管理者本人不参与经营政策的制定，企业最后确定的经营政策就不会成功"，其等价命题是选项B。所以，正确答案为B。

4. 【答案】D

【解析】本题是必要条件的矛盾命题。快速浏览题干，发现题干为两个必要条件假言命题。第二味觉是边吃边呼吸的必要条件，而边吃边呼吸又是高效率的新陈代谢的必要条件，因此，第二味觉是高效率的新陈代谢的必要条件。根据必要条件假言命题的性质，"没有X，照样有Y"是"只有X，才Y"的矛盾命题，矛盾命题的削弱力度是最强的。第二味觉是高效率的新陈代谢的必要条件，即只有有第二味觉，哺乳动物才能保持高效率的新陈代谢，其矛盾命题为"没有第二味觉，但照样有高效率的新陈代谢"。所以，正确答案为 D。

5. 【答案】D

【解析】题型：削弱。考点：必要条件的矛盾命题。

题干断定充足的奶制品是摄入足够的钙质的必要条件，而摄入足够的钙质是拥有健壮的体魄的必要条件。同上题的思路一致，对于必要条件假言命题，其矛盾命题的削弱力度是最强的。所以，正确答案为 D。

6. 【答案】A

【解析】题干考查必要条件性质。"不 Y，除非 X" = "除非 X，否则不 Y" = "如果 Y，则 X"。假设要调动大李，根据总编的话，需要大李本人同意；如果大李同意，则根据大李的话可知，小王调动了；根据总编的话，则小王同意了；根据小王的话，则大李已经调动了。假设矛盾。

而同样，小王调动的前提是知道大李已经调动，永远循环下去都无法实现。所以，选项A 为真。正确答案为 A。

7. 【答案】D

【解析】题干断定"没有证券投资实际经验的人不能参加本次比赛"，这是一个必要条件的假言命题，即只有具有证券投资经验，才能参加本次比赛。已知：张全力具有证券投资经验，根据必要条件假言命题的性质：肯定前件不一定能肯定后件，所以，张全力未必能够参加本次比赛，但可能具有资格。A、C 两项不一定正确；正确答案为 D。

8. 【答案】A

【解析】条件（1）：如果年营业额超过 800 万元，其职员可获得优秀奖。条件（2）：只有年营业额超过 600 万元，其职员才能获得激励奖。条件（3）：该公司所属的 12 个分公司中，6 个年营业额超过了 1 000 万元，其余则不足 600 万元。

复选项Ⅰ一定为真。如果职员获得激励奖，根据条件（2），必要条件假言命题性质"有后必有前"，则年营业额一定超过 600 万元。根据条件（3）可知，年营业额超过 600 万元的一定超过 1 000 万元，根据条件（1），超过 1 000 万元，满足了充分条件假言命题的前件"超过 800 万元"，根据充分条件假言命题性质"有前必有后"，则一定获得优秀奖。

复选项Ⅱ不一定为真。如果职员获得优秀奖，根据条件（1），充分条件假言命题性质"有后未必有前"，所以，年营业额未必超过 800 万元。就算年营业额超过 800 万元，根据条件（2），必要条件假言命题性质"有前未必有后"，职员也未必获得激励奖。

复选项Ⅲ不一定为真。因为"分公司数量的半数"与"职员数量的半数"是不同的概念。

正确答案为 A。

9. 【答案】D

【解析】将"小朱也想获得注册会计师证书"代入选项 D，推出小朱想从事会计工作。正确答案为 D。

10. 【答案】D

【解析】如果 D 项为真，则根据王教授是历史学家且深入研究夏、商、周历史，可以推出其是中国的历史学家。正确答案为 D。

第二部分 综合推理

第七章 演绎推理的综合推理训练

第一节 考情分析

真假话题型与两难推理都是形式逻辑综合性比较强的题目，见表2-7-1，涉及知识点和方法比较多，可以作为系统学习知识和检测学习结果的重要途径。

表2-7-1

考试年份	2011	2012	2013	2014	2015	2016	2017	2018	2019	2020
题目数量	3	2	1	1	1	1	1	0	1	1

第二节 考点测评

一、真假话题型分析能力测评

【例题1】机关的工作人员小张、小王、小李和小周四人中只有一人迟到，主任询问是谁迟到时，他们做了如下回答。

小张：是小李迟到。

小王：我虽然比平时来得晚，但没有迟到。

小李：我不但没迟到，而且还提早来了。

小周：如果小王没迟到，那就是我迟到了。

如果他们中只有一个人说了谎，则以下哪项一定成立？

A. 小张迟到。　　B. 小李迟到。　　C. 小王迟到。　　D. 小周迟到。　　E. 不能推出。

【答案】D

【解析】本题是真假话题型，先找矛盾关系的命题，张、李的话不可能同真，则必有一假。根据已知只有一句假话，可以得出王、周的话为真，则"王没有迟到"，根据周的话，充分条件假言命题肯定前件必肯定后件，推出"小周迟到"一定为真。正确答案为D。

二、两难推理分析能力测评

【例题2】甲、乙、丙、丁四支足球队进入1/2决赛，刘、郭、张、李四位资深球迷对比赛结果进行了预测：

刘：只要甲进决赛，乙就进决赛。

郭：如果甲进决赛，则丙未进决赛。

张：除非甲进决赛，否则乙进决赛。

李：只有丁进决赛，乙才进决赛。

如果上述四位球迷的预测都是对的，则以下哪项一定为真？

A. 甲进决赛，乙进决赛。　　B. 甲不进决赛，乙进决赛。

C. 乙不进决赛，丁进决赛。　　D. 甲进决赛，丙进决赛。

E. 乙进决赛，丙进决赛。

【答案】B

【解析】刘的预测为"甲进决赛→乙进决赛"，张的预测为"甲未进决赛→乙进决赛"，二者构成两难推理，故可得：乙进决赛；李的预测为"乙进决赛→丁进决赛"，结合"乙进决赛"可知：丁进决赛。因为是1/2决赛，所以甲和丙未进决赛。正确答案为B。

第三节　考点精讲与核心题型

一、真假话题型精讲

题型说明：所谓真假话题型，一般指的是题干所给的条件中，已经确定有真有假，根据条件推出结论的题型。

解题技巧：先找矛盾关系的命题、反对关系的命题、下反对关系的命题，如果找不到，则寻找包含信息，进行归谬假设代入。

【例题1】在一次对全省小煤矿的安全检查后，甲、乙、丙三个安检人员有如下结论：

甲：有小煤矿存在安全隐患。

乙：有小煤矿不存在安全隐患。

丙：大运和宏通两个小煤矿不存在安全隐患。

如果上述三个结论只有一个正确，则以下哪项一定为真？

A. 大运和宏通煤矿都不存在安全隐患。

B. 大运和宏通煤矿都存在安全隐患。

C. 大运存在安全隐患，但宏通不存在安全隐患。

D. 大运不存在安全隐患，但宏通存在安全隐患。

E. 上述断定都不一定为真。

【答案】B

【解析】根据已知条件，三句话只有一句为真，且发现甲、乙的话为下反对关系，必有一真，所以，丙的话一定为假。因此，大运和宏通两个小煤矿至少有一个存在安全隐患。由此可知，甲的话为真，乙的话为假。因为乙的话为假，则其矛盾命题"所有的小煤矿都存在安全隐患"为真。所以，正确答案为 B。

【例题 2】在某项目招标过程中，赵嘉、钱宜、孙斌、李汀、周武、吴纪 6 人作为各自公司代表参与投标，有且只有一人中标。关于究竟谁是中标者，招标小组中有 3 位成员各自谈了自己的看法：

（1）中标者不是赵嘉就是钱宜。

（2）中标者不是孙斌。

（3）周武和吴纪都没有中标。

经过深入调查，发现上述 3 人只有 1 人的看法是正确的。

根据以上信息，以下哪项中的 3 人都可以确定没有中标？

A. 钱宜、孙斌、周武。

B. 孙斌、周武、吴纪。

C. 赵嘉、钱宜、李汀。

D. 赵嘉、周武、吴纪。

E. 赵嘉、孙斌、李汀。

【答案】C

【解析】本题是真假话题型，解题步骤是先找矛盾，找不到矛盾就找差等关系进行假设。假设（1）为真，则中标者只能为赵嘉或钱宜，推出（2）为真，这不符合题设"只有一真"，所以（1）不能真，由此可得赵嘉、钱宜都没中标。假设李汀中标，则（2）和（3）都是真的，不符合"只有一真"，所以，李汀不能中标。正确答案为 C。

【例题 3】2010 年上海世博会盛况空前，200 多个国家场馆和企业主题馆让人目不暇接。大学生王刚决定在学校放暑假的第二天前往世博会参观。前一天晚上，他特别上网查看了各位网友对热门场馆选择的建议，其中最吸引王刚的有三条：

（1）如果参观沙特馆，就不参观石油馆。

（2）石油馆和中国国家馆择一参观。

（3）中国国家馆和石油馆不都参观。

实际上，第二天王刚的世博会行程非常紧凑，他没有接受上述三条建议中的任何一条。关于王刚所参观的热门场馆，以下哪项描述正确？

A. 参观沙特馆、石油馆，没有参观中国国家馆。

B. 沙特馆、石油馆、中国国家馆都参观了。

C. 沙特馆、石油馆、中国国家馆都没有参观。

D. 没有参观沙特馆，参观石油馆和中国国家馆。

E. 没有参观石油馆，参观沙特馆、中国国家馆。

【答案】B

【解析】考点：充分条件假言命题的矛盾命题；"要么……要么……"的矛盾命题；"或者……或者……"的矛盾命题。

根据（1）为假，可知王刚参观了沙特馆且参观了石油馆。再根据（3）为假，推出中国国家馆和石油馆都参观了。因此，王刚参观了沙特馆、石油馆以及中国国家馆。所以，正确答案为 B。

【例题4】某集团公司有四个部门，分别生产冰箱、彩电、电脑和手机。根据前三个季度的数据统计，四个部门经理对2010年全年的赢利情况做了如下预测：

冰箱部门经理：今年手机部门会赢利。
彩电部门经理：如果冰箱部门今年赢利，那么彩电部门就不会赢利。
电脑部门经理：如果手机部门今年没赢利，那么电脑部门也没赢利。
手机部门经理：今年冰箱和彩电部门都会赢利。

全年数据统计完成后，发现上述四个预测只有一个符合事实。
关于该公司各部门的全年赢利情况，以下除哪项外，均可能为真？

A. 彩电部门赢利，冰箱部门没赢利。
B. 冰箱部门赢利，电脑部门没赢利。
C. 电脑部门赢利，彩电部门没赢利。
D. 冰箱部门和彩电部门都没赢利。
E. 冰箱部门和电脑部门都赢利。

【答案】B

【解析】本题是真假话题型，一般先寻找已知条件中互为矛盾关系的命题，如果找不到，再寻找有相同部分的两个命题来假设。

据题干条件可知，彩电部门经理的话为一个充分条件假言命题，他和手机部门经理的话正好构成了矛盾关系（原理："如果P，那么Q"与"P且非Q"为矛盾关系），矛盾关系的命题正好一真一假，所以，这两句话中有一句真，一句假。再根据已知条件"发现上述四个预测只有一个符合事实"，得知：冰箱部门经理与电脑部门经理的话都是错误的。既然电脑部门经理的话为假，则其矛盾命题"手机部门没有赢利，且电脑部门赢利"为真，得出"电脑部门赢利"为真，而选项B为一个联言命题，现其后半部分为假，则整个联言命题为假，故选项B不可能真。正确答案为B。

【例题5】临江市地处东部沿海，下辖临东、临西、江南、江北四个区，近年来，文化旅游产业成为该市的经济增长点。2010年，该市一共吸引全国数十万人次游客前来参观旅游。12月底，关于该市四个区吸引游客人数多少的排名，各位旅游局局长做了如下预测：

临东区旅游局局长：如果临西区第三，那么江北区第四。
临西区旅游局局长：只有临西区不是第一，江南区才是第二。
江南区旅游局局长：江南区不是第二。
江北区旅游局局长：江北区第四。

最终的统计表明，只有一位局长的预测符合事实，则临东区当年吸引游客人次的排名是：

A. 第一。　　　　　　B. 第二。　　　　　　C. 第三。
D. 第四。　　　　　　E. 在江北区之前。

【答案】D

【解析】本题为真假话题型。

真假话题型应当先寻找矛盾关系，但题干中没有矛盾的命题，故采用假设法。
采用假设法应当先寻找具有共同概念的命题来假设。"江南区不是第二"出现了两次，故假设江南区旅游局局长的话为真,则临西区旅游局局长的后半段为假;根据必要条件命题的性质,当一个必要条件命题后件为假时,其前件不管真假,整个命题为真(必要条件的命题只在一种情况下为假,即前件为假且后件为真),故推出临西区旅游局局长的话也为真。这与已知条件"只有一句真"矛盾,故江南区旅游局局长的话不可能为真,所以推出江南区是第二。

同理,设江北区旅游局局长的话为真,则临东区旅游局局长的话后件为真,而一个充分条件命题,当其后件为真时,前件不管真假,整个命题为真(一个充分条件假言命题有且只有一种情况为假:前件为真且后件为假),故设江北区第四为真,会导致临东区旅游局局长的话也为真,这和已知条件相矛盾,故江北区第四不可能为真。

综上,临东区和临西区旅游局局长两句话中有且只有一句话是真的。

还有一种简单的方法。真假话题型中,把"如果P,那么Q"等价转换为"非P或者Q";"只有X,才Y"等价转换为"如果Y,则X",等价转换为"非Y或者X",然后进行假设代入。

"如果临西区第三,那么江北区第四"="非西三,或者北四";

"只有临西区不是第一,江南区才是第二"="非南二,或者非西一"。

假设江南区旅游局局长的话为真,则临西区旅游局局长的话也为真,与题干"只有一真"矛盾,所以,江南区一定是第二;

假设江北区旅游局局长的话为真,则临东区旅游局局长的话也为真,也与题干信息矛盾,故江北区不是第四。

把确定条件代入表 2-7-2:

表 2-7-2

	1	2	3	4
东				
西				
南	×	√	×	×
北				×

根据表格发现,排第四的只能是临东区或临西区;如果临西区在第四,则临东区和临西区旅游局局长的话都是真的,与题干已知条件矛盾,故临西区不可能是第四名,则第四名只能是临东区。正确答案为 D。

【例题 6】甲班考试结束后,几位老师在一起议论。

张老师说:"班长和学习委员得优秀。"

李老师说:"除非生活委员得优秀,否则体育委员不能得优秀。"

陈老师说:"我看班长和学习委员两人中至少有一人不能得优秀。"

郭老师说:"我看生活委员不能得优秀,但体育委员可得优秀。"

基于以上断定,可推出以下哪项一定为真?

A. 四位老师中有且只有一位的断定为真。

B. 四位老师中有且只有两位的断定为真。

C. 四位老师的断定都可能为真。

D. 四位老师的断定都可能为假。

E. 题干的条件不足以推出确定的结论。

【答案】B

【解析】题型：推出结论。考点：逻辑规律、必要条件联言命题、选言命题。

张老师的话为联言命题"班长优秀且学习委员优秀"，其矛盾命题为"班长不优秀或者学习委员不优秀"，即班长和学习委员至少有一个不优秀。陈老师的话就是如此表达，所以，张老师和陈老师的话为矛盾命题，必为一真一假。

李老师的话为必要条件假言命题"只有生活委员得优秀，体育委员才能得优秀"，其矛盾命题为"生活委员没有得优秀，但体育委员得优秀"。所以，李老师和郭老师的话为矛盾命题，必为一真一假。所以，正确答案为B。

二、两难推理思路训练

1. 两难推理的基础知识

两难推理是由两个假言命题和一个选言命题作为前提，并依据假言命题和选言命题的性质推出结论的推理。两难推理常常用于辩论，辩论的一方提出一个有两种可能性的选言命题作为前提，然后引出对方难以接受的结果，从而使对方陷入进退两难的尴尬境地。

例如：中世纪的逻辑学家曾对"上帝是万能的"这个命题提出质疑——上帝能否制造一块连他自己也举不起来的石头呢？

试着回答一下：

如果上帝能够制造一块连他自己都举不起来的石头，由于有一块石头上帝不能举起，所以上帝不是万能的。

如果上帝不能够制造一块这样的石头，由于有一块石头他造不出，所以，上帝也不是万能的。

对于上帝来说，他或者能够制造这样一块石头，或者不能制造出来。

总而言之，不管哪样，都能得出：上帝不是万能的。

两难推理根据结论是简单命题还是复合命题，可以分为简单式和复杂式；根据推理所依据充分条件的不同性质，可以分为构成式（肯定前件式）和破坏式（否定后件式）。排列组合后，两难推理有四种不同的结构形式：简单构成式、简单破坏式、复杂构成式、复杂破坏式。

（1）简单构成式

其推理形式为：

如果P，那么R；如果Q，那么R。

P 或者 Q。

所以，R。

用符号形式表示：

$(P \to R) \land (Q \to R) \land (P \lor Q) \to R$

例如：

张养浩《山坡羊·潼关怀古》

峰峦如聚，波涛如怒，山河表里潼关路。望西都，意踟蹰，伤心秦汉经行处，宫阙万间都作了土。兴，百姓苦；亡，百姓苦。

这首曲子的最后两句就是一个两难推理的简单构成式。

如果"朝代兴起"，则"百姓苦"；如果"朝代灭亡"，则"百姓苦"。

或兴，或亡。

总之，百姓苦。

（2）简单破坏式

其推理形式为：

如果P，那么Q；如果P，那么R。

非Q或者非R。

所以，非P。

用符号形式表示：

（P→Q）∧（P→R）∧（非Q∨非R）→非P

例如：

如果你是一个真正的共产党员，则你不应该"唯上"；

如果你是一个真正的共产党员，则你应该代表广大人民的根本利益。

但是你的所作所为根本就罔顾事实，或许你在"唯上"，或许你没有代表广大人民的根本利益。

所以，你不是一个真正的共产党员。

（3）复杂构成式

其推理形式为：

如果P，那么Q；如果R，那么S。

P或者R。

所以，Q或者S。

用符号形式表示：

（P→Q）∧（R→S）∧（P∨R）→（Q∨S）

《左传·桓公十五年》有这么一段记载：

十五年春，天王使家父来求车，非礼也。诸侯不贡车、服，天子不私求财。祭仲专，郑伯患之，使其婿雍纠杀之。将享诸郊。雍姬知之，谓其母曰："父与夫孰亲？"

春秋时，郑厉公和雍纠合谋要除掉在郑国专权的祭足。雍纠准备在郊外宴请祭足。由于祭足是雍纠的岳父，雍纠回到家时不免神色不安，被他妻子祭氏察觉，再三追问下，雍纠吐出了实情。这时的祭氏就面临着这样一个两难推理：

如果去告诉父亲，则丈夫活不成；

如果不去告诉父亲，则父亲活不成。

或者去告发，或者不去告发。

总之，或者丈夫活不成，或者父亲活不成。

（4）复杂破坏式

其推理形式为：

如果 P，那么 Q；如果 R，那么 S。

非 Q 或者非 S。

所以，非 P 或者非 R。

用符号形式表示：

（P→Q）∧（R→S）∧（非 Q∨非 S）→（非 P∨非 R）

例如：

如果一位专家他有智慧的话，则能透过表象看清真相；如果一位专家他有良知的话，则能说出真相。

现在某位专家所说的并非真相，或许是由于其没有看清真相，或许是其没有说出真相。

总之，这位专家或者没有智慧，或者没有良知。

这些知识和思路必须结合真题训练，形成解题技巧，才能为我们所用。我们主要训练利用两难推理进行逻辑解题的技巧和思路。

2. 两难推理的考点分析与真题解析

【例题 7】如果李生喜欢表演，则他报考戏剧学院；如果他不喜欢表演，则他可以成为戏剧理论家。如果他不报考戏剧学院，则不能成为戏剧理论家。

由此可推出李生：

A. 不喜欢表演。　　　　　　　　B. 成为戏剧理论家。

C. 不报考戏剧学院。　　　　　　D. 报考戏剧学院。

E. 不能成为戏剧理论家。

【答案】D

【解析】根据题干中的前两个已知的充分条件命题，可以得知，无论李生是否喜欢表演，他或者报考戏剧学院，或者成为戏剧理论家。根据题干中李生成为戏剧理论家的前提是报考戏剧学院，所以，他必然要报考戏剧学院。正确答案为 D。

【例题 8】梦幻国的国民分别居住在两座相当奇怪的城市中，一座叫"真城"，另一座叫"假城"，真城的人个个说真话，假城的人没有一个人会说一句真话，而且这两个城市里的居民都会经常往来于两个城市。一个逻辑学家已经知道了上述事实，他来到梦幻国的一座城市，结果，他用一句问话就明白了自己所到的城市是真城还是假城。

他问的最可能是下面哪个问句？

A. 你是真城的人吗？　　　　　　B. 你是假城的人吗？

C. 你是这座城市的人吗？　　　　D. 你是说假话的人吗？

E. 你是说真话的人吗？

【答案】C

【解析】这类题的解题步骤一般都要从选项入手，真城和假城的人应该对这个问题给出不同的回答。对 A 项的问句，真城和假城的人都会回答"是"，无法断定真相是什么。B 项同 A 项类似。只有 C 项的问法涉及城市，我们先回答 C 项试试看：假定逻辑学家来到的是真城，对 C 项的问句，真城的人一定回答"是"，假城的人也一定回答"是"。所以，如果逻辑学家到的城市是真城，无论哪个城市的人，都会对 C 项的问句回答"是"。

假定逻辑学家来到的是假城，对 C 项的问句，真城的人一定回答"不是"，假城的人也一定回答"不是"。所以，如果逻辑学家到的是假城，无论哪个城市的人，都会对 C 项的问句回答"不是"。

这样，该逻辑学家就可以根据他们回答为"是"还是"不是"确定自己所到的为哪个城市了。正确答案为 C。

第四节 习题巩固

1. 某矿山发生了一起严重的安全事故。关于事故原因，甲、乙、丙、丁四位负责人有如下断定：

甲：如果造成事故的直接原因是设备故障，那么肯定有人违反操作规程。

乙：确实有人违反操作规程，但造成事故的直接原因不是设备故障。

丙：造成事故的直接原因确实是设备故障，但并没有人违反操作规程。

丁：造成事故的直接原因是设备故障。

如果上述断定中只有一个为真，则以下断定都不可能为真，除了

A. 甲的断定为真，有人违反了操作规程。

B. 甲的断定为真，但没有人违反操作规程。

C. 乙的断定为真。

D. 丙的断定为真。

E. 丁的断定为真。

2. 三男两女参加打靶游戏。规定每人只打一枪，中十环者获大奖。枪声齐鸣，现场报靶区举旗通报有人获大奖。五人兴奋地做了如下猜测：

男1号：大奖得主或者是我，或者是男3号。

男2号：除非不是女2号，否则是男3号。

男3号：如果不是女1号，那么就是男2号。

女1号：既不是我，也不是男2号。

女2号：既不是男3号，也不是男1号。

公布获大奖人员的名单以后，结果，五人中只有两个人没猜错。由此可以推知：

A. 男1号获得大奖。　　　B. 男2号获得大奖。　　　C. 男3号获得大奖。

D. 女1号获得大奖。　　　E. 女2号获得大奖。

3. 某珠宝商店失窃，甲、乙、丙、丁四人因涉嫌犯罪而被拘审。四人的口供如下：

甲：案犯是丙。

乙：丁是案犯。

丙：如果我作案，那么丁是主犯。

丁：作案的不是我。

如果四个口供中只有一个是假的，则以下哪项是真的？

A. 说假话的是甲，作案的是乙。
B. 说假话的是丁，作案的是丙和丁。
C. 说假话的是乙，作案的是丙。
D. 说假话的是丙，作案的是丙。
E. 说假话的是甲，作案的是甲。

4. 某珠宝商店失窃，甲、乙、丙、丁四人因涉嫌犯罪而被拘审。四人的口供如下：

甲：案犯是丙。
乙：丁是案犯。
丙：如果我作案，那么丁是主犯。
丁：作案的不是我。

如果四个口供中只有一个是真的，则以下哪项是真的？

A. 作案的是乙。
B. 作案的是丙和丁。
C. 作案的是丙。
D. 作案的是甲。
E. 已知条件会推出互相矛盾的结论。

5. 红星中学的四位老师在高考前对某理科毕业班学生的前景进行推测，他们特别关注班里的两个尖子生。

张老师说："如果余涌能考上清华，那么方宁也能考上清华。"
李老师说："依我看，这个班没人能考上清华。"
王老师说："不管方宁能否考上清华，余涌考不上清华。"
赵老师说："我看方宁考不上清华，但余涌能考上清华。"

高考的结果证明，四位老师中只有一人的推测成立。

如果上述断定是真的，则以下哪项也一定是真的？

A. 李老师的推测成立。
B. 王老师的推测成立。
C. 赵老师的推测成立。
D. 如果方宁考不上清华大学，则张老师的推测成立。
E. 如果方宁考上了清华大学，则张老师的推测成立。

6. 古代一位国王率领张、王、李、赵、钱、孙、周等七位将军一起打猎，各人的箭上均刻有自己的姓氏。围猎过程中，一只鹿中箭倒下，但不知是何人所射。国王令众将军猜测。

张将军说："或者是我射中的，或者是李将军射中的。"
孙将军说："只有在我射中的情况下，周将军才可能射中。"
王将军说："不是赵将军射中的。"
李将军说："若不是赵将军射中的，就一定是王将军射中的。"
赵将军说："既不是我射中的，也不是王将军射中的。"
周将军说："我射中了，但孙将军没有射中。"
钱将军说："既不是李将军射中的，也不是张将军射中的。"

国王令人把射中鹿的箭拿来，看了看，说："你们七位将军的猜测，只有三个是真的。"根据国王的话，可判定以下哪项是真的？

A. 钱将军射中此鹿。

B. 赵将军射中此鹿，李将军说假话。

C. 李将军射中此鹿。

D. 赵将军射中此鹿，李将军说真话。

E. 周将军射中，周将军说真话。

7. 某市的红光大厦工程建设任务进行招标。有四个建筑公司投标，为简便起见，称它们为公司甲、乙、丙、丁。在标底公布以前，各公司经理分别做出猜测。

甲公司经理说："我们公司中标。"

乙公司经理说："中标的公司一定出自乙和丙两个公司之中。"

丙公司经理说："中标的若不是甲公司就是我们公司。"

丁公司经理说："我们丁公司中标。"

当标底公布后发现，四人中只有一个人的预测成真了，以下哪项判断最可能为真？

A. 甲公司经理猜对了，甲公司中标了。

B. 乙公司经理猜对了，丙公司中标了。

C. 乙公司和丁公司的经理都说错了。

D. 甲公司和乙公司的经理都说错了。

E. 乙公司、丙公司和丁公司的经理都说错了。

8. 近日，某集团高层领导研究了发展方向问题。

王总经理认为：既要发展纳米技术，也要发展生物医药技术；

赵副总经理认为：只有发展智能技术，才能发展生物医药技术；

李副总经理认为：如果发展纳米技术和生物医药技术，那么也要发展智能技术。

最后经过董事会研究，只有其中一位的意见被采纳。

根据以上陈述，以下哪项符合董事会的研究决定？

A. 发展纳米技术和智能技术，但是不发展生物医药技术。

B. 发展生物医药技术和纳米技术，但是不发展智能技术。

C. 发展智能技术和生物医药技术，但是不发展纳米技术。

D. 发展智能技术，但是不发展纳米技术和生物医药技术。

E. 发展生物医药技术、智能技术和纳米技术。

9. 储存在专用电脑中的某财团的商业核心机密被盗窃。该财团的三名高级雇员甲、乙、丙三人涉嫌被拘审。经审讯，查明了以下事实：

（1）机密是在电脑密码被破译后窃取的；破译电脑密码必须受过专门训练。

（2）如果甲作案，那么丙一定参与。

（3）乙没有受过破译电脑密码的专门训练。

（4）作案者就是这三人中的一人或一伙。

根据上述条件，可推出以下哪项结论？

A. 作案者中有甲。　　　　　　　　B. 作案者中有乙。

C. 作案者中有丙。
D. 作案者中有甲和丙。
E. 甲、乙和丙都是作案者。

10. 某民乐小组拟购买几种乐器，购买要求如下：
（1）二胡、箫至多购买一种；
（2）笛子、二胡和古筝至少购买一种；
（3）箫、古筝、唢呐至少购买两种；
（4）如果购买箫，则不购买笛子。
根据以上要求，可以得出以下哪项？

A. 至多购买了三种乐器。
B. 箫、笛子至少购买了一种。
C. 至少要购买三种乐器。
D. 古筝、二胡至少购买一种。
E. 一定要购买唢呐。

答案与解析

1. 【答案】B

【解析】题型：推出结论；考点：充分、必要、联言、选言命题。

已知只有一句话为真，且甲的话与丙的话为矛盾命题（甲的话为一充分条件假言命题"如果P，那么Q"，其矛盾命题为一联言命题"P且非Q"；丙的话就是"P且非Q"），所以，乙和丁的话都是假的。

丁的话为假，则推出（1）"造成事故的直接原因不是设备故障"为真。

乙的话为假，则推出（2）"或者无人违反操作规程，或者造成事故的直接原因是设备故障"为真。

根据（1）和（2），可推出"无人违反操作规程"为真。

现在推出的结论：造成事故的直接原因不是设备故障，且无人违反操作规程。

根据充分条件假言命题的性质，当其前件为假且后件为假时，这个充分条件假言命题一定为真（详见充分条件假言命题真值表。请记住：当且仅当一个充分条件假言命题的前件为真且后件为假时，这个命题才是假的）。所以，正确答案为B。

2. 【答案】E

【解析】考点："如果P，那么Q"的矛盾命题为"P且非Q"。

本题是真假话题型，先找矛盾关系的命题。男1号与女2号猜测矛盾，故有一真一假；男3号与女1号猜测矛盾，故有一真一假。这样，就已经找到了两真两假，根据已知条件只有两真，可知男2号的话一定为假，故男2号的话的矛盾命题一定为真。"除非不是女2号，否则是男3号"等价于"只有非女2号，才非男3号"，即"非男3号，则非女2号"，这一命题为假，则其矛盾命题"非男3号且女2号"一定为真。所以，正确答案为E。

3. 【答案】B

【解析】本题是真假话题型，先找矛盾关系。乙、丁的话矛盾，必有一真一假。根据已知只有一假，则推出甲、丙的话都为真，即丙是案犯，且丁是主犯，因此丁说假话。正确答案为B。

4. 【答案】E

【解析】本题是真假话题型，先找矛盾关系。乙、丁的话矛盾，必有一真一假；根据已知只有一真，则推出甲、丙的话都是假的；由甲的话为假，可以得出"丙不是案犯"，由丙的话"如果我作案，那么丁是主犯"为假，可知其矛盾命题"丙作案，且丁不是主犯"一定为真；这样，就得出了"丙不是案犯"和"丙作案"的自相矛盾的结果。所以，正确答案为 E。

5.【答案】E

【解析】本题是真假话题型，先找矛盾关系。张、赵的话矛盾（"如果 P 那么 Q"的矛盾命题为"P 且非 Q"），必有一真一假；根据题干信息已知只有一真，则推出李、王的话都是假的，可以得出"余涌考上清华"是真的；由"余涌考上清华"为真，不能确定赵老师的话的真假，因为赵老师的话为联言命题，只确定一个联项真，不能得出"方宁考不上清华且余涌考上清华"一定为真。如果方宁考不上清华，则赵老师的话为真；如果方宁考上了清华，则张老师的话前真且后真，即张老师的推测成立。正确答案为 E。

注意：李、赵的话为反对关系，不能同真，可能同假，不是矛盾关系；王、赵的话也是反对关系，不能同真，可能同假，不是矛盾关系。

6.【答案】D

【解析】本题是真假话题型，先找矛盾关系。张、钱矛盾，必有一真一假；孙、周矛盾，必有一真一假；李、赵矛盾，必有一真一假。三对矛盾命题，故有三真三假；根据已知只有三真，则推出王将军的话为假话，则推出赵将军射中，且李将军的话（或者赵射中，或者王射中）一定为真。正确答案为 D。

7.【答案】D

【解析】本题是真假话题型，先找矛盾关系，找不到矛盾关系找包含信息进行假设。

甲：甲中标。

乙：乙或者丙中标。

丙：甲或者丙中标。（"不是 P，就是 Q" = "或者 P，或者 Q"）

丁：丁中标。

假设甲中标，则甲、丙都真，与已知条件只有一真矛盾，所以，甲不中标；假设丙中标，则乙、丙的话都真，与已知只有一真矛盾，所以，丙不中标；所以，甲、丙的话都是假的；则乙、丁的话一定有一真一假；排除 A、B、C、E 四项，只有 D 项可能为真。正确答案为 D。

8.【答案】B

【解析】真假话题型。先找矛盾关系命题或者差等关系命题进行假设。考点："只有 X，才 Y" = "如果 Y，那么 X" = "非 Y 或者 X"。

王总：发展纳米且发展生物医药。

赵副总：只有发展智能，才能发展生物医药 = 如果发展生物医药，则发展智能 = 不发展生物医药，或者发展智能。

李副总：如果发展纳米且生物医药，则发展智能 = 或者不发展纳米，或者不发展生物医药，或者发展智能。

假设发展智能为真，则赵副总、李副总说的都为真（这是利用充分条件命题、必要条件命题性质进行的推理。假设发展智能为真，则赵副总的话转换的选言命题"不发展生物，或者发展智能"为真；同理，李副总的话也为真），和已知条件"只有一位意见被采纳"矛盾，所以得出：不发展智能。根据选项进行排除，B 项为真，其余都被排除了。

也可以继续进行推理。假设不发展生物医药为真，则赵副总、李副总都为真，和已知条件"只有一个人意见被采纳"矛盾，所以，不发展生物医药为假，得出：发展生物医药。

根据选项进行排除，正确答案为 B。

本题也可将选项代入进行解题。本题关键在于理解充分条件假言命题、必要条件假言命题的性质以及其在什么时候真、什么时候假。注意：当一个充分条件命题的前件为假时，这个充分条件命题一定为真；当一个充分条件命题的后件为真时，这个充分条件命题一定为真。

记住公式："如果 P，那么 Q" = "非 P 或者 Q"；"只有 X，才 Y" = "如果 Y，则 X"。

9.【答案】C

【解析】题型：推出结论；考点：两难推理。

本题有多种解题方法。先从两难推理的角度解析。根据四个已知条件，我们可以得出：乙不会单独作案。因此，乙有合伙作案和没有作案两种情况。如果乙作案，则一定有人陪同。所以，甲或丙至少一个陪同。如果甲陪同，根据条件（2），则丙作案；如果甲不陪同，而乙作案一定要有人陪同，所以丙也要陪同作案。因此，如果乙作案，丙一定陪同。如果乙没有作案，则根据条件（4），作案的一定是甲或丙。根据条件（2），如果甲作案，丙一定作案；如果甲没有作案，根据条件（4），丙一定作案。总之，无论甲和乙是否作案，丙都一定作案。正确答案为 C。

另一种方法解析根据条件（2），假设丙没有作案，则甲没有作案。根据条件（4），作案的只有乙。根据条件（1），乙不具备单独作案的条件。因此，这与已知条件相矛盾，假设不成立。所以，丙一定作案。这个解题思路叫作归谬法。

10.【答案】D

【解析】本题是综合推理题型，可以用两难假设法，也可以用选项取非代入验证法。

本题可采用两难假设法。假设购买箫，则不购买笛子（条件 4），不购买二胡（条件 1），购买古筝（条件 2），对于唢呐无法判断；再假设不购买箫，则古筝和唢呐都要购买（条件 3）。根据两难推理性质，古筝一定要购买。D 项一定真。为什么我们从买箫开始假设呢？这种技巧可以通过训练得到，一般是从假设充分条件命题的前件为真开始推理，也可以通过否定充分条件命题的后件开始，也可以寻找几个条件里共同包含的某个概念，即出现频率最高的概念开始假设。正确答案为 D。

本题可采用选项取非代入验证法。对 D 项取非，若古筝、二胡都不买，就要买笛子（条件 2），这样根据条件（4）就不能买箫，但是根据条件（3）却要买箫，产生矛盾，所以假设不成立。D 项正确。

第八章　综合推理考点与解题技巧分析

复习方法：类型化训练，明白题型的解题方法，学会列表、画图与计算，学会将条件代入表格与代入已知假设条件解题，学会假设代入法与排除法。

第一节　考情分析

按照近些年的命题规律来看，综合推理部分比重越来越大，题目类型越来越多样化，难度也在加大，见表2-8-1考生需要在掌握教材内容的基础上增大涉猎范围，多方面储备与智力水平测试相关的问题类型，夯实基础、锻炼思维、增长见识。

表 2-8-1

考试年份	2011	2012	2013	2014	2015	2016	2017	2018	2019	2020
题目数量	1	6	6	8	5	6	10	11	12	11

第二节　考点测评

【例题】据统计，去年在某校参加高考的385名文、理科考生中，女生189人，文科男生41人，非应届男生28人，应届理科考生256人。

由此可见，去年在该校参加高考的考生中：

A. 非应届文科男生多于20人。　　B. 应届理科女生少于130人。
C. 应届理科男生多于129人。　　D. 应届理科女生多于130人。
E. 非应届文科男生少于20人。

【答案】B

【解析】题干给出的数据中，189和256之间是交叉关系，28和41之间也是交叉关系。设交叉部分分别为 X_1 和 X_2，则可列出下列表达式：189+256+41+28-X_1-X_2=385。于是可得 $X_1+X_2=129$，即 $X_1=129-X_2$，也就是说，应届理科女生少于130人。正确答案为B。

第三节　考点精讲与核心题型

一、关系命题

关系命题就是断定事物之间具有某种关系的命题。

例如：

织女爱牛郎。

我喜欢北京。

A 地比 B 地穷。

在逻辑学中，通常用 R 表示关系项，用 x、y、z 等表示关系者变项，用 a、b、c 等表示关系者常项。

不同的关系有不同的逻辑性质，试题中最多考查对二元关系逻辑性质的理解。二元关系的逻辑性质有：

1. **自返性**

一关系 R 是自返的，当且仅当，对任一 x 来说，x 与它自身有 R 关系，即 R（x, x）成立。例如，"等于"就是自返关系，而"大于""小于"就是非自返关系。

2. **对称性**

一关系 R 是对称的，当且仅当，对任一 x 和 y 而言，如果存在 R（x, y），则一定存在 R（y, x）。例如，"等于""同学"等关系就是对称关系，而"爱""想""大于"等关系就是非对称关系。例如，"张凯歌是陈冯毅的同学"，当然可以由此得出"陈冯毅是张凯歌的同学"；而"xx 爱 yy"，却不能推出"yy 爱 xx"。

3. **传递性**

一关系 R 是传递的，当且仅当，对任一 x、y、z 而言，如果存在 R（x, y）并且 R（y, z），则必然存在 R（x, z）。例如，我比你高，你比他高，则得出我比他高。"高"就是传递的，但"爱"是非传递的。

管理类联考并不考查考生的逻辑学专业知识，因此，以上内容都不是必须掌握的。

【例题 1】李惠个子比胡戈高；张凤元个子比邓元高；邓元个子比陈小曼矮；胡戈和陈小曼的身高相同。

如果上述断定为真，则以下哪项也一定为真？

A. 胡戈比邓元矮。　　　　　　　B. 张凤元比李惠高。

C. 张凤元比陈小曼高。　　　　　D. 李惠比邓元高。

E. 胡戈比张凤元矮。

【答案】D

【解析】本题是推出结论关系命题。李惠高于胡戈，胡戈 = 陈小曼，陈小曼高于邓元，可以得出结论"李惠高于邓元"，D 项一定为真。正确答案为 D。

【例题 2】王园获得的奖金比梁振杰的高，得知魏国庆的奖金比苗晓琴的高后，可知王园的奖金也比苗晓琴的高。

以下各项假设均能使上述推断成立，除了：

A. 魏国庆的奖金比王园的高。

B. 梁振杰的奖金比苗晓琴的高。

C. 梁振杰的奖金比魏国庆的高。

D. 梁振杰的奖金和魏国庆的一样。

E. 王园的奖金和魏国庆的一样。

【答案】A

【解析】本题是补充前提题型。已知"王高于梁""魏高于苗",要求补充条件,推出"王高于苗",如果将 A 项代入,无法得出题干结论,正确答案为 A。

二、排列问题

排列问题是指所给出的事物对象(又称为元素)之间有明显的前后关系,要求根据已知条件对各元素进行排列或者确定其中某些元素的相应位置。一般来说,排列问题又可以分为线性排列问题和平面排列问题。其中,线性排列问题又分为单行排列问题和多行排列问题。

此类试题的解题技巧是通过画表来辅助解题,再加上排除法,即可快速解题。

经典试题精讲

【例题3】K、L、M、N、O、P 是某高校数学竞赛的考生。有 20 道题要考,每个考生要答出这 20 道题。每答对一道题得 1 分,答错则从积分中倒扣 1 分(考生得负分是可能的)。

(1)没有两个考生得分是相同的。

(2)K 得分比 L 高而比 M 低。

(3)N 得分大于 M。

(4)P 得分大于 K 而小于 O。

以下哪项一定是得最低分的考生?

A. K。　　　　　B. L。　　　　　C. M。　　　　　D. O。　　　　　E. N。

【答案】B

【解析】由题干可得:K > L, K < M, N > M, P > K, P < O。排列后可知:O > P > K > L,且 N > M > K。因此,L 得分最低。正确答案为 B。

三、组合问题

组合问题就是把若干事物对象(又称为元素)分成不同的组别,通过元素之间相容或不相容等约束条件来确定各组的成员或个数。一般地,根据组合元素类别不同或者同一元素是否在不同的组中重复出现,可以将组合问题分为简单的组合问题和复杂的组合问题。

提醒

一般根据条件进行排除比较快捷,当然,有时候还需要列表进行排列。

【例题4】一位花匠从七种花 P、Q、R、S、T、U、V 中选择五种,任何五种花的组合必须满足以下条件:

(1)如果选用 P,那么不能选用 T。

(2)如果选用 Q,那么也必须选用 U。

（3）如果选用 R，那么也必须选用 T。

以下哪项是可以接受的花的选择组合？

A. P、Q、S、T、U。
B. P、Q、R、U、V。
C. Q、R、S、U、V。
D. Q、R、S、T、U。

E. 以上都不能接受。

【答案】D

【解析】根据条件（1），排除选项 A；根据条件（3），排除选项 B、C。选项 D 是可以接受的，并不违背题干条件。所以，正确答案为 D。

四、对应问题

对应问题是指题干给出的元素至少有两种不同的类别，这些不同类别的元素之间存在着各种不同的对应关系。

解题关键：需要在表格中填入与两种不同类别元素相关的信息或条件。在填入相关信息或条件的过程中，需要注意能填几个就填几个，不能填的就暂且空着。还需要根据已有的结论观察选项，能排除的先行排除。

【例题 5】六位教授 F、G、H、J、K、L 将评审 4 篇博士论文 M、R、S、W。评审需遵守以下原则：

（1）每位教授只评审一篇博士论文。

（2）每篇博士论文至少有一位教授评审。

（3）H 与 F 评审同一篇博士论文。

（4）L 只与其他教授中的一位同评审一篇博士论文。

（5）G 评审 M。

（6）J 评审 M 或 W。

（7）H 不评审 W。

如果 K 不评审 S，那么以下哪项一定是真的？

A. L 评审 M。
B. L 评审 S。
C. F 和 H 评审 R。
D. F 和 H 评审 S。
E. G 评审 R。

【答案】D

【解析】根据条件（5）（6）（7）和问题所给的条件，可以列出表 2-8-2：

表 2-8-2

	G	J	H	F	K	L
M	1					
R	0	0				
S	0	0			0	
W	0		0			

根据条件（1）（2）和上表所列，G、J、K 都不可能评审 S，可知：H、F、L 必须至少要有一人去评审 S；根据条件（3）（4）可知，如果 H、F 不评审 S，则 S 无人评审，和已知条件矛盾，所以，H、F 必须评审 S。正确答案为 D。

五、网络问题

网络问题是指在平面上给出若干个点，这些点通过许多线连接成网络，通过单向或双向行走的关系，确定某两点之间的路径以及与此相关的一些问题。

分析网络问题需要我们根据已知条件画出恰当的解题草图，然后再根据假设法、排除法即可解题。

【例题 6】某情报组共有 6 名情报工作人员：a、b、c、d、e、f。这 6 名情报工作人员之间的情报联络必须遵守下列规则：

（1）a 只能向 b 和 d 发出情报并且不能接收任何情报人员的情报。
（2）b 和 f 只能向 e 发出情报。
（3）d 只能向 c 发出情报。
（4）e 只能向 b 和 d 发出情报。
（5）c 只能向 f 和 e 发出情报。

如果 d 只通过一个中介情报人员，则可以把情报送给哪些情报人员？
A. c 和 f。　　B. b 和 e。　　C. f 和 e。　　D. a 和 b。　　E. a 和 c。

【答案】C

【解析】根据已知条件，d 只能向 c 发出情报，而 c 只能向 e 和 f 发出情报，可推出 d 只能把情报送给 e 和 f。由于问题要求"d 只通过一个中介情报人员"，故正确答案为 C。如果信息更为复杂，也可以利用表格法和画图法来解题。

六、数学计算

数学计算可能涉及方程、不等式、分子与分母比值关系、百分比、概率、集合运算等，通过类型化训练即可掌握。

【例题 7】某综合性大学只有理科与文科，理科学生多于文科学生，女生多于男生。
如果上述断定为真，则以下哪项关于该大学学生的断定也一定为真？
Ⅰ. 文科的女生多于文科的男生。
Ⅱ. 理科的男生多于文科的男生。
Ⅲ. 理科的女生多于文科的男生。

A. Ⅰ 和 Ⅱ。　　　　　　　　B. 只有 Ⅲ。　　　　　　　　C. Ⅱ 和 Ⅲ。
D. Ⅰ、Ⅱ 和 Ⅲ。　　　　　　E. Ⅰ、Ⅱ 和 Ⅲ 都不一定是真的。

【答案】B

【解析】题干其实有两个不等式：（1）理科男生 + 理科女生 > 文科男生 + 文科女生；（2）理科女生 + 文科女生 > 理科男生 + 文科男生。将这两个不等式进行合并，得出 2 理科女生＞2文科男生。所以，正确答案为B。

【例题8】在国庆50周年仪仗队的训练营地，某连队一百多名战士在练习不同队形的转换。如果他们排成五列人数相等的横队，则只剩下连长在队伍前面喊口令；如果他们排成七列这样的横队，仍然只有连长可以在前面领队；如果他们排成八列，就可以有两人作为领队了。在全营排练时，营长要求他们排成三列横队。

以下哪项是最可能出现的情况？

A. 该连队官兵正好排成三列横队。
B. 除了连长外，正好排成三列横队。
C. 排成了整齐的三列横队，另有两人作为全营的领队。
D. 排成了整齐的三列横队，其中有一人是其他连队的。
E. 排成了三列横队，连长在队外喊口令，但营长临时排在队中。

【答案】B

【解析】这个数符合除以5余1，除以7余1，除以8余2。符合除以5余1、除以7余1的最小数为36，那么符合除以5余1、除以7余1、除以8余2的最小数为106，106÷3=35余1。所以，正确答案为B。

第四节 习题巩固

1. 小明、小红、小丽、小强、小梅五人去听音乐会，他们五人在同一排且座位相连，其中只有一个座位最靠近走廊。小强想坐在最靠近走廊的座位上，小丽想跟小明紧挨着，小红不想跟小丽紧挨着，小梅想跟小丽紧挨着，但不想跟小强或小明紧挨着。

以下哪项顺序符合上述五人的意愿？

A. 小明、小梅、小丽、小红、小强。
B. 小强、小红、小明、小丽、小梅。
C. 小强、小梅、小红、小丽、小明。
D. 小明、小红、小梅、小丽、小强。
E. 小强、小丽、小梅、小明、小红。

2. 李赫、张岚、林宏、何柏、邱辉五位同事，近日他们各自买了不同品牌小轿车，分别为雪铁龙、奥迪、宝马、奔驰、桑塔纳。这五辆车的颜色分别与五人名字最后一个字谐音的颜色不同。已知李赫买的是蓝色的雪铁龙。

以下哪项排列可能依次对应张岚、林宏、何柏、邱辉所买的车？

A. 灰色的奥迪、白色的宝马、灰色的奔驰、红色的桑塔纳。
B. 黑色的奥迪、红色的宝马、灰色的奔驰、白色的桑塔纳。
C. 红色的奥迪、灰色的宝马、白色的奔驰、黑色的桑塔纳。
D. 白色的奥迪、黑色的宝马、红色的奔驰、灰色的桑塔纳。
E. 黑色的奥迪、灰色的宝马、白色的奔驰、红色的桑塔纳。

3. 某次认知能力测试，刘强得了118分，蒋明的得分比王丽高，张华和刘强的得分之和大于蒋明和王丽的得分之和，刘强的得分比周梅高。此次测试120分以上为优秀，五人之中有两人没有达到优秀。

根据以上信息，以下哪项是上述五人在此次测试中得分由高到低的排列？

A. 张华、王丽、周梅、蒋明、刘强。
B. 张华、蒋明、王丽、刘强、周梅。
C. 张华、蒋明、刘强、王丽、周梅。
D. 蒋明、张华、王丽、刘强、周梅。
E. 蒋明、王丽、张华、刘强、周梅。

4. 大学新生张强、史宏和黎明同住一个宿舍，他们分别来自东北三省。其中，张强不比来自黑龙江的同学个子矮，史宏比来自辽宁的同学个子高，黎明的个子和来自辽宁的同学一样高。

如果上述为真，则以下哪项也为真？

A. 张强来自辽宁，史宏来自黑龙江，黎明来自吉林。
B. 张强来自辽宁，史宏来自吉林，黎明来自黑龙江。
C. 张强来自黑龙江，史宏来自辽宁，黎明来自吉林。
D. 张强来自吉林，史宏来自黑龙江，黎明来自辽宁。
E. 张强来自黑龙江，史宏来自吉林，黎明来自辽宁。

5～6题基于以下题干：

江海大学的校园美食节开幕了，某女生宿舍有5人积极报名参加此项活动，她们的姓名分别为金粲、木心、水仙、火珊、土润。举办方要求，每位报名者只做一道菜品参加评比，但需自备食材。限于条件，该宿舍所备食材仅有5种：金针菇、木耳、水蜜桃、火腿和土豆。要求每种食材只能有2人选用，每人又只能选用2种食材，并且每人所选食材名称的第一个字与自己的姓氏均不相同。已知：

（1）如果金粲选水蜜桃，则水仙不选金针菇。
（2）如果木心选金针菇或土豆，则她也须选木耳。
（3）如果火珊选水蜜桃，则她也必须选木耳和土豆。
（4）如果木心选火腿，则火珊不选金针菇。

5. 根据上述信息，可以得出以下哪项？

A. 金粲选用木耳、土豆。 B. 水仙选用金针菇、火腿。
C. 土润选用金针菇、水蜜桃。 D. 火珊选用木耳、水蜜桃。
E. 木心选用水蜜桃、土豆。

6. 如果水仙选用土豆，则可以得出以下哪项？

A. 水仙选用木耳、土豆。 B. 火珊选用金针菇、土豆。
C. 土润选用水蜜桃、火腿。 D. 木心选用金针菇、水蜜桃。
E. 金粲选用木耳、火腿。

7. 某省大力发展旅游产业，目前已经形成东湖、西岛、南山三个著名景点，每处景点都有 2 日游、3 日游、4 日游三种路线。李明、王刚、张波拟赴上述三地进行 9 日游，每个人都设计了各自的旅游计划。后来发现，每处景点他们三人都选择了不同的路线：李明赴东湖的计划天数与王刚赴西岛的计划天数相同，李明赴南山的计划是 3 日游，王刚赴南山的计划是 4 日游。

根据以上陈述，可以得出以下哪项？

A. 李明计划东湖 2 日游，王刚计划西岛 2 日游。
B. 王刚计划东湖 3 日游，张波计划西岛 4 日游。
C. 张波计划东湖 4 日游，王刚计划西岛 3 日游。
D. 张波计划东湖 3 日游，李明计划西岛 4 日游。
E. 李明计划东湖 2 日游，王刚计划西岛 3 日游。

8. 在某次考试中，有 3 个关于北京旅游景点的问题，要求考生每题选择某个景点的名称作为唯一答案。其中 6 位考生关于上述 3 个问题的答案依次如下：

（1）第一位考生：天坛、天坛、天安门。
（2）第二位考生：天安门、天安门、天坛。
（3）第三位考生：故宫、故宫、天坛。
（4）第四位考生：天坛、天安门、故宫。
（5）第五位考生：天安门、故宫、天安门。
（6）第六位考生：故宫、天安门、故宫。

考试结果表明，每位考生都至少答对其中 1 道题。
根据以上陈述，可知这 3 个问题的正确答案依次是：

A. 天安门、故宫、天坛。　　　　B. 故宫、天安门、天安门。
C. 天坛、故宫、天坛。　　　　　D. 天坛、天坛、故宫。
E. 故宫、故宫、天坛。

9～10 题基于以下题干：

某公司进行年度审计期间，审计人员发现一张发票，上面有赵义、钱仁礼、孙智、李信 4 人的签名，签名者身份各不相同，是经办人、复核人、出纳或审批领导之中的一个，且每个签名都是本人签的。询问四位相关人员，得出如下回答：

赵义：审批领导不是钱仁礼。
钱仁礼：复核不是李信。
孙智：出纳不是赵义。
李信：复核不是钱仁礼。

已知上述每个回答如果提到经办人，则回答为假；如果提到的人不是经办人，则为真。

9. 根据以上信息，可以得出经办人是：
A. 赵义。　　B. 李信。　　C. 孙智。　　D. 钱仁礼。　　E. 无法确定。

10. 根据以上信息，该公司的复核与出纳分别是：
A. 钱仁礼、李信。　　　B. 赵义、钱仁礼。　　　C. 李信、赵义。
D. 孙智、赵义。　　　　E. 孙智、李信。

答案与解析

1. 【答案】B

【解析】本题是推出结论排列组合题型，关键是已知信息的综合运用。题干为座位的组合与排列，当选项为并列关系的组合时，使用已知条件对选项进行排除。A项不符，因为小丽想跟小明紧挨着；C项不符，因为小梅想跟小丽紧挨着，不想跟小强或小明紧挨着；D项不符，因为小丽想跟小明紧挨着；E项不符，因为小丽想跟小明紧挨着。只有B项符合已知条件。正确答案为B。

2. 【答案】A

【解析】本题是推出结论排列组合题型，关键是使用已知条件进行排除，如果题干问的是"可能的排列"，则直接排除掉不可能的排列。已知条件：这五辆车的颜色分别与五人名字最后一个字谐音的颜色不同。A项不能排除，因为不违反此条件；B项排除，因为林宏不买红色车；C项排除，因为何柏不买白色车；D项排除，因为邱辉不买灰色车；E项排除，因为何柏不买白色车。正确答案为A。

3. 【答案】B

【解析】本题是推出结论题型，关键是已知条件的阅读与逻辑梳理。有时需要对所有涉及条件都进行逻辑推理，有时只需要一句话就能得出答案。题干给的条件：（1）张华＋刘强＞蒋明＋王丽；（2）120分以上优秀，其中3人优秀，2人不优秀；（3）刘强118分；（4）刘强比周梅高。据（2）和（3），得出（5）刘强不优秀；据（4）和（5），得出（6）周梅不优秀，进而可以得出（7）周梅最低，刘强次低；据（2）（5）（6），得出（8）蒋明与王丽优秀。据条件（1），根据不等式性质，张华一定高于蒋明和王丽，进而可以得出张华最高。根据选项进行排除，正确答案为B。注意：选项为排序或组合项时，一般使用排除法比较快。

4. 【答案】B

【解析】本题是推出结论关系命题。由张强不比来自黑龙江的同学个子矮，推出张强不是来自黑龙江。由史宏比来自辽宁的同学个子高，推出史宏不是来自辽宁。由黎明的个子和来自辽宁的同学一样高，推出黎明不是来自辽宁。可见来自辽宁的同学不是史宏，也不是黎明，而是张强。

已知史宏比来自辽宁的同学（张强）高，张强不比来自黑龙江的同学矮，所以，史宏不来自黑龙江，那么只能是黎明来自黑龙江。所以，正确答案为B。

5. 【答案】C

【解析】本题可以使用列表法进行解题。由已知条件"并且每人所选食材名称的第一个字与自己的姓氏均不相同"，可以得出：木心不选木耳。再由条件（2）可知：木心不选金针菇、土豆，则木心只能选火腿、水蜜桃。由条件（4）可知，火珊不选金针菇。再由条件（3）可知，火珊不选水蜜桃。由题干可知，火珊不能选火腿。综合可推出：火珊只能选木耳、土豆。由题干可知：金粲不能选金针菇，由前述又可知，木心、火珊都没选金针菇，所以，只能是水仙、土润选金针菇。因为水仙选金针菇，由条件（1）可知，金粲不选水蜜桃；由前述条件可知，火珊也不选水蜜桃；再由题干可知，水仙不选水蜜桃；所以只能是木心、土润选水蜜桃。

由此可得结论：土润选金针菇、水蜜桃。所以，正确答案为C。

6. 【答案】E

【解析】如果水仙选用土豆，第5题已推出水仙选了金针菇，则可知水仙选的就是金针菇和土豆。由第5题还可知：火珊选了木耳、土豆；木心、土润选了水蜜桃。综合这些可知：金粲已不能选土豆、水蜜桃，同时金粲也不能选金针菇，金粲只能选木耳、火腿。E项为真。正确答案为E。

注意：如果第5题在提问中有新的条件，则不能把第5题的结果用到第6题。

7. 【答案】A

【解析】由李明赴南山的计划是3日游，可得其赴东湖的计划只能是2日游或4日游；王刚赴南山的计划是4日游，可得其赴西岛的计划只能是2日游或3日游，又由"李明赴东湖的计划天数与王刚赴西岛的计划天数相同"可知，李明赴东湖和王刚赴西岛的计划天数均是2日。见表2-8-3，正确答案为A。

表 2-8-3

姓名 景点	李明	王刚	张波
东湖	2	3	4
西岛	4	2	3
南山	3	4	2

8. 【答案】B

【解析】本题是排列组合题型，如果选项为多元排列或排序题，可以直接用排除法。直接将选项代入题干，验证"每位考生都至少答对其中1道题"。A项，第一位、第四位和第六位考生全错，排除；B项符合；C项，第六位考生全错；D项，第二位、第三位和第五位考生全错；E项，第一位、第四位考生全错。正确答案为B。

9. 【答案】C

【解析】本题可以采用假设法解题。首先看清问题"已知上述每个回答如果提到经办人，则回答为假；如果提到的人不是经办人，则为真"，据此假设钱仁礼是经办人，则赵义的话为假话，推出钱仁礼是审批领导，这样钱仁礼既是经办人又是领导，产生矛盾，所以钱仁礼不是经办人。如果赵义的话为真，得出钱仁礼不是审批领导。同理，假设李信是经办人，根据上面的推理过程，同样推出李信不是经办人。假设赵义是经办人，也能推出赵义不是经办人。所以，经办人只有是孙智才不会产生矛盾。正确答案为C。

另一种解法：将选项直接代入题干条件。A、B、D项都使得题干产生矛盾，以A项为例，若经办人是赵义，那么孙智说的话"出纳不是赵义"就应该是假的，即出纳是赵义，但这与假设"经办人是赵义"是不匹配的，所以赵义不是经办人。以上三个选项都不能选。四人中可以排除三个人，那么剩下的孙智自然是经办人。

10. 【答案】B

【解析】本题是排列组合题型，可以使用列表法。由于第9题本身并未附加除了题干以外的任何条件,所以得出的结论仍然适用本题。

由第 9 题知,孙智是经办人,又知"如果提到的人不是经办人,则为真",可得以上四位相关人员回答都为真。由钱仁礼不是审批领导、不是经办人、不是复核,可知钱仁礼是出纳;由复核不是李信、不是钱仁礼、不是孙智,可知复核是赵义。正确答案为 B。

基于此,与表 2-8-4 所示的岗位匹配(×表示不可能):

表 2-8-4

姓名	经办人	复核	出纳	审批领导
赵义	×	√	×	×
钱仁礼	×	×	√	×
孙智	√	×	×	×
李信	×	×	×	√

第三部分　论证逻辑

第九章　归纳类比推理

第一节　考情分析

与归纳类比推理有关的题目，几乎每年都会出现，见表 2-9-1，并且本章是后续章节的基础部分，有了论证方法才能有论证，有了论证才会有削弱、加强、解释以及写作部分的论证有效性分析，因此，需要考生给予本章足够的重视。

表 2-9-1

考试年份	2011	2012	2013	2014	2015	2016	2017	2018	2019	2020
题目数量	1	1	1	0	1	0	1	1	1	1

第二节　考点测评

一、方法类似题型能力测评

【例题1】婚礼看得见，爱情看不见；情书看得见，思念看不见；花朵看得见，春天看不见；帮助看得见，关心看不见；文凭看得见，水平看不见。有人由此得出结论：看不见的东西比看得见的东西更有价值。

下面哪个选项使用了与题干中同样的推理方法？

A. 三角形可以分为直角三角形、钝角三角形和锐角三角形三种。直角三角形的三个内角之和等于180°，钝角三角形的三个内角之和等于180°，锐角三角形的三个内角之和等于180°，所以，所有三角形的三个内角之和都等于180°。

B. 我喜欢"偶然"胜过"必然"。你看，奥运会比赛中充满了悬念，比赛因此激动人心；艺术家的创作大多出自"灵机一动"，科学家的发现与发明常常与"直觉""顿悟""机遇"连在一起；在茫茫人海中偶然碰到"他"或"她"，互相射出丘比特之箭，成就人生中最美好的一段姻缘。因此，我爱"偶然"，我要高呼"偶然性万岁！"

C. 金受热后体积膨胀，银受热后体积膨胀，铜受热后体积膨胀，金、银、铜是金属的部分小类对象，它们受热后分子的凝聚力减弱，分子运动加速，分子彼此距离加大，从而导致体积膨胀。所以，所有的金属受热后都体积膨胀。

D. 外科医生在给病人做手术时可以看 X 光片，律师在为被告辩护时可以查看辩护书，建筑师在盖房子时可以对照设计图，教师在备课时可以看各种参考书，为什么不允许学生在考试时看教科书及其他相关资料？

E. 美国1935—1945年的汽油消耗因为世界大战期间采取配额限制从而下降了35%，与此同时，美国白人肺癌的发病率也下降了几乎相同的百分比。1946—1956年，美国汽油的消耗量增加了19倍，与此相同的是，在此期间美国白人肺癌的死亡人数也增加了19倍。这说明，汽油消耗是造成美国人得癌症的重要原因。

【答案】B

【解析】题干得出结论所使用的方法为简单枚举归纳法，选项A使用了完全归纳法，选项B使用了简单枚举归纳法，选项C使用了科学归纳法，选项D使用了类比法，选项E使用了共变法。所以，正确答案为B。考生需要掌握归纳推理、类比推理的基本形式与方法。

二、推出结论题型能力测评

【例题2】人们已经认识到，除了人以外，一些高级生物不仅能适应环境，而且能改变环境以利于自己的生存。其实，这种特性很普遍。例如，一些低级浮游生物会产生一种气体，这种气体在大气层中转化为硫酸盐颗粒，这些颗粒使水蒸气浓缩而形成云。事实上，海洋上空云层的形成很大程度上依赖于这种颗粒。较厚的云层意味着较多的阳光被遮挡，意味着地球吸收较少的热量。因此，这些浮游生物使得地球变得凉爽，而这有利于它们的生存，当然也有利于人类。

以下哪项最为准确地概括了上述议论的主题？

A. 为了改变地球的温室效应，人类应当保护浮游生物。
B. 并非只有高级生物才能改变环境以利于自己的生存。
C. 一些浮游生物通过改变环境以利于自己的生存，同时也造福于人类。
D. 海洋上空云层形成的规模，很大程度上取决于海洋中浮游生物的数量。
E. 低等生物以对其他种类的生物无害的方式改变环境，而高等生物则往往相反。

【答案】B

【解析】本题需要概括材料的主题，即根据材料，推出最可能的结论。

考生要以句号为单位分层，注意提示词。我们发现"其实，这种特性很普遍"就是结论，因为有"其实"，其后还有"例如"这种明显的提示词。材料逻辑结构是通过"低级浮游生物"的特点来证明，低级生物也具有"改变环境以利于自己的生存"这个特性。正确答案为B。

—— 第三节 基础知识和题型精讲 ——

依据前提与结论之间的关系的不同，推理可分为演绎推理与归纳推理。一般来说，演绎推理的结论是必然的，而归纳推理的结论是或然的。

在逻辑试题中，有些试题依靠前面我们所学的知识进行推理就可得出结论，一般题型表现为上真推出下面必真或者必假，这种推理一般为演绎推理。但也有一些推出结论、削弱与支持题型，其题干中的推理本身就不够严谨，其结论只是可能的，这种题型一般的考核点就是归纳、类比、统计等。

所谓归纳推理，就是以一些关于个别事物或现象的知识为前提，由此概括出该类事物或现象的普遍知识结论的推理。这是人类获得知识和抽象理论的必由之路。

归纳推理根据其前提是否穷尽该类对象的全部，可以分为完全归纳推理和不完全归纳推理。而不完全归纳推理依据其推演方式的不同，又可以分为简单枚举归纳推理和科学归纳推理。

一、完全归纳推理

当推理的前提穷举了一类事物的所有对象，就叫作完全归纳推理。公式如下：

用 S 表示事物，P 表示属性

S_1 ——P，

S_2 ——P，

S_3 ——P，

…………

S_n ——P，

（S_1，S_2，S_3，…，S_n 是 S 类对象中所有分子）

所以，所有的 S ——P。

例如：北京市的人口超过 500 万，上海市的人口超过 500 万，天津市的人口超过 500 万，重庆市的人口超过 500 万；北京、天津、上海、重庆为中国仅有的四个直辖市，所以，中国所有的直辖市的人口都超过 500 万。

我们发现，由于完全归纳推理穷尽了该类事物的所有对象，其结论是必然的。我们也发现，完全归纳推理有先天局限性，它只适合能够穷尽所有可能的场合，而在生活中，这种场合非常少见。所以，在逻辑试题中，这种类型题目出现的概率较小。

二、不完全归纳推理

当 S 被穷尽时，归纳是完全归纳推理；当 S 没有被穷尽时，就是不完全归纳推理。

1. 简单枚举归纳推理

当推理的前提只是列举了一类事物的部分对象具有某种属性，并在此基础上得出该类事物普遍具有某种属性的结论，这种归纳推理就叫作简单枚举归纳推理。公式如下：

用 S 表示事物，P 表示属性

S_1 ——P，

S_2 ——P，

S_3 ——P，

…………

S_n —— P,

（S_1，S_2，S_3，…，S_n 是 S 类对象中部分分子，且没有出现反例）

所以，所有的 S —— P。

简单枚举归纳推理的过程，通俗地说，就是经验累积的过程，由于只是归纳部分对象，所以其结论有可能会被推翻。简单枚举归纳推理的结论是或然的。

相关逻辑谬误

使用简单枚举归纳推理，容易产生"轻率概括"或"以偏概全"的错误。依据少数的、不具有典型代表性的事实，且不注意研究（无意或者故意忽略）可能出现的反面事例，就匆忙得出一般性结论的推理，就是犯了"轻率概括"或"以偏概全"的错误。

例如：甲生疮，而甲是中国人，所以，中国人都生疮。

结论有效的规则

要提高结论的可靠性，必须遵循以下规则：前提必须真实；前提的数量应该尽可能多；前提所断定的事实要能够反映事物本身的属性（要有足够的代表性）。

2. 科学归纳推理

当推理的前提不但列举了一类事物的部分对象具有某种属性，而且能够寻找到它们之间的因果关系，并在科学理论分析的基础上得出该类事物普遍具有某种属性的结论，这种归纳推理就叫作科学归纳推理。公式如下：

用 S 表示事物，P 表示属性

S_1 —— P,

S_2 —— P,

S_3 —— P,

…………

S_n —— P,

（S_1，S_2，S_3，…，S_n 是 S 类对象中部分分子，没有出现反例，且发现 S 与 P 之间具有科学的因果联系）

所以，所有的 S —— P。

例如：金、银、铜、铁等金属受热后体积膨胀，经过分析研究，原因在于金属受热后原子之间的凝聚力减弱，原子之间的距离增大。在此基础上，得出所有的金属受热后体积都膨胀。

这种推理就叫科学归纳推理，虽然其结论仍然是或然的，但可靠性大大增强。

科学归纳推理在形式上仍然是简单枚举归纳推理，只不过多了对因果联系的分析。

3. 统计推理

统计推理是基于样本具有某种属性的单位频率推出总体具有某种属性的概率的推理。其结论也只是可能的。公式如下：

用 S 表示事物，P 表示属性

S_1 是 P，

S_2 是 P，

S_3 不是 P，

……

S_n 是 P，

（S_1，S_2，S_3，…，S_n 是总体 S 中的样本 S'，且 S' 有 m/n 的概率是 P）

所以，总体 S 也有 m/n 的概率是 P。

在统计推理中，科学的取样是非常关键的。样本有没有代表性，对于统计推理的可靠性的影响非常巨大。一般来说，取样时要坚持分层抽样。

例如：如果我们想统计物价指数，选择什么样的样本？是家用电器、鲍鱼？还是房地产、柴米油盐酱醋茶？它们各自在统计中的权重又如何？任何一个地方不同，都会导致统计结果的严重失真。

统计推理是生活中非常多见的一种推理，但其中的谬误也最多。在逻辑试题中，统计推理基本上都是作为削弱题型的题干出现的。

严格地说，统计推理也是一种简单枚举归纳推理，我们后面会具体讲它在逻辑应试中的表现与作用。

三、类比推理的基础知识

请先看一例：

有些人认为，观看电影中的暴力镜头会导致观众在现实生活中出现好斗与暴力行为，实际上这是荒唐的。难道说只看别人吃饭就能填饱自己的肚子吗？

当结论涉及的事物比较陌生和抽象时，论辩者一般会撇开经验证据，求助于众所周知的事物，利用其与结论涉及的事物之间的相似点来证明自己的结论。由于其类比的事物是众所周知的，所以，类比推理的最直接的效用是形象生动、说服力强。类比推理在生活中非常普遍，但它又常常徘徊于可取与荒谬之间。考生必须小心它的陷阱。

要说明的是，类推法是一种论证方法，类比是一种推理形式。应该说，在学术上这二者是有区别的：类推法是一种内容相当宽泛的推理论证形式，它的外延比类比推理要宽得多。但对于非学术研究，如考试与生活应用，对二者进行学术上的区分完全没有必要。

1. 什么叫类比推理

通俗地讲，就是打比方。类比推理，是根据两个（或两类）对象之间在某些方面的相似或相同，从而推出它们在其他方面也可能相似或相同的一种逻辑推理方法。类比推理是创造的源泉，是对思维的启发，是一个激活与比较的过程，是一个重新组合的过程。

在管理类联考综合能力试题中，类比推理主要出现在论证有效性分析的材料中。在逻辑试题中，类比推理主要作为削弱、推出结论题型的题干出现。

2. 类比推理的逻辑形式

对象 A 和对象 B 都有属性 a_1，a_2，……，a_n；

对象 A 还有属性 a_{n+1}；

所以，对象 B 也有属性 a_{n+1}。

例如：

地球是行星，绕轴自转，有昼夜，被大气包围，有水，有生命现象；

火星是行星，绕轴自转，有昼夜，被大气包围，有水；

所以，火星上也可能有生命现象。

类比推理的结论是不必然的，但由于其论证借助了形象的、通俗易懂的例子，往往具有很大的煽动性。我们要学会评价类比推理，不要被表面的现象所迷惑，这不仅关乎逻辑得分，更多地关系到论证有效性分析中写作的得分。

看看论证有效性分析真题：

2003 年 1 月论证有效性分析真题

把几只蜜蜂和苍蝇放进一只平放的玻璃瓶，使瓶底对着光亮处，瓶口对着暗处。结果，有目标地朝着光亮拼命扑腾的蜜蜂最终衰竭而死，而无目的地乱窜的苍蝇竟都溜出细口瓶颈逃生。是什么葬送了蜜蜂？是它对既定方向的执着，是它对趋光习性这一规则的遵循。

当今企业面临的最大挑战是经营环境的模糊性与不确定性。在高科技企业，哪怕只预测几个月后的技术趋势都是件浪费时间的徒劳之举。就像蜜蜂或苍蝇一样，企业经常面临一个像玻璃瓶那样的不可思议的环境。蜜蜂实验告诉我们，在充满不确定性的经营环境中，企业需要的不是朝着既定方向的执着努力，而是在随机试错的过程中寻求生路；不是对规则的遵循，而是对规则的突破。在一个经常变化的世界里，混乱的行动比有序的衰亡好得多。

评价：本段论证至少有 7 处以上的错误，但从论证的角度来看，最核心的错误就是错误地使用了类比论证。蜜蜂实验只是在特定环境下的一个生物行为实验，不能简单地将生物行为类推到企业行为，更不能把生物行为实验的结果一般化为企业应对不确定性的普遍原则。蜜蜂和苍蝇的行为仅仅是生物的本能，企业经营决策的主体是有着能动性的人。上述论证忽略了这个本质上的差异，其结论当然会有问题。即使是这样一个充满着谬误的论证，在考场上仍然迷惑了很多考生。要想不被类比推理所迷惑，思考以下几个问题会对你有所帮助。

评价类比推理的几个批判性问题：

（1）两个类比的事物有多大程度的相似性？

（2）表面上的相同是否蕴含着本质上的差异？

（3）类推的相同的前提属性与结论的相关程度如何？

（4）两个事物的属性我们是否都比较了解，有无其他重要信息遗漏？

（5）结论是什么？在论证的过程中有无偷换概念或论题？

（6）有没有考虑类比推理的道德、心理因素？有没有考虑类比推理的语言因素？

经典试题精讲

【例题1】人类学家断言：文化只有当它是独立的而非依赖时才能有所发展。也就是说，只有当被来自它内部的首创精神所取代的时候，它才能有所发展。换句话说，只有民族文化才是推动文化发展的动力，非主体文化可以提供有价值的建议，但是，任何把外来文化的观点强加给它的做法，都会威胁它的独立和发展。如果我们把每一个单独的学校视为一个被隔开的文化圈的话，那么教育进步的关键是_____。

以下哪项最好地完成了上述论证？

A. 每个学校必须独立于外来的压力才能有所发展。
B. 某些学校只依靠他们全体员工和学生自己的创造力就能有所发展。
C. 学校的管理人员系统随着学校的发展应做相应的调整。
D. 外来的因素必须被阻止参与学校的发展。
E. 学校的独立性越大，教育进步就越大。

【答案】A

【解析】本题为推出结论题型。题干为一个类比推理，把教育与文化进行类比，既然文化进步的关键是"只有独立才能发展"，那么教育进步的关键同样如此。所以，正确答案为A。"只有……才……"表示的是必要条件命题，而选项B、E都把必要条件偷换成了充分条件；选项C偏离话题太远；选项D则错误理解并夸大了"非主体文化可以提供建议，但不能强加"这句话。

四、探求因果联系的五种方法

前面我们已经讲过，科学归纳推理的结论的可靠程度比简单枚举归纳推理的结论的可靠程度要高，因为它寻找到了某类事物部分对象及其属性之间的必然联系。科学归纳法的结论是在分析某类事物的部分对象具有某种性质的内在原因的基础上得出的，因而，探求对象事物与属性之间的因果联系非常重要。

一般来说，探求因果联系有五种方法：求同法、求异法、求同求异并用法、共变法、剩余法。这五种方法是人们在长期的认识和实践过程中形成的方法，在理论上它滥觞于培根，成熟于弥尔。

在联考逻辑应试中，考生重点掌握求同法、求异法、共变法即可。

1. 求同法

考察被研究现象出现的若干个场合，如果在这些场合中，只有一个条件是相同的，而其余都不同，那么这一相同的条件就很可能是导致被研究现象出现的原因。

假如我们用A、B、C、D等符号分别表示不同的条件，用Z表示被研究的现象，则求同法可用下面的形式表示：

场合1：有条件A、B、C，出现被研究现象Z；
场合2：有条件A、D、E，出现被研究现象Z；
场合3：有条件A、F、G，出现被研究现象Z；
所以，A很可能是导致Z的原因。

例如：在19世纪，人们对甲状腺肿大的病因还不清楚，后来医疗卫生部门多次组织人员对甲状腺肿大盛行的病区进行调查和比较研究。调查的材料表明：这些地区的人口、气候、风俗等情况虽然各不相同，但有一个共同情况，那就是这些地区的土壤和水中缺碘，居民的食物和饮水也缺碘。于是得出结论：缺碘是引起甲状腺肿大的原因。

使用求同法需要注意的问题（常作为削弱题型的考点）：

求同法的特点是异中求同，即通过排除现象间不同的因素、寻找共同的因素来确定现象间的因果联系，使用时必须注意各种场合中是否存在其他隐含的相同因素。如果有其他的共同因素存在，将会对原有的结论产生最强烈的质疑，这种另找他因式削弱对于运用求同法归纳出结论的论证来说，往往是最有力的削弱。

例如：积雪和棉花有许多不同之处，但都有保温的效果。二者表面的相同点是颜色相同，内在的相同点是疏松多孔，能存储空气。显然，颜色相同并不是保温的原因，疏松多孔才是保温的原因。

使用求同法，不能仅凭表面的相同点就匆忙得出结论，还要挖掘内在的相同点。

经典试题精讲

【例题2】光线的照射，有助于缓解冬季抑郁症。研究人员曾对九名患者进行研究，他们均因冬季白天变短而患上了冬季抑郁症。研究人员让患者在清早和傍晚各接受三小时伴有花香的强光照射。一周之内，七名患者完全摆脱了抑郁，另外两人也表现出了显著的好转。由于光照会诱使身体误以为夏季已经来临，这样便治好了冬季抑郁症。

以下哪项如果为真，最能削弱上述论证的结论？

A. 研究人员在强光照射时有意使用花香伴随，对于改善患上冬季抑郁症的患者的适应性有不小的作用。

B. 九名患者中最先痊愈的三位均为女性，而对男性患者治疗的效果较为迟缓。

C. 该实验均在北半球的温带气候区，无法区分南北半球的实验差异，但也无法预先排除。

D. 强光照射对于皮肤的损害已经得到专门研究的证实，其中夏季比冬季的危害性更大。

E. 每天六小时的非工作状态，改变了患者原来的生活环境，改善了他们的心态，这是对抑郁症患者的一种主要影响。

【答案】E

【解析】研究人员运用求同法得出结论：由于光照会诱使身体误以为夏季已经来临，这样便治好了冬季抑郁症。选项E表明，在先行现象或伴随现象中，除"伴有花香的强光照射"这一个共同情况外，还有"每天六小时的非工作状态"这一共同情况，后者改变了患者原来的生活环境，改善了他们的心态（而这种心态是导致抑郁症的主要原因）。因此，光线照射的增加与冬季抑郁症缓解这两者之间的联系，只是一种表面的、非实质性的关系。这就是另找他因式的削弱。正确答案为E。在逻辑试题中，这种题型较为常见。

寻找到事物间的因果联系是一个合格的管理者必须具备的素质。因此，在逻辑试题中，本知识点出现的概率还是比较大的，主要考试题型有推出结论、削弱、支持、解释等。我们将在后文中对此进行详细讲解。

2. 求异法

如果在被研究现象出现的场合与被研究现象不出现的场合中，其先行情况只有一个是不同的，其他情况完全相同，而两个场合中这个唯一不同的情况，在被研究现象出现的场合中是存在的，在被研究现象不出现的场合中是不存在的，那么，这个唯一不同的先行情况很可能与被研究现象之间具有因果联系。

求异法的逻辑形式见表2-9-2：

表 2-9-2

场合	先行情况	被研究现象
1	A、B、C、D	a
2	B、C、D	—

所以，A 很可能是 a 现象的原因（结果）。

求异法的特点是同中求异。它主要是一种实验方法。因为自然现象复杂多样，很难在非人工条件下找到求异法所需要的两个场合。所以，求异法大多数是以实验观察为依据的，被观察的两个场合分别为用作实验的一组和用作对照的一组，以便人们进行精确的比较。一般来说，求异法的结论要比求同法的结论可靠一些。求异法的思路必须掌握，因为它在管理实践中还是非常有价值的。

运用求异法必须注意的问题：

（1）必须注意两个场合中有没有其他不同的情况。

应用求异法，应当严格遵守"其他情况相同"，如果其他情况中还隐藏着另一个差异情况，将对原结论提出最大的质疑。

（2）必须注意：这两个场合中唯一不同的情况，是出现被研究现象的整个原因，还是其中的部分原因。

有时候，被研究现象的原因是复合原因，各部分原因的单独作用是不同的。在这个时候，如果总原因的一部分情况消失时，被研究现象也同样不能出现。

例如：植物光合作用的过程，其原因就是复合的。植物吸收太阳光的能、空气中的二氧化碳和水分制作碳水化合物。如果没有阳光的辐射供给能量，光合作用就会中断。但请注意：阳光的辐射仅仅是光合作用的部分原因。

经典试题精讲

【例题 3】在一项实验中，第一组被试验者摄取了大量的人造糖，第二组则没有吃糖。结果发现，吃糖的人比没有吃糖的人认知能力低。这一实验说明，人造糖中所含的某种成分会影响人的认知能力。

以下哪项最可能是上述论证的假设？

A. 在上述实验中，第一组被试验者吃的糖大大超出日常生活中糖的摄入量。

B. 上述人造糖中所含的该种成分也存在于大多数日常食物中。

C. 第一组被试验者摄取的糖的数量没有超出卫生部门规定的安全范围。

D. 两组被试验者的认知能力在实验前是相当的。

E. 两组被试验者的人数相等。

【答案】D

【解析】题干中的结论来自求异法实验：一组为实验组，另一组为对照组。运用求异法得出结论必须遵守"其他情况相同"。作为假设，必须保证，这两组被试验者至少在某个相关方面是相同的。如果选项 D 为假，则说明真正的原因是这两组被试验者在认知能力上本身就存在差异。正确答案为 D。假设题也可以改编成削弱题：把选项 D 否定后，是不是变成了对原论证的削弱?

在逻辑试题中,探求因果联系的方法的主要考点就是上面的求同法、求异法。下面还有三种方法,但基本精神还是求同法和求异法。以下内容考生可以不掌握。

3. 求同求异并用法

求同求异并用法亦称契合差异并用法。

求同求异并用法的规则:如果只有一个共同的先行情况在被研究现象存在的若干正面场合中出现,而在被研究现象不出现的若干反面场合中不出现,那么这个共同的先行情况是被研究现象出现的原因。

求同求异并用法的特点:两次求同,一次求异。

求同求异并用法不同于先用求同法、再用求异法的求同求异连续应用,因为再用求异法同中求异时,要求其他先行情况不同而其余情况相同,求同求异并用法并不要求其他先行情况不同。求同求异并用法是从正、反两方面来探求因果联系的,因此,结论虽然是或然的,但是,跟只用求同法或者只用求异法相比,结论可靠得多。

求同求异并用法的逻辑形式见表 2-9-3:

表 2-9-3

场合	先行(后行)情况	被研究现象
正面场合(1)	A、B、C	a
正面场合(2)	A、C、D	a
正面场合(3)	A、E、F	a
……	……	……
负面场合(1)	—、B、H	—
负面场合(2)	—、D、I	—
负面场合(3)	—、F、K	—
……	……	……

所以,A 与 a 有因果联系。

4. 共变法

共变法是从现象变化的数量或程度来判断因果关系的,因而这种可以度量的方法是较可靠的。

共变法的规则:如果在先行情况中,只有一个情况发生某种方式的变化而其余情况相同,被研究现象也相应发生某种方式的变化,那么这个唯一发生变化的先行情况是被研究现象出现的原因。

共变法的特点:同中求变。

由于因果联系的复杂性,共变法也可能掩盖真正的原因。共变关系只在一定的限度内存在,超出这个限度,共变关系就不存在了。共变法是科学实验中常用的方法。

共变法的逻辑形式见表 2-9-4:

表 2-9-4

场合	先行情况	被研究现象
（1）	A_1、B、C、D	a_1
（2）	A_2、B、C、D	a_2
（3）	A_3、B、C、D	a_3
……	……	……

所以，A 是 a 的原因（或结果）。

下面通过一个形象有趣的案例来加深对探求因果联系方法的理解。（本案例摘自高等学校逻辑教材《普通逻辑》，上海人民出版社，2001 年版，第 310 页）

有人做过一个十分有趣的统计：过去几百年间流传至今的 466 幅圣母玛利亚的画像中，有 373 幅里的耶稣是在左边吸吮圣母的乳汁的，这一数字大约是全部被统计画幅的 80%。

艺术是生活的概括，如果你稍微注意的话，就会发现，大多数母亲喂奶时，也是把婴儿抱在自己的左边。据心理学家统计，80% 的母亲都是把婴儿抱在左边的。

（分析：这一部分结论的得出来自求同法和统计推理）

为什么会这样？为此，有个心理学家做了以下的两个实验：

（分析：接下来寻求因果联系）

一个实验是让一些婴儿间断地听每分钟 72 次的心跳录音。结果发现，这些婴儿在不听录音时的啼哭时间占 60%，而在听录音时，就比较安静，啼哭的时间降至 38%。

（分析：求异法）

另一个实验是任选四组婴儿，每组人数相同，把他们放在声音环境不同的房间里。第一个房间保持寂静；第二个房间放催眠曲；第三个房间放模拟的心跳声；第四个房间放真实的心跳声的录音。用这样的方法，试验一下哪一个房间的婴儿最先入睡。结果是第四个房间的婴儿，只用了其他房间中婴儿入睡所需时间的一半，就进入了梦乡。然后依次是第三个房间、第二个房间、第一个房间里的婴儿。这个实验不但证明心跳声是一种有很强镇静作用的外界刺激，而且表明模拟的心跳声的效果不如真的心跳声的效果。

（分析：这里运用的方法有求同求异并用法和共变法。通过实验证明，听到母亲的心跳声对婴儿有某种抚慰的作用）

5. 剩余法

剩余法是通过排除其他原因后确定剩余的原因与结果的联系。

剩余法的规则：找出某一被研究现象的一组可能的原因，一一研究之后，除了一个外，其他原因都不是被研究现象的真正原因。

剩余法的特点：从余果求余因。

剩余法可用下述形式来表示：

已知 A、B、C、D 是被研究现象 a、b、c、d 的原因。

已知：

A 是 a 的原因；
B 是 b 的原因；
C 是 c 的原因。
所以，D 与 d 之间有因果联系。

剩余法也是科学研究中常用的一种逻辑方法。应用剩余法最典型的例子是居里夫人对镭的发现。

有一次，居里夫人和她的丈夫为了弄清一批沥青铀矿样品中是否含有值得加以提炼的铀，他们对其中的含铀量进行了测定。但他们惊讶地发现，有几块样品的放射性甚至比纯铀的放射性还要大。

她已知纯铀的放射线的强度，并且已知一定量的沥青矿石中所含的纯铀的数量，纯铀不能解释这种现象，必定还有另外的原因。据此，居里夫妇反复实验研究，终于在 1898 年 12 月，发现在沥青铀矿中还有一种新的放射性元素镭——这就是剩余法的思路。

第四节　习题巩固

1. 某出版社近年来出版物的错字率较前几年有明显的增加，引起了读者的不满和有关部门的批评，这主要是由于该出版社大量引进非专业编辑所致。当然，近年来该社出版物的大量增加也是一个重要原因。

上述议论中的漏洞，也类似地出现在以下哪项中？

Ⅰ．美国航空公司近两年来的投诉比率比前几年有明显下降。这主要是由于该航空公司在裁员整顿的基础上，有效地提高了服务质量。当然，"9·11"事件后航班乘客数量的锐减也是一个重要原因。

Ⅱ．统计数字表明：近年来我国心血管病的死亡率，即由心血管病导致的死亡在整个死亡人数中的比例，较以前有明显增加，这主要是由于随着经济的发展，我国民众的饮食结构和生活方式发生了容易诱发心血管病的不良变化。当然，由于心血管病主要是老年病，因此，我国人口中老年人比例的增大也是一个重要原因。

Ⅲ．S 市今年的高考录取率比去年增加了 15%，这主要是由于各中学狠抓了教育质量。当然，另一个重要原因是，该市今年参加高考的人数比去年增加了 20%。

A．只有Ⅰ。　　　　　　B．只有Ⅱ。　　　　　　C．只有Ⅲ。
D．只有Ⅰ和Ⅲ。　　　　E．Ⅰ、Ⅱ和Ⅲ。

2. 海拔越高，空气越稀薄。因为西宁的海拔高于西安，因此，西宁的空气比西安稀薄。以下哪项中的推理与题干的最为类似？

A．一个人的年龄越大，他就变得越成熟。老张的年龄比他的儿子大，因此，老张比他的儿子成熟。

B．一棵树的年头越长，它的年轮越多，老张院子中槐树的年头比老李家的槐树年头长，因此，老张家的槐树比老李家的年轮多。

C. 今年马拉松冠军的成绩比前年好，张华是今年的马拉松冠军，因此，他今年的马拉松成绩比他前年的好。

D. 在激烈竞争的市场上，产品质量越高并且广告投入越多，产品需求就越大。甲公司投入的广告费比乙公司的多，因此，对甲公司产品的需求量比对乙公司的需求量大。

E. 一种语言的词汇量越大，越难学。英语比意大利语难学，因此，英语的词汇量比意大利语大。

3. 在印度发现了一群不平常的陨石，它们的构成元素表明，它们只可能来自水星、金星和火星。由于水星靠太阳最近，它的物质只可能被太阳吸引而不可能落到地球上；这些陨石也不可能来自金星，因为金星表面的任何物质都不可能摆脱它和太阳的引力而落到地球上。因此，这些陨石很可能是某次巨大的碰撞后从火星落到地球上的。

上述论证方式和以下哪项最为类似？

A. 这起谋杀或是劫杀，或是仇杀，或是情杀。但作案现场并无财物丢失；死者家属和睦，夫妻恩爱，并无情人。因此，最大的可能是仇杀。

B. 如果张甲是作案者，那必有作案动机和作案时间。张甲确有作案动机，但没有作案时间。因此，张甲不可能是作案者。

C. 此次飞机失事的原因，或是人为破坏，或是设备故障，或是操作失误。被发现的黑匣子显示，事故原因的确是设备故障。因此，可以排除人为破坏和操作失误。

D. 所有的自然数或是奇数，或是偶数。有的自然数不是奇数，因此，有的自然数是偶数。

E. 任一三角形或是直角三角形，或是钝角三角形，或是锐角三角形。这个三角形有两个内角之和小于90°。因此，这个三角形是钝角三角形。

4. 南口镇仅有一中和二中两所中学。一中学生的学习成绩一般比二中的学生好，由于来自南口镇的李明在大学一年级的学习成绩是全班最好的，因此，他一定是南口镇一中毕业的。

以下哪项与题干的论证方式最为类似？

A. 如果父母对孩子的教育得当，则孩子在学校的表现一般都比较好，由于王征在学校的表现不好，因此他的家长一定教育失当。

B. 如果小孩每天背诵诗歌1小时，则会出口成章。郭娜每天背诵诗歌不足1小时，因此，她不可能出口成章。

C. 如果人们懂得赚钱的方法，则一般都能积累更多的财富。因此，彭总的财富是来源于他的足智多谋。

D. 儿童的心理教育比成年人更重要。张青是某公司心理素质最好的人，因此，他一定在儿童时期获得了良好的心理教育。

E. 北方人个子通常比南方人高。马林在班上最高，因此，他一定是北方人。

5. 使用枪支的犯罪比其他类型的犯罪更容易导致命案。但是，大多数使用枪支的犯罪并没有导致命案。因此，没有必要在刑法中把非法使用枪支作为一种严重刑事犯罪，同其他刑事犯罪区分开来。

上述论证中的逻辑漏洞，与以下哪项中出现的最为类似？

A. 肥胖者比体重正常的人更容易患心脏病。但是，肥胖者在我国人口中只占很小的比例。

因此，在我国，医疗卫生界没有必要强调肥胖导致心脏病的风险。

B. 不检点的性行为比检点的性行为更容易感染艾滋病。但是，在有不检点性行为的人群中，感染艾滋病的只占很小的比例。因此，没有必要在预防艾滋病的宣传中，强调不检点性行为的危害。

C. 有一种流行的看法：吸烟比不吸烟更容易导致肺癌。但是，在有的国家，肺癌患者中有吸烟史的人所占的比例，并不高于总人口中有吸烟史的比例。因此，上述流行看法很可能是一种偏见。

D. 高收入者比低收入者更有能力享受生活。但是不乏高收入者宣称自己不幸福。因此，幸福生活的追求者不必关注收入的高低。

E. 高分考生比低分考生更有资格进入重点大学。但是，不少重点大学学生的实际水平不如某些非重点大学的学生。因此，目前的高考制度不是一种选拔人才的理想制度。

6. 化学课上，张老师演示了两个同时进行的教学实验：一个实验是加热 $KClO_3$ 后，有 O_2 缓慢产生；另一个实验是加热 $KClO_3$ 后迅速撒入少量的 MnO_2，这时立即有大量的 O_2 产生。张老师由此指出：MnO_2 是 O_2 快速产生的原因。

以下哪项与张老师得出结论的方法类似？

A. 同一品牌的化妆品价格越高卖得越火。由此可见，消费者喜欢价格高的化妆品。

B. 居里夫人在沥青矿物中提取放射性元素时发现，从一定量的沥青矿物中提取的全部纯铀的放射线强度比同等数量的沥青矿物中放射线强度都低几倍。她据此推测，沥青矿物中还存在其他放射性更强的元素。

C. 统计分析发现，30~60岁之间，年纪越大胆子越小，有理由相信：岁月是勇敢的腐蚀剂。

D. 将闹钟放在玻璃罩里，使它打铃，可以听到铃声；然后把玻璃罩里的空气抽空，再使闹钟打铃，就听不到铃声了。由此可见，空气是声音传播的介质。

E. 人们通过对绿藻、蓝藻、红藻的大量观察，发现结构简单、无根叶是藻类植物的主要特征。

7. 湖队是不可能进入决赛的。如果湖队进入决赛，那么太阳就从西边出来了。

以下哪项与上述论证方式最相似？

A. 今天天气不冷。如果冷，湖面怎么结冰了？

B. 语言是不能创造财富的。若语言能创造财富，则夸夸其谈的人就是世界上最富有的了。

C. 草木之生也柔脆，其死也枯槁。故曰坚强者也死之徒，柔弱者生之徒。

D. 天上是不会掉馅饼的。如果你不相信这一点，那上当受骗是迟早的事。

E. 古典音乐不流行。如果流行，那就说明大众的音乐欣赏水平大大提高了。

8. 居民苏女士在菜市场看到某摊位出售的鹌鹑蛋色泽新鲜、形态圆润，且价格便宜，于是买了一箱。回家后发现有些鹌鹑蛋打不破，甚至丢在地上也摔不坏，再细闻已经打破的鹌鹑蛋，有一股刺鼻的消毒液味道。她投诉至菜市场管理部门，结果一位工作人员声称鹌鹑蛋目前还没有国家质量标准，无法判定它有质量问题，所以他坚持这箱鹌鹑蛋没有质量问题。

以下哪项与该工作人员作出结论的方式最为相似？

A. 不能证明宇宙是没有边际的，所以宇宙是有边际的。

B. "驴友论坛"还没有论坛规范，所以管理人员没有权利删除帖子。

C. 小偷在逃跑途中跳入2米深的河中，事主认为没有责任，因此不予施救。

D. 并非外星人不存在，所以外星人存在。

E. 慈善晚会上的假唱行为不属于商业管理范围，因此相关部门无法对此进行处罚。

9. 研究人员将角膜感觉神经断裂的兔子分为两组，实验组和对照组。他们给实验组兔子注射了一种从土壤霉菌中提取的化合物。3周后检查发现，实验组兔子的角膜感觉神经已经复合，而对照组兔子未注射这种化合物，其角膜感觉神经都没有复合。研究人员由此得出结论：该化合物可以使兔子断裂的角膜感觉神经复合。

以下哪项与上述研究人员得出结论的方式最为类似？

A. 一个整数或者是偶数，或者是奇数，0不是奇数，所以，0是偶数。

B. 绿色植物在光照充足的环境下能茁壮成长，而在光照不足的环境下只能缓慢生长，所以，光照有助于绿色植物生长。

C. 年逾花甲的老王戴上老花镜可以读书看报，不戴则视力模糊，所以年龄大的人都要戴老花镜。

D. 科学家在北极冰川地区的黄雪中发现了细菌，而该地区的寒冷气候与木卫的冰冷环境有着惊人的相似，所以木卫可能存在生命。

E. 昆虫都有三对足，蜘蛛并非三对足，所以蜘蛛不是昆虫。

10. 我国著名的地质学家李四光，在对东北的地质结构进行了长期、深入的调查研究后发现，松辽平原的地质结构与中亚细亚极其相似。他推断，既然中亚细亚蕴藏大量的石油，那么松辽平原很可能也蕴藏着大量的石油。后来，大庆油田的开发证明了李四光的推断是正确的。

以下哪项与李四光的推理方式最为相似？

A. 他山之石，可以攻玉。

B. 邻居买彩票中了大奖，小张受此启发，也去买了体育彩票，结果没有中奖。

C. 某乡镇领导在考察了荷兰等地的花卉市场后认为要大力发展规模经济，回来后组织全乡镇种大葱，结果导致大葱严重滞销。

D. 每到炎热的夏季，许多商店腾出一大块地方卖羊毛衫、长袖衬衣、冬靴等冬令商品，进行反季节销售，结果都很有市场。小王受此启发，决定在冬季种植西瓜。

E. 乌兹别克地区盛产长绒棉。新疆塔里木河流域与乌兹别克地区在日照情况、霜期长短、气温高低、降雨量等方面均相似，科研人员受此启发，将长绒棉移植到塔里木河流域，果然获得了成功。

答案与解析

1. **【答案】** D

【解析】 错字率是单位数量的文字中出现错字的比例，它和文字的总量没有关系。题干把近年来该出版社出版物的大量增加，解释为该社近年来出版物的错字率明显增加的重要原因，是一个漏洞。同理，航空公司的投诉率，是单位数量航班乘客中投诉者的比例，它和乘客的总量没有关系。选项Ⅰ把"9·11"事件后航班乘客数量的锐减，解释为美国航空公司投诉率明显下降的重要原因，是一个类似于题干的漏洞。选项Ⅲ也是如此。选项Ⅱ没有出现类似于题干的漏洞。正确答案为 D。

2. 【答案】B

【解析】题干的推理是"如果 A，那么 B。因为 X 是 A，所以 X 是 B。"A 选项的错误在于条件"一个人的年龄越大，他就变得越成熟"是针对同一个人随年龄的变化而逐渐成熟，而后面比较的是两个人、两个年龄，与题干推理不同。B 选项的条件与题干的条件都是普遍存在的。正确答案为 B。

3. 【答案】A

【解析】题干的论证形式为：或者 P 或者 Q 或者 R，非 P，非 Q，所以 R。只有选项 A 具有这种形式。B 项是一个充分条件假言命题的推理。C 项的论证方式为：或者 P 或者 Q 或者 R，Q，所以非 P 且非 R。D 项只有两个变项，论证方式与题干也有所不同。正确答案为 A。

4. 【答案】E

【解析】题干比较的特点是两个整体情况相比，然后其中某个个体是最好的，得出该个体是其中一个整体的。注意，结论是肯定。A、B 的结论是否定，排除。C 项中没有整体与整体的比较，排除。D 项的大前提虽是整体与整体的比较，但其结论的结构与题干不一致，与题干结构一致的结论应该是"张青是儿童"或者"张青是成年人"。正确答案为 E。

5. 【答案】D

【解析】从题干可知，使用枪支犯罪 (A) 比其他类型犯罪 (B) 更容易导致命案 (C)，大多数使用枪支的犯罪 (A) 并没有导致命案 (C)，因此，不必区分使用枪支犯罪 (A) 与其他类型犯罪 (B)。B 项，不检点的性行为 (A′) 比检点的性行为 (B′) 更容易感染艾滋病 (C′)，但是，在不检点的性行为 (A′) 中感染艾滋病 (C′) 的只占很小比例，因此，没有必要在预防艾滋病的宣传中，强调不检点性行为 (A′) 的危害。正确答案为 B。

6. 【答案】D

【解析】题干得出结论的方法是通过研究某一因素有或无所产生的影响来指出该因素的作用。选项 D 通过有无空气时能否听到铃声，进而得出空气是声音传播的介质，这和张老师的推理方法类似。正确答案为 D。

7. 【答案】B

【解析】抓住题干的特点：[湖队是不可能进入决赛的。如果湖队进入决赛，那么太阳就从西边出来了 (可笑结论)]，对应五个选项，显然只有 B 项 [语言是不能创造财富的。若语言能创造财富，则夸夸其谈的人就是世界上最富有的了 (可笑结论)] 具备这个特点。

8. 【答案】A

【解析】题干的错误在于，没有证明其存在的充分条件，就说其不存在。只有 A 犯了同样的错误，其他选项无干扰性。

9. 【答案】B

【解析】题干的逻辑原理是"左右对照实验"寻找因果关系，即"求异法"，B 选项是"左右对照实验"原理，故正确答案为 B。

10. 【答案】E

【解析】该题考查推理方式方法类似的问题。选项 E 和题干都是正确地运用了类比推理。选项 D 虽然也运用了类比推理，但却是错误地进行了类比，存在"机械类比"的错误。

第十章 评价论证题型

—— 第一节 考情分析 ——

本章是论证逻辑所有题型的一次综合展示,后续章节是主要论证题型的专项练习。论证题型平均每年基本上都能占到1/3以上,见表2-10-1,近些年来又逐渐呈现出与社会实际的密切联系,目的在于锻炼和考查考生批判性思维的能力,在学习、工作和生活中均有十分重要的应用价值。

表2-10-1

考试年份	2011	2012	2013	2014	2015	2016	2017	2018	2019	2020
题目数量	13	12	12	10	9	12	13	11	12	13

—— 第二节 考点测评 ——

一、削弱题型分析能力测评

【例题1】在历史上,从来都是科学技术新发明的浪潮导致了新产业的诞生和兴旺,在此基础上逐步形成区域性直至世界性的经济繁荣,从汽车、飞机产业到化工、制药、电子等领域,情况都是如此。因此,目前产业界普遍增加在科学研究和开发上的投入必将有力地促进经济繁荣。

以下哪项如果为真,最能削弱上面的推论?

A. 在目前的资金水平上,公司的研究开发部门申请专利的数量比起十年前来要少得多。

B. 大部分产业的研究开发部门关心的只是对现有产品进行有利于经销的低成本改进,而不是开发有远大前途的高成本新技术。

C. 历史上,只有一些新的主干行业是直接依赖公司研究开发部门获得技术突破的。

D. 公司在科学研究和开发上的投入与公司每年新的发明专利的数量直接相关。

E. 政府对科学研究和开发的投入将在未来五年中大大缩减。

【答案】B

【解析】本题是评价论证削弱题型。题干由"历史上新技术的兴旺导致世界性的经济繁荣"从而得出"目前产业界增加的科研投入也必将促进经济繁荣"。这一个类比推理的论证,假设了"产业界的科研投入增加能带来新技术",削弱则直接断开假设,割裂两者关系,即产业界增加的科研投入不会带来新技术的兴旺。B项如果为真,则说明产业界的研发部门不开发新技术,最有力地割裂了题干证据与结论之间的关系,正确答案为B。C项不能削弱,如果 C 项为真,则说明一些新技术突破还是与产业界的研发投入相关的,支持题干论证。A、D 项都有一定的支持作用。

二、加强题型分析能力测评

【例题2】在法庭的被告中,被指控偷盗、抢劫的定罪率,要远高于被指控贪污、受贿的定罪率。其重要原因是后者能聘请收费昂贵的私人律师,而前者主要由法庭指定的律师辩护。

以下哪项如果为真,最能支持题干的叙述?

A. 被指控偷盗、抢劫的被告,远多于被指控贪污、受贿的被告。
B. 一个合格的私人律师,与法庭指定的律师一样,既忠实于法律,又努力维护委托人的合法权益。
C. 被指控偷盗、抢劫的被告中罪犯的比例,不高于被指控贪污、受贿的被告。
D. 一些被指控偷盗、抢劫的被告有能力聘请私人律师。
E. 司法腐败导致对有权势的罪犯庇护,而贪污、受贿等职务犯罪的构成要件是当事人有职权。

【答案】C

【解析】被告不等于罪犯。要使题干的分析成立,有一个条件必须满足,即被指控偷盗、抢劫的被告中罪犯的比例,不高于被指控贪污、受贿的被告。否则,如果事实上被指控偷盗、抢劫的被告中罪犯的比例,高于甚至远高于被指控贪污、受贿的被告,那么,被指控偷盗、抢劫的被告的定罪率,自然要远高于被指控贪污、受贿的被告的定罪率,没有理由认为这种结果与所聘请的律师有实质性的联系。因此,如果 C 项为真,能有力地支持题干。其余各项均不支持题干。正确答案为 C。

第三节 考点精讲与核心题型

一、什么叫论证

通俗地讲,论证就是一段有证据、有结论的文字。一个论证,就是运用有限的证据来得出某个结论的过程。一个论证,其证据与结论的关系可以是必然的,也可以是或然的。一个好的论证必须是其证据与结论高度相关。莱布尼茨在《单子论》中说:"我们的推理是建立在两个大原则上,即矛盾原则和充足理由原则,凭着这两个原则,我们认为任何一件事如果是真实的或实在的,任何一个陈述如果是真的,就必须有一个为什么这样而不那样的充足理由,虽然这些理由常常不能为我们所知道。"这个观点在有些逻辑学教材中被称为"充足理由律"。

二、论证的组成部分

任何一个论证都是由结论、证据和论证方法三个要素构成。

1. 结论

结论是通过论证要确定其真实性或可靠性的命题，也是作者在一个论证中想要表达和证明的观点与思想。一般来说，结论可以出现在论证的开头，也可以出现在论证的结尾。

例如："在中国某些地区，一些车主喜欢在汽车里装上红外线报警器，当有人撬开车门时会发出刺耳的警报声，结果发现安装这种报警器后，汽车失窃率比从前大大降低了。这说明，这种方案的实施有助于降低汽车失窃率。"

其结论就是：这种方案的实施有助于降低汽车失窃率。

2. 证据

证据是用来证明作者的结论真实性或可靠性的理由和根据。可作为证据的材料可以是已被确认的关于事实的命题，也可以是科学原理。一个有效的论证至少要能满足两点要求：其一，其证据必须是真实的或者论证双方能够共同接受的；其二，其证据与结论必须是密切相关的。

一般来说，在管理类联考综合能力试题中，对评价论证能力的考查，主要集中在对一个论证的证据与结论之间关系的分析评价上。

例如："秋末，街道两旁的法国梧桐开始落叶，可是高压水银灯下面的梧桐叶却迟迟不落，即使是同一棵树也有这样的情况。这说明高压水银灯的光照可以使梧桐落叶的时间推迟。"

论证的结构为：

证据：高压水银灯下面的梧桐落叶晚。

结论：高压水银灯的光照可以使梧桐落叶的时间推迟。

如何评价这个论证？当然要考虑其证据与结论之间的关系。如果有其他的原因，如温度才是关键，那么，上述论证的结论的有效性就值得怀疑。

3. 论证方法

论证方法是指由证据得出结论的方式，即论证过程中所采用的推理形式。论证方法可以是一个简单的推理，也可以是复杂的推理；可以是演绎推理，也可以是归纳或类比推理。一个有效的论证，其论证方法必须是合乎逻辑的，是符合相应推理规则的；否则，就可能是谬误。

例如："我是中国人，我很勤劳勇敢，所以，中国人都是勤劳勇敢的。"

这个论证使用了三段论推理，但它违背了三段论推理的规则，即"在前提中不周延的项，在结论中不得周延"，所以，这个推理是无效推理。当然我们也可以换个角度分析，题干由"我勤劳勇敢"得出"中国人都勤劳勇敢"，这也违背了归纳推理中"样本要尽可能多"和"样本要有代表性"的要求，所以是"以偏概全"的谬误。

"我是中国人，所以，班上的同学都是中国人"，这个论证的结论或许在某些班级中是事实，但不代表这个论证的方式有效，该论证仍然是"以偏概全"。

三、评价论证的题型

主要题型有：假设、支持（下支持上）、削弱、评价论证方法、指出论证缺陷与漏洞、评价论证的正误、概括论证焦点等。

关键点：必须读懂论证的结构（证据与结论）、论证的方式和方法。

这类逻辑题同时考查阅读理解和逻辑推理。

逻辑推理试题的题干由三个部分构成：题干信息陈述、提问以及五个选项。一般而言，题干信息陈述表达观点，观点一般由证据（或前提）和结论组成。

段落的结构与解答逻辑推理题关系密切。在整个逻辑推理题中，假设、支持、削弱、评价论证方法、指出论证缺陷、评价论证的正误等多围绕结论与证据来设置问题。

如何快速地找到结论以及它的证据、论证方式，对快速、准确的解题来说至关重要。

四、评价论证题的阅读技巧

我们一般把题干概括为：证据（x）——结论（j）。

一般来说，其结构有三种：

（1）事实、统计数据、现象等，结论为解释原因。

（2）目的（效果、结果），结论为提出方法、建议、计划。

（3）目的，结论为方法必须。

在上述三种结构中，其论证的证据往往都是发生了的。所以，其论证的关键往往在解释原因、方法或建议（j）上。

例如：由 a 类推至 b，b 是一种推测。所以，重心往往在 b 上。

以上都是归纳和类比推理论证的结构。评价此类题时主要围绕证据与结论的关系，或者直接根据选项评价结论的正确与否。

还有一些论证通过演绎推理来得出结论，评价时必须根据前面第一部分所学的规则来进行评价。

因此，在解答逻辑题时，应有目的地读题干所陈述的信息，这个目的就是证据（或前提）和结论。由于一个推理的结论可以出现在段落中的任何一个地方，所以，一般会有一些标志词。

下面这些词可能会帮助你快速找到结论：因此、这样、所以、于是、结果、推出、得出、作为一个结果、显示出、相应地等。

有一个总的原则：一定要问一下自己，"作者到底想要证明什么？"一般来说，作者设法要证明的便是结论。由于段落经常是围绕着结论来展开的，因此，在分析论证时找到结论是非常重要的一步。

然后问自己："他的证据何在？他为何能得出上述结论？"

尽可能地问自己："他用的是什么论证方法？"

例如："1980 年，年龄在 18 岁到 24 岁之间，与父母生活在一起的人占该年龄段人口的比例为 48%，而 1986 年，这一比例上升至 53%。可以说，在 1986 年，这一年龄段的人更加难以独立生活。"

证据：分析"与父母共住的 18 岁到 24 岁的人的比例上升"这个现象，得出解释性结论"这一年龄段的人比过去的孩子更加难以独立生活"。

论证方法：归纳现象找出原因，求异法。

评价：（1）明确证据与结论之间有没有直接联系。

如果能找到证据与结论之间有直接密切的关系，则能加强上述论证；反之，则削弱了上述论证。

（2）明确有没有其他原因导致这个现象。

如果有其他的原因让越来越多的孩子和父母生活在一起，如独生子女增加，父母都希望孩子能和自己住到一起，则削弱了上述论证，表明是父母的原因而非孩子的原因；如果没有其他的原因导致上述现象的产生，则加强了上述论证。

五、加强、削弱类题型

【例题1】据碳14检测，卡皮瓦拉山岩画的创作时间最早可追溯到3万年前。在文字尚未出现的时代，岩画是人类沟通交流、传递信息、记录日常生活的方式。于是今天的我们可以在这些岩画中看到：一位母亲将孩子举起嬉戏，一家人在仰望并试图碰触头上的星空……动物是岩画的另一个主角，比如巨型犰狳、马鹿、螃蟹等。在许多画面中，人们手持长矛，追逐着前方的猎物。由此可以推断，此时的人类已经居于食物链的顶端。

以下哪项如果为真，最能支持上述推断？

A. 岩画中出现的动物一般是当时人类捕猎的对象。
B. 3万年前，人类需要避免自己被虎豹等大型食肉动物猎杀。
C. 能够使用工具使得人类可以猎杀其他动物，而不是相反。
D. 有了岩画，人类可以将生活经验保留下来供后代学习，这极大地提高了人类的生存能力。
E. 对星空的敬畏是人类脱离动物、产生宗教的动因之一。

【答案】C

【解析】能够使用工具使得人类已经可以猎杀其他动物，而不是相反，这说明所有的动物均可以成为人类猎杀的对象，进而说明人类已位于食物链的顶端。正确答案为C。

【例题2】硕鼠通常不患血癌。在一项实验中发现，给300只硕鼠同等量的辐射后，将它们平均分为两组，第一组可以不受限制地吃食物，第二组限量吃食物。结果第一组75只硕鼠患血癌，第二组只有3只患血癌。因此，通过限制硕鼠的进食量，可以控制由实验辐射导致的硕鼠血癌的发生。

以下哪项如果为真，最能削弱上述实验结论？

A. 硕鼠与其他动物一样，有时原因不明就患血癌。
B. 第一组硕鼠的食物易于使其患血癌，而第二组的食物不易使其患血癌。
C. 第一组硕鼠体质较弱，第二组硕鼠体质较强。
D. 对其他种类的实验动物，实验辐射很少导致患血癌。
E. 不管是否控制进食量，暴露于实验辐射下的硕鼠都可能患血癌。

【答案】B

【解析】题型：削弱。考点：求异法。

题干是一个求异法实验，已知两组硕鼠的差别是进食量的不同，而最后的结果是血癌的发生率不同，由此得出结论：通过限制硕鼠的进食量可以控制由实验辐射导致的硕鼠血癌的发生。根据求异法规则，两组硕鼠除了存在题干所提到的差异外，不应存在其他的不同。如果选项B为真，则意味着这两组硕鼠之所以出现血癌的发生率不同，是因为两组硕鼠的食物不同，而这才是导致血癌发生率不同的原因。有别的差异、别的原因，对题干所认为的原因是一个有力的削弱。选项 C 有一定的干扰，但题干所给材料是"平均分为两组"，选项 C 未必能削弱。另外，选项 B 所陈述的内容与题干的已知现象的话题关键词更加相关。正确答案为 B。

六、指出论证漏洞题型

【例题 3】通常认为左撇子比右撇子更容易出操作事故。这是一种误解。事实上，大多数家务事故，大到火灾、烫伤，小到切破手指，都出自右撇子。
以下哪项最为恰当地概括了上述论证中的漏洞？
A. 对两类没有实质性区别的对象作实质性的区分。
B. 在两类不具有可比性的对象之间进行类比。
C. 未考虑家务事故在整个操作事故中所占的比例。
D. 未考虑左撇子在所有人中所占的比例。
E. 忽视了这种可能性：一些家务事故是由多个人造成的。
【答案】D
【解析】本题是评价论证指出论证漏洞题型，考查比例背后的基数。题干由"大多数家务事故都出自右撇子"，得出"左撇子比右撇子更容易出操作事故"是错误的，这个推理混淆了绝对数与相对值两个概念。"左撇子比右撇子更容易出操作事故"，比较的是相对值，即"左撇子出事故人数／左撇子总数"，不是绝对数。假如整个事故总数 100 起，左撇子只占 1 起，但左撇子总人数只有 3 人，其中一个出事故，则出事故概率为 33.3%；而出事故的 100 起中，右撇子有 99 起，但右撇子总人数为 100 万，则其出事故的概率低于 1%。只有考虑各自在人群中所占的比例、总人数基数，才能确定哪个更容易出事故。D 项最为恰当地指出了题干论证漏洞。正确答案为 D。

七、推出可能结论题型

推出结论题型一般有两种：必然推出结论题型与可能推出结论题型。
由于演绎推理得出的结论是必然的，所以，一般来说，如果是"根据以上信息，能推出以下哪项？"这样问法的题目，一定是考查演绎推理，解题时仅仅需要考虑演绎推理的语言形式与公式。
如果题目的要求是"根据以上信息，最可能得出的结论是什么？"则其考点有可能是演绎的非必然性推理、归纳推理、类比推理、语言理解等，此类试题的解题关键在于阅读。首先，以句号为单位把题干已知条件进行分层；然后注意寻找关键提示词。
关键提示词有逻辑方法提示词、转折类关联词、时间类提示词、结构类提示词。
逻辑方法提示词有演绎推理提示词（性质命题、联言选言命题、充分必要条件命题提示词）、类比提示词（求同法、求异法、共变法、类比法）等。
转折类提示词有然而、但是、却、其实、实际上等，一般来说，这类词之后的信息相对重要一些。

时间类提示词有现在、如今、最近等，一般来说，最近发生的情况比以前发生的相对重要一些。

结构类提示词有两种，第一种是证据类提示词，有例如、你看、由于、因为等；第二种是结论类提示词，有所以、因此、由此得出、明显看出等。

本类试题解题原则：实事求是，即推出的结论必须是已知条件涉及的信息，考生要注意似是而非选项的干扰。

【例题4】某地区国道红川口曾经是交通事故的频发路段，自从8年前对此路段限速每小时60千米后，发生在此路段的交通伤亡人数大幅下降。然而，近年来此路段超速车辆增多，但发生在此路段的交通伤亡人数仍然下降。

上述断定最能支持以下哪项结论？

A.车辆限速与此路段8年来交通伤亡人数大幅下降没有关系。
B.8年来在此路段行驶的车辆并未显著减少。
C.8年来对本地区进行广泛的交通安全教育十分有效。
D.近年来汽油费用的上升限制了本地区许多家庭购买新车。
E.此路段8年来交通伤亡人数下降不仅是车辆限速的结果。

【答案】E

【解析】本题是可能推出结论题型，根据已知信息推出结论，应严格遵守实事求是原则，即题干未涉及信息均不能确定推出。根据已知条件"通过限速，可以大幅降低此路段的交通伤亡人数"，可以得出"限速能够降低交通伤亡人数"；又根据"超速车辆增加，但此路段伤亡人数仍然下降"，说明除了限速之外，还有其他原因会导致交通伤亡人数下降。通过求异求同并用法对比，可以发现，限速是交通伤亡人数下降的原因，但不是唯一原因，还有别的原因。A项不对，因为限速与交通伤亡人数下降还是有关系的；B项信息未在题干提及，从题干推不出；C、D项完全是题干信息未提及的，属于无关项。正确答案为E。

八、概括两人争论焦点题型

题型分析：这是一种语义理解类题目，分值一般为2分，要求概括两个人争论的焦点。

做题技巧：首先要分别找到两人的论证结构，即理由和结论，然后再在其中寻找两人争论的焦点。

题干如果已经把两个人的观点都说清楚了，则只要我们找出争论焦点。一般来说，如果是由于理由的分歧导致结论的不同，分歧焦点则在理由中。

题干如果没有清晰地告知两人的结论，而是要我们从题干中两人的不同点出发，寻找两人在未来可能出现纷争的选项，一般来说，答案会在两人的结论中。

【例题5】厂长：采用新的工艺流程可以大大减少炼铜车间所产生的二氧化硫。这一新流程的要点是用封闭式熔炉替代原来的开放式熔炉。但是，不光购置和安装新的设备是一笔大的开支，而且运作新流程的成本也高于目前的流程。因此，从总体上说，采用新的工艺流程将大大增加生产成本而使本厂无利可图。

总工程师：我有不同意见。事实上，最新的封闭式熔炉的熔炼能力是现有的开放式熔炉无法相比的。

在以下哪个问题上，总工程师和厂长最可能有不同意见？

A. 采用新的工艺流程是否确实可以大大减少炼铜车间所产生的二氧化硫？
B. 运作新流程的成本是否一定高于目前的流程？
C. 采用新的工艺流程是否一定使本厂无利可图？
D. 最新的封闭式熔炉的熔炼能力是否确实明显优于现有的开放式熔炉？
E. 使用最新的封闭式熔炉是否明显增加了生产成本？

【答案】C

【解析】本题是评价论证概括论证焦点题型。

厂长：采用新的工艺流程（封闭式熔炉）将大大增加生产成本而使本厂无利可图。

工程师：最新的封闭式熔炉的熔炼能力是现有的开放式熔炉无法相比的，所以不同意厂长的观点。

双方论证焦点：采用新的工艺流程是不是没有利润？正确答案为C。

第四节 习题巩固

1. 科学研究表明，大量吃鱼可以大大减少患心脏病的危险，这里起作用的关键因素是在鱼油中所含的丰富的"奥米加-3"脂肪酸。因此，经常服用保健品"奥米加-3"脂肪酸胶囊将大大有助于预防心脏病。

以下哪项如果为真，最能削弱题干的论证？

A. "奥米加-3"脂肪酸胶囊从研制到试销，才不到半年的时间。
B. 在导致心脏病的各种因素中，遗传因素占了很重要的地位。
C. 不少保健品都有不同程度的副作用。
D. "奥米加-3"脂肪酸只有和主要存在于鱼体内的某些物质化合后才能产生保健疗效。
E. "奥米加-3"脂肪酸胶囊不在卫健委最近推荐的十大保健品之列。

2. 当航空事故发生后，乘客必须尽快撤离飞机，因为在事故中泄漏的瓦斯对人体有毒，并且随时可能发生爆炸。为了避免因吸入瓦斯造成死亡，安全专家建议在飞机上为乘客提供防毒面罩，用以防止瓦斯的吸入。

以下哪项如果为真，将对上述建议提出最有力的质疑？

A. 防毒面罩只能阻止瓦斯的吸入，但不能防止瓦斯的爆炸。
B. 防毒面罩的价格相当昂贵。
C. 使用防毒面罩并不是阻止吸入瓦斯的唯一方式。
D. 在大多数航空事故中，乘客是死于瓦斯中毒而不是瓦斯爆炸。
E. 使用防毒面罩延长了乘客撤离机舱的时间。

3. 张教授：在我国大陆架外围海域建设新油井的计划不足取，因为由此带来的收益不足以补偿由此带来的生态破坏的风险。目前我国每年海底石油的产量，还不能满足我国一天石油的需求量，而上述拟建中的新油井，最多只能使这个数量增加 0.1%。

李研究员：你的论证不能成立。你能因为新建的防护林不能在一夜之间消灭北京的沙尘暴，而反对实施防护林计划吗？

以下哪项最为确切地概括了李研究员的反驳所运用的方法？

A. 提出了一个比对方更有力的证据。

B. 构造了一个和对方类似的论证，但这个论证的结论显然是不可接受的。

C. 提出了一个反例来反驳对方的一般性结论。

D. 指出对方在一个关键性概念的理解和运用上存在含混。

E. 指出对方对所引用数据的解释有误，即使这些数据自身并非不准确。

4. 一项时间跨度为半个世纪的专项调查研究得出肯定结论：饮用常规量的咖啡对人的心脏无害。因此，咖啡的饮用者完全可以放心地享用，只要不过量。

以下哪项最为恰当地指出了上述论证的漏洞？

A. 咖啡的常规饮用量可能因人而异。

B. 心脏健康不等同于身体健康。

C. 咖啡饮用者可能在喝咖啡时吃对心脏有害的食物。

D. 喝茶，特别是喝绿茶比喝咖啡有利于心脏保健。

E. 有的人从不喝咖啡，心脏仍然健康。

5. 甲：知难行易，知然后行。

乙：不对，知易行难，行然后知。

以下哪项与上述对话方式最为相似？

A. 甲：知人者智，自知者明。

乙：不对，知人者易，知己者难。

B. 甲：不破不立，先破后立。

乙：不对，不立不破，先立后破。

C. 甲：想想容易做起来难，做比想更重要。

乙：不对，想到就能做到，想比做更重要。

D. 甲：批评他人易，批评自己难；先批评他人，后批评自己。

乙：不对，批评自己易，批评他人难；先批评自己，后批评他人。

E. 甲：做人难做事易，先做人再做事。

乙：不对，做人易做事难，先做事再做人。

6. 昨天冬冬和妞妞都病了，病症也类似。平日两人每天下午都在一起玩，因此，两人可能患的是同一种病，冬冬的病症有点像链球菌感染，但他患的肯定不是这种病。因此，妞妞患的病也肯定不是链球菌感染。

以下哪项最为准确地概括了上述论证中的漏洞？

A. 预先假设了所要证明的结论。

B. 颠倒了某个特定现象的结果与原因。

C. 把一种判定可能性结论的证据当作判定事实性结论的证据。

D. 在缺乏可比性的对象之间进行不当类比。

E. 基于某个特例轻率概括出一般性结论。

7. 神经化学物质的失衡可以引起人的行为失常，大到严重的精神疾病，小到常见的孤僻、抑郁甚至暴躁、嫉妒。神经化学的这些发现，使我们不但对精神疾病患者，而且对身边原本生厌的怪僻行为者，怀有同情和容忍。因为精神健康，无非是指具有平衡的神经化学物质。

以下哪项最为准确地表达了上述论证所要表达的结论？

A. 神经化学物质失衡的人在人群中只占少数。

B. 神经化学的上述发现将大大丰富精神病学的理论。

C. 理解神经化学物质与行为的关系将有助于培养对他人的同情心。

D. 神经化学物质的失衡可以引起精神疾病或其他行为失常。

E. 神经化学物质是否平衡是决定精神或行为是否正常的主要因素。

8. 许多人认为，香烟广告是造成青少年吸烟流行的关键原因。但是，挪威自1975年以来一直禁止香烟广告，这个国家青少年吸烟的现象却至少和那些不禁止香烟广告的国家一样流行。

上述断定最能支持以下哪项结论？

A. 广告对于引起青少年吸烟并没有起什么作用。

B. 香烟广告不是影响青少年吸烟流行的唯一原因。

C. 如果不禁止香烟广告，挪威青少年吸烟的现象将比现在更流行。

D. 禁止香烟广告并没有减少香烟的消费。

E. 广告对青少年的影响甚于成年人。

9. 张教授：有的歌星的一次出场费比诺贝尔奖奖金还高，这是不合理的。一般来说，诺贝尔奖得主对人类的贡献，要远高于这样或那样的明星。

李研究员：你忽视了歌星的酬金是一种商业回报，他的一次演出，可能为他的老板带来上千万的利润。

张教授：按照你的逻辑，诺贝尔基金就不应该设立。因为诺贝尔在生前不可能获益于杨振宁的理论发现。

以下哪项最为恰当地概括了张教授和李研究员争论的焦点？

A. 诺贝尔奖得主是否应当比歌星有更高的个人收入？

B. 商业回报是否可以成为一种正当的个人收入？

C. 是否存在判别个人收入合理性的标准？

D. 什么是判别个人收入合理性的标准？

E. 诺贝尔基金是否应当设立？

10. 一些人类学家认为，如果不具备应付各种自然环境的能力，人类在史前年代不可能幸存下来。然而相当多的证据表明，阿法种南猿，一种与早期人类有关的史前物种，在各种自然环境中顽强生存的能力并不亚于史前人类，但最终灭绝了。因此，人类学家的上述观点是错误的。

上述推理的漏洞也类似地出现在以下哪项中？

A. 大张认识到赌博是有害的，但就是改不掉。因此，"不认识错误就不能改正错误"这一断定是不成立的。

B. 已经找到了证明造成艾克矿难是操作失误的证据。因此，关于艾克矿难起因于设备老化、年久失修的猜测是不成立的。

C. 大李图便宜，买了双旅游鞋，没穿几天就坏了。因此，怀疑"便宜无好货"是没道理的。

D. 既然不怀疑小赵可能考上大学，那就没有理由担心小赵可能考不上大学。

E. 既然怀疑小赵一定能考上大学，那就没有理由怀疑小赵一定考不上大学。

答案与解析

1. 【答案】D

【解析】本题是评价论证削弱题型。题干论证为一个类比论证，由吃鱼可以预防心脏病，起作用的是'奥米加-3'脂肪酸，得出结论：服用保健品'奥米加-3'脂肪酸胶囊也可以预防心脏病。类比削弱思路是寻找两者差异，如果D项为真，说明吃鱼有助于预防心脏病，是由于鱼油中所含的"奥米加-3"脂肪酸经过了与鱼体内某些物质的化合才具有疗效；但保健品胶囊中所含的"奥米加-3"脂肪酸则缺少这种特殊的化合，因而不具有疗效，这就有力地削弱了题干的论证。B项不能割裂题干推理关系。正确答案为D。

2. 【答案】E

【解析】本题是评价论证削弱题型。题干认为，事故发生后乘客必须尽快撤离飞机，因为瓦斯有毒且会发生爆炸。为了解决问题，专家提出提供防毒面罩。如果选项E为真，则说明防毒面罩虽然可以防止瓦斯的吸入，但延长了撤离机舱的时间，从而增加了受爆炸伤害的危险，不能达到总体目的，所以专家的建议不可行。A项不一定能削弱，因为防毒面罩虽然不能防止爆炸，但只要不增加撤离机舱的时间，还是能达到题干目的；B项不能削弱，因为价格昂贵不等于必然无法配备；C项不能削弱，"不是唯一方式"，还有可能是主要方式；D项是支持项。正确答案为E。

3. 【答案】B

【解析】本题是评价论证指出论证方法题型，解题关键在于阅读题干证据和结论的关键信息。两人争议题必须把两人的证据和结论理清楚。

张教授证据：收益不足以补偿风险。结论：在大陆架外围海域建设新油井的计划不足取。

李研究员证据：新建防护林不能一夜消除沙尘暴。结论：不能反对实施防护林计划。

分析之后发现，李研究员通过类比推理的方法反驳张教授的结论。B项概括最为准确，正确答案为B。

4. 【答案】B

【解析】本题是评价论证指出论证漏洞题型，题干由"饮用常规量的咖啡对人的心脏无害"，得出"咖啡的饮用者完全可以放心地享用，只要不过量"，假设了"心脏健康"等同于"身体健康"，属于简单枚举归纳推理，由个别情况推出一般情况，犯了以偏概全的错误。B项最恰当地指出了错误，正确答案为B。

5. 【答案】E

【解析】本题是结构类似题型。注意逻辑结构与语言形式。题干论述结构为：A比B难，先A后B；不对，B比A难，先B后A。只有E项与题干完全一致。正确答案为E。

6. 【答案】C

【解析】本题需要指出论证缺陷——求同类比。题干论证的结构为：两人病症类似，平时下午都在一起玩，因此可能患同一种病。这个推论基础为求同法的一种可能性的结果，因为有很多病会有类似的病症。在此基础上，题干最后推出结论"由于冬冬患的肯定不是链球菌感染，所以妞妞患的也肯定不是链球菌感染"。这样，题干把求同法、类比推理的结论从可能性变成了必然性。所以，正确答案为C。选项D有一定的干扰，但题干的类比并不是完全缺乏可比性的，两者还是有很多相似性的，只不过把可能性的结论当成了必然性、事实性的结论。

7. 【答案】C

【解析】本题是可能推出结论题型。以句号为单位，题干共有3层意思，第3层的"因为"提示第3层为理由，结论在第2层，即知道人的行为失常与精神疾病都是由神经化学物质失衡引起的，这个发现可以使我们对他人怀有同情与容忍。C项最为恰当地概括了结论，正确答案为C。注意分析题干层次，注意提示词。E项不是结论，只是题干中的发现，而因果关系后的表达才是结论。

8. 【答案】B

【解析】本题是可能推出结论题型。已知：（1）香烟广告是造成青少年吸烟流行的关键原因；（2）挪威一直禁止香烟广告，但和不禁止香烟广告的国家相比，青少年吸烟一样流行。根据条件（2）求异法可以推出：有别的原因导致青少年吸烟流行。再根据条件（1）推出：香烟广告是影响青少年吸烟流行的原因，但不是唯一原因。正确答案为B。A项与已知条件（1）相反；C项是充分条件假言命题，题干否定了其前件，整个命题真假不定；D、E两项与已知条件完全无关。

9. 【答案】D

【解析】本题是评价论证概括论证焦点题型。

张：诺贝尔奖得主对人类的贡献要远高于明星，所以，歌星的一次出场费比诺贝尔奖奖金高是不合理的。

李：歌星的酬金是商业回报，演出会带来利润，所以，出场费高是合理的。

张：如果以回报与利润作为标准，那么诺贝尔基金不应该设立，因为，诺贝尔在生前无法受益于后来的人的贡献。张、李争论的焦点是收益合理与否的标准是什么，张认为是"对人类社会的贡献"，李认为也可以是"商业回报"，正确答案为D。C项不是焦点，因为双方都认为有判断标准；A项不准确，李研究员并不一定反对"诺贝尔奖得主的收入应该高于歌星"。

10. 【答案】A

【解析】本题是评价论证方法错误类似题型，解题关键是明确题干的论证方法与错误，然后依葫芦画瓢。题干的论证证据是"一种猿猴具有在各种自然环境中顽强生存的能力，但最后灭绝了"，结论是"人类学家的观点是错误的"。人类学家的观点是一个必要条件命题，"如果不X，则不Y"等价于"只有X，才Y"，题干的反驳方法是"有X，但没有Y"，其漏洞在于把必要条件当充分条件进行反驳。A项的论证结论是"'不X，则不Y'是错误的"，证据是"有X，但没有Y"，逻辑方法和语言形式与题干完全一样，正确答案为A。

第十一章　加强题型专项训练与提高

加强题型有两种提问方式：
第一，以下哪项是上述论证的假设？
第二，以下哪项最能支持以上论证？
基本思路都是寻找建立前提与结论的联系的选项。

第一节　考情分析

加强题型一直以来都是论证题型中最重要的题型，是整个论证逻辑的核心，每年都会有大量的题目，提高加强论证的能力是考生培养批判性思维能力的重要途径，对于管理决策也有着十分重要的意义。

表 2-11-1

考试年份	2011	2012	2013	2014	2015	2016	2017	2018	2019	2020
题目数量	5	2	1	4	3	2	5	6	6	7

第二节　考点测评

一、假设题型分析能力测评

【例题1】在西方几个核大国中，当核试验得到了有效的限制，老百姓就会倾向于省更多的钱，出现所谓的商品负超常消费；当核试验的次数增多的时候，老百姓就会倾向于花更多的钱，出现所谓的商品正超常消费。因此，当核战争成为能普遍觉察到的现实威胁时，老百姓为存钱而限制消费的愿望大大降低，商品正超常消费的可能性大大增加。

上述论证基于以下哪项假设？

A. 当核试验次数增多时，有足够的商品支持正超常消费。
B. 在西方几个核大国中，核试验受到了老百姓普遍的反对。
C. 老百姓只能通过本国的核试验的次数来觉察核战争的现实威胁。
D. 商界对核试验乃至核战争的现实威胁持欢迎态度，因为这将带来经济利益。
E. 在冷战年代，上述核战争的现实威胁出现过数次。

【答案】A

【解析】题干的论证必须假设：当核试验次数增多时，有足够的商品支持正超常消费。否则的话，即使老百姓倾向于花更多的钱，也不会出现商品正超常消费。所以，A项是必须假设的。

二、支持题型分析能力测评

【例题2】在美国,近年来在电视卫星的发射和操作中事故不断,这使得不少保险公司不得不面临巨额赔偿,这不可避免地导致了电视卫星保险金的猛涨,使得发射和操作电视卫星的费用变得更为昂贵。为了应付昂贵的成本,必须进一步开发电视卫星更多的尖端功能来提高电视卫星的售价。

以下哪项如果为真,和题干的断定一起,最能支持这样一个结论,即电视卫星的成本将继续上涨?

A. 承担电视卫星保险业风险的只有为数不多的几家大公司,这使得保险金必定很高。
B. 美国电视卫星业面临的问题,在西方发达国家带有普遍性。
C. 电视卫星目前具备的功能已能满足需要,用户并没有对此提出新的要求。
D. 卫星的故障大都发生在进入轨道以后,对这类故障的分析和排除变得十分困难。
E. 电视卫星具备的尖端功能越多,越容易出问题。

【答案】E

【解析】进一步开发电视卫星更多的尖端功能的目的是提高电视卫星的售价,用以应付昂贵的成本。如果E项为真,则电视卫星具备的尖端功能越多,越容易出问题,因而又将导致保险金的新一轮上涨,使得电视卫星的成本继续上涨。其余各项均不足以说明电视卫星的成本将继续上涨。

【例题3】如今,电子学习机已全面进入儿童的生活,电子学习机将文字与图像、声音结合起来,既生动形象,又富有趣味性,使儿童的独立阅读成为可能。但是,一些儿童教育专家却对此发出警告:电子学习机可能不利于儿童成长。他们认为,父母应该抽时间陪孩子一起阅读纸质图书。陪孩子一起阅读纸质图书,并不是简单地让孩子读书识字,而是在交流中促进其心灵的成长。

以下哪项如果为真,最能支持上述专家的观点?

A. 纸质图书有利于保护儿童视力,有利于父母引导儿童形成良好的阅读习惯。
B. 在使用电子学习机时,孩子往往更多关注其使用功能而非学习内容。
C. 接触电子产品越早,就越容易上瘾,长期使用电子学习机会形成"电子瘾"。
D. 现代生活中年轻父母工作压力较大,很少有时间能与孩子一起共同阅读。
E. 电子学习机最大的问题是让父母从孩子的阅读行为中走开,减少了父母与孩子的日常交流。

【答案】E

【解析】专家的观点:电子学习机可能不利于儿童成长。理由:交流促进孩子心灵的成长。论证假设了"电子学习机不利于交流"。E项说,电子学习机减少了父母与孩子的交流,非常有力地支持了题干专家的观点,所以E项正确。C、D项的关键词与专家的观点无关。正确答案为E。

【例题4】自闭症会影响社会交往、语言交流和兴趣爱好等方面的行为。研究人员发现,实验鼠体内神经连接蛋白的蛋白质如果合成过多,会导致自闭症。由此他们认为,自闭症与神经连接蛋白质合成量具有重要关联。

以下哪项如果为真,最能支持上述观点?

A. 生活在群体之中的实验鼠较之独处的实验鼠，患自闭症的比例要小。
B. 雄性实验鼠患自闭症的比例是雌性实验鼠的 5 倍。
C. 抑制神经连接蛋白的蛋白质合成可缓解实验鼠的自闭症状。
D. 如果将实验鼠控制蛋白合成的关键基因去除，其体内的神经连接蛋白就会增加。
E. 神经连接蛋白正常的老年实验鼠患自闭症的比例很低。

【答案】C

【解析】题干证据：实验鼠体内神经连接蛋白的蛋白质如果合成过多，会导致自闭症。结论：自闭症与神经连接蛋白质的合成量具有重要关联。建立证据与结论之间的关系即为支持。正确答案为 C 项。本题支持套路：求异法支持（没有这个原因，就没有这个结果）。

第三节　考点精讲与核心题型

一、假设

什么是假设？我们可以通俗地理解，假设就是为题干的论证寻找一个必要性的前提。一般来说，假设题的题干为一个论证，但其证据无法直接得出结论，需要补充一个必要性的前提，才能得出结论，即寻找这样一个选项：

这个选项是题干推论成立的必要条件，即如果这个选项不成立（对选项取非），则题干中的推理被严重削弱或推翻。

通俗地说，假设题的解题思路就是寻找一个能使题干论证的证据与结论建立联系的选项。

经典试题精讲

【例题1】国家教育主管部门的有关负责人说："总的来说，现在的大学生家庭困难情况比起以前有了大幅度的改观。这种情况十分明显，因为现在课余要求学校安排勤工俭学的人越来越少了。"

上面的结论是由以下哪项假设得出的？

A. 现在大学生父母的收入随着改革开放的深入发展而增加，使得大学生不再需要勤工俭学来养活自己了。
B. 尽管家境有了改善，也应当参加勤工俭学来锻炼自己的实践能力。
C. 课余要求学校安排勤工俭学是学生家庭是否困难的一个重要标志。
D. 大学生把更多的时间用在学业上，勤工俭学的人就少了。
E. 学校安排的勤工俭学报酬相对越来越低，不能满足学生的要求。

【答案】C

【解析】题干认为，现在的大学生家庭困难的少了很多，其理由是，现在课余要求学校安排勤工俭学的人越来越少了。我们发现，题干的理由无法直接得出结论，"课余要求学校安排勤工俭学的人越来越少"与"大学生家庭困难的人少"两者并无直接联系。要想得出结论，必须补充的前提是，理由和结论之间有联系，即"课余要求学校安排勤工俭学"与"学生家庭困难"之间有联系。所以，选项 C 对于论证的成立是不可缺少的。正确答案为 C。

> **提醒**
>
> 假设的题干都可以概括为"证据 – 结论"。只要是建立其论证的证据和结论之间的关系的，就很可能是假设。

当然，在做假设类型的试题时，也可以采取对选项取非的方法来解题。其步骤是：如果否定某个选项，题干的论证会被严重削弱或推翻，则这个选项对于题干的论证来说就可能是不可缺少的，是不能被否定的，这样的选项就是假设。

> **提醒**
>
> 除了必须假设题型，其他假设与支持题型不可以使用此种方法。

二、预设

什么是预设？

预设通常指交际过程中双方共同接受的东西。命题的预设是一个命题预先设定的东西，是命题得以成立的先决条件。

预设有语义预设和语用预设之分。

1. 语义预设

语义预设是一个命题及其否定都要假定的东西，是一个命题为真或为假的前提条件。

例如：

（1）那座白色的建筑物是体育馆。

（2）那座白色的建筑物不是体育馆。

这是两个互相否定的命题，二者都预设了那座建筑物是白色的。

2. 语用预设

若话语 A 只有当命题 B 为交谈双方所共知时才是恰当的，则 A 在语用上预设 B。

3. 问句的预设与复杂问语

问句也有预设：

例如："你怎么又迟到了？"这句话预设着"你曾经迟到过"。

所谓复杂问语，就是提问者为了达到某种目的而有意隐含某种预设的问语。

复杂问语的预设通常是虚假的，且一般是回答者不能接受或者不愿接受的，提问者想诱使对方回答复杂问语，以达到让对方承认（接受）这一预设的目的。

例如：

（1）你还打你的父亲吗？

（2）杀人的刀子你丢哪里了？

经典试题精讲

【例题2】老师批评小王说:"你怎么上逻辑课又迟到了?"

以下各项除哪项外,都可以从老师的话中得到?

A. 小王曾经迟到过。　　　　　　　　B. 有人没遵守课堂纪律。

C. 上课的时间是既定而明确的。　　　D. 小王不喜欢上逻辑课。

E. 小王已不止一次违反课堂纪律。

【答案】 D

【解析】 本题是复杂问句的假设。"你怎么上逻辑课又迟到了?"预设着"曾经迟到过",既然迟到过,则说明上课是有固定时间的,所以,选项 A、B、C、E 都是其中的预设。正确答案为 D,因为"不喜欢"在题干中没有提及。

经典试题精讲

【例题3】人类经历了上百万年的自然进化,产生了直觉、多层次抽象等独特智能。尽管现代计算机已具备一定的学习能力,但这种能力还需要人类指导,完全的自我学习能力还有待进一步发展。因此,计算机要达到甚至超过人类的智能水平是不可能的。

以下哪项最可能是上述论证的预设?

A. 计算机可以形成自然进化能力。

B. 计算机很难真正懂得人类语言,更不可能理解人类的感情。

C. 理解人类复杂的社会关系需要自我学习能力。

D. 计算机如果具备完全的自我学习能力,就能形成直觉、多层次抽象等智能。

E. 直觉、多层次抽象等这些人类的独特智能无法通过学习获得。

【答案】 E

【解析】 本题是论证评价加强题型。技巧:评价类试题的解题关键是快速找到题干论证的结构,然后寻找关键词。假设是指确保上述论证成立的必要前提。证据:直觉、多层次抽象等是人类的独特智能,尽管现代计算机已经具备了一定的学习能力,但这种独特智能还需要人类的指导。结论:计算机不可能达到甚至超过人类的智能水平。论证假设:直觉、多层次抽象等人类的独特智能是计算机无法通过学习获得的,只能由人类指导。所以,选项 E 必须假设。如果计算机通过学习可以获得"直觉、多层次抽象等独特智能",那么计算机就可能达到或者超过人类的智能水平。正确答案为 E。

三、假设题型分析

假设题型的题干一般来说都有一个较为完整的论证结构,一般来说,有证据和结论。题干所给的信息包括一个推理或者论证,有理由,也有结论。但其理由和结论之间的关系并不充分,前提并不足以推出结论,或者前提和结论之间存在缺陷,或者其证据不足,需要补充一个前提或证据,来加强论证的说服力。

在试题中的表现为:

（1）若题干的前提与结论之间有明显的跳跃，那么，这个推理成立所隐含的一个假设是，前提的讨论对象与结论的讨论对象之间有本质联系，这就是所谓的"搭桥"。

请体会：人都是自私的，所以，我们都是自私的。

上述论证假设了：我们都是人——这是从正面角度来说的。

（2）题干是某个原因导致某个结果，则其假设之一就是：这个原因确实可以导致这个结果。如果选项被否定的话，则题干的原因不能产生题干所说的结果。

假设是寻找这样一个选项：

这个选项建立了题干证据与结论之间的联系。这个选项也可以是题干推论成立的必要条件，即如果这个选项不成立（对选项取非），则题干中的推理被严重削弱或推翻。需要提醒的是，此种方法切勿滥用，仅限于必须假设题型。如果对每一个选项都进行取非，则会把容易的题目做错。

一般来说，假设只有两个思路。

1. 直接假设

直接建立证据与结论之间的关系，即在证据与结论断开的部分建立联系。具体地说，有三种：

（1）证据与结论确实有联系，且为内在因果联系。

或者：题干的理由与结论（或现象与解释）之间确实是有联系的。

（2）没有这个原因（方法），则没有这个结果。

如果题干是"现象 Y- 原因 X"型，那么"没有原因 X，就没有现象 Y（结果）出现"就是它的假设，也是它最有力的支持，也是它可以推出的结论。

"没有 X，没有 Y" = "只有 X，才 Y" = "除非 X，否则不能 Y"。

如果题干是"目的 - 方法"型，则思路为：

方法（建议）可以达到目的，方法与目的有关系；没有其他方法可以达到这样的目的。

（3）因必须是原因，不是结果。

题干论证结构如果是"由于某个原因 X，所以导致某个结果 Y"，则其假设之一就是：X 确实是 Y 的原因，而不是 Y 的结果。

2. 间接假设

通过迂回的方法进行假设，"现象 - 因果"类试题，必须假设没有其他原因会导致这个结果。

具体地说，包括除了它所说的原因（方法），没有其他方面的差异（方法）；没有其他的原因会导致这样的结果。

以上思路没有强弱之分，最有力的选项的关键在于与题干证据和结论的关键信息保持高度一致，考生要注意排除干扰选项。

四、支持题型分析

根据上述论述，我们可以知道，所有的"假设"本身就是支持，只不过"假设"是一种必要性的支持。所以，做支持题可以先按照假设题思路进行。找不到答案的情况下，考虑以下三点：
（1）充分条件的支持也是支持；
（2）只要说论证的合理性的都是支持；
（3）直接支持结论也是支持。

不管怎么说，只要选项是建立和加强题干中理由和结论之间的联系的，或者是直接支持结论的，都是支持。当然，如果选项是题干推论成立的充分条件，这样的支持力度最强；如果选项不是题干推论成立的充分条件，但只要是对推论成立或对结论正确起到支持作用的，或者使结论成立的可能性程度增大的，这样的选项都是支持。

所以，支持题型的答案可以是题干推论成立的充分条件，也可以是其中一个必要条件，也可以是既不充分也不必要的条件。

支持题型的做题技巧：

第一，快速找到题干的论证结构，寻找到题干推论的理由和结论。第二，阅读选项，只要选项符合下面的任何一种类型，就是支持。

（1）选项加强题干推论中的理由和结论之间的关系，认为"理由"和"结论"之间有联系的；
（2）选项认为题干中所提出的解释、方法是可行的、有意义的；
（3）选项认为没有题干所说的原因，就没有题干所说的结果的；
（4）选项认为除了题干所认为的原因之外，没有别的原因会产生同样的结果的；
（5）选项认为除了题干所陈述的原因外，大家在其他的方面差不多、没有什么差异的；
（6）选项直接支持结论的。

以上思路没有强弱之分，最有力的选项的关键在于与题干证据和结论的关键信息保持高度一致，注意排除干扰选项（干扰信息一般为似是而非的表达）。

第四节　习题巩固

一、假设题型

1. 一些国家为了保护储户免受因银行故障造成的损失，由政府给个人储户提供相应的保险。有的经济学家指出，这种保险政策应该对这些国家的银行高故障率承担部分责任。因为有了这种保险，储户在选择银行时就不关心其故障率的高低，这极大地影响了银行通过降低故障率来吸引储户的积极性。

为使上述经济学家的论证成立，以下哪项是必须假设的？

A. 银行故障是可以避免的。
B. 储户有能力区分不同银行的故障率的高低。
C. 故障率是储户选择银行的主要依据。
D. 储户存入的钱越多，选择银行就越谨慎。

E. 银行故障的主要原因是计算机病毒。

2. 是过于集中的经济模式，而不是气候状况，造成了近年来 H 国糟糕的粮食收成。K 国和 H 国耕地条件基本相同，但当 H 国的粮食收成连年下降的时候，K 国的粮食收成却连年上升。

为使上述论证有说服力，以下哪项是必须假设的？

Ⅰ. 近年来 H 国的气候状况不比 K 国差。

Ⅱ. K 国并非采取过于集中的经济模式。

Ⅲ. 气候状况不是影响粮食收成的重要因素。

A. 只有Ⅰ。　　　　　B. 只有Ⅱ。　　　　　C. 只有Ⅲ。
D. Ⅰ和Ⅱ。　　　　　E. Ⅰ、Ⅱ和Ⅲ。

3. 类人猿和其后的史前人类所使用的工具很相似。最近在东部非洲考古所发现的古代工具，就属于史前人类和类人猿都使用过的类型。但是，发现这些工具的地方是热带大草原，热带大草原有史前人类居住过，而类人猿只生活在森林中。因此，这些被发现的古代工具是史前人类而不是类人猿使用过的。

为使上述论证有说服力，以下哪项是必须假设的？

A. 即使在相当长的环境生态变化过程中，森林也不会演变为草原。

B. 史前人类从未在森林中生活过。

C. 史前人类比类人猿更能熟练地使用工具。

D. 史前人类在迁移时并不携带工具。

E. 类人猿只能使用工具，并不能制造工具。

4. 研究显示，大多数有创造性的工程师，都有在纸上乱涂乱画并记下一些看起来稀奇古怪的想法的习惯，他们的大多数最有价值的设计，都直接与这种习惯有关，而现在的许多工程师都用电脑工作，在纸上乱涂乱画不再是一种普遍的现象。一些专家担心，这会影响工程师的创造性思维，建议在用于工程设计的计算机程序中匹配模拟的便条纸，能让使用者在上面涂鸦。

以下哪项最有可能是上述建议所假设的？

A. 在纸上乱涂乱画，只可能产生工程设计方面的灵感。

B. 对计算机程序中匹配的模拟便条纸，只能用于乱涂乱画，或记录看起来稀奇古怪的想法。

C. 所有用计算机工作的工程师都不会备有纸笔以随时记下有意思的想法。

D. 工程师在纸上乱涂乱画所记下的看起来稀奇古怪的想法，大多数都有应用价值。

E. 乱涂乱画所产生的灵感，并不一定通过在纸上的操作获得。

5. 林教授患有支气管炎。为了取得疗效，张医生要求林教授立即戒烟。

为使张医生的要求有说服力，以下哪项是必须假设的？

A. 张医生是经验丰富的治疗支气管炎的专家。

B. 抽烟是引起支气管炎的主要原因。

C. 支气管炎患者抽烟，将严重影响治疗效果。

D. 严重支气管炎将导致肺气肿。

E. 张医生本人并不抽烟。

答案与解析

1. 【答案】B

   【解析】本题是评价论证必须假设题型。题干论证：由政府给个人储户提供保险的政策应该对银行的高故障率承担部分责任，因为，这种保险使得储户在选择银行时不关心其故障率的高低，影响银行降低故障率的积极性。要使题干论证成立，必须假设储户有能力区分银行的故障率的高低。B 项必须假设，如果储户没有能力区分银行故障率的高低，则关心与否就没有意义；A 项的"银行故障"与"故障率降低"是两个概念；如果否定 C 项，即故障率不是主要依据，但只要还是依据之一，则说明此项保险与故障率的高低还是有关系的，故 C 项不是必须假设，但 C 项能加强论证。正确答案为 B。

   【特别提醒】

   必须假设的意思是，这个选项如果不选择，则整个论证都不能成立。必须假设是寻找使题干论证成立的必要条件。

2. 【答案】D

   【解析】本题是评价论证必须假设题型。基于 K 国和 H 国耕地条件基本相同，但 H 国粮食收成连年下降而 K 国却连年上升，得出 H 国近年粮食收成下降的原因是过于集中的经济模式，而不是气候状况。求异法论证必须假设两者在其他相关方面是差不多的，必须排除其他原因导致这个结果。复选项 I 必须假设，两国气候至少要差不多；复选项 II 必须假设，如果 K 国和 H 国是一样的经济模式，无法得出题干结论；复选项 III 不一定是必须假设，因为该项没有比较 H 国与 K 国的情况，与题干的比较无关。正确答案为 D。

3. 【答案】A

   【解析】本题是评价论证必须假设题型。已知现象"发现这些工具的地方是热带大草原""而类人猿只生活在森林中"，因此，"这些被发现的古代工具是史前人类而不是类人猿使用过的"。题干论证必须假设森林与草原没有联系。A 项必须假设，否则若大草原是森林演变过来的，就不能说这个工具不是类人猿使用过的。正确答案为 A。

4. 【答案】E

   【解析】本题是评价论证假设题型。专家发现工程师的创造性思维都与在纸上乱涂乱画的习惯有关，而现在的一些工程师用电脑工作，不再在纸上乱涂乱画。为了保持工程师的创造性思维，建议用计算机程序模拟便条纸，以便在上面乱涂乱画。论证为"为了某个目的，提出一个建议"，必须假设工程师的创造性思维可以通过在计算机程序模拟的便条纸上乱涂乱画获得，从而代替传统纸张。E 项必须假设，否则，这种灵感与创造性思维只能通过传统的纸张获得，则上述用计算机进行模拟的建议完全不可行。正确答案为 E。

5. 【答案】C

   【解析】本题是评价论证必须假设题型，需要建立题干证据与结论之间的关系。目的是"使治疗林教授的支气管炎取得疗效"，方法是"医生要求林教授立即戒烟"，必须建立"抽烟"与"支气管炎疗效"之间的关系。如果 C 项为真，则说明抽烟会严重影响治疗效果，建立了题干证据与结论之间的关系，为必须假设选项；如果 C 项为假，则说明抽烟与疗效之间没有关系。其他选项都没有涉及证据与结论两者之间的关系。正确答案为 C。

二、支持题型

6. 据世界卫生组织 1995 年的调查报告显示，70% 的肺癌患者有吸烟史，其中有 80% 的人吸烟的历史多于 10 年。这说明吸烟会增加人们患肺癌的危险。

以下哪项最能支持上述论断？

A. 1950 年至 1970 年期间男性吸烟者人数增加较快，女性吸烟者也有增加。

B. 虽然各国对吸烟有害进行了大力宣传，但自 20 世纪 50 年代以来，吸烟者所占的比例还是呈明显的逐年上升的趋势；20 世纪到 90 年代，成人吸烟者达到成人数的 50%。

C. 没有吸烟史或戒烟时间超过五年的人数在 1995 年超过了人口总数的 40%。

D. 1995 年未成年吸烟者的人数也在增加，成为一个令人挠头的社会问题。

E. 医学科研工作者已经用动物实验发现了尼古丁的致癌作用，并从事开发预防药物的研究。

7. 在司法审判中，所谓肯定性误判是指把无罪者判为有罪，否定性误判是把有罪者判为无罪。肯定性误判就是所谓的错判，否定性误判就是所谓的错放。而司法公正的根本原则是"不放过一个坏人，不冤枉一个好人"。

某法学家认为：目前，衡量一个法院在办案中是否对司法公正的原则贯彻得足够好，就看它的肯定性误判率是否足够低。

以下哪项如果为真，能最有力地支持上述法学家的观点？

A. 错放只是放过了坏人；错判则是既放过了坏人，又冤枉了好人。

B. 宁可错判，不可错放，是"左"的思想在司法界的反映。

C. 错放造成的损失，大多是可弥补的；错判对被害人造成的伤害，是不可弥补的。

D. 各个法院的办案正确率普遍明显提高。

E. 各个法院的否定性误判率基本相同。

8. 帕金森病是一种严重危害大脑的疾病。那些在体内不能生成细胞色素 P405 的人，和那些体内能生成这种细胞色素的人相比，在他们进入中老年后，患帕金森病的可能性要大三倍。因为细胞色素 P405 具有使大脑免受有毒化学物质侵害的功能，所以有害化学物质很可能是造成帕金森病的重要原因。

以下哪项如果为真，最能加强上述论证？

A. 人类很快就能人工合成细胞色素 P405，并把它用于治疗因体内不能生成这种细胞色素而导致的疾病。

B. 那些体内无法生成细胞色素 P405 的人，往往同时无法生成其他多种人体有用物质。

C. 细胞色素 P405 除了能使大脑免受有毒化学物质侵害之外，对大脑没有其他影响。

D. 多巴胺是一种在大脑中自然生成的化学物质，当对帕金森病患者使用多巴胺进行治疗时，他们的症状大都明显缓解。

E. 许多帕金森病患者具有在体内自然产生细胞色素 P405 的能力。

9. 一般认为，一个人 80 岁与他 30 岁时相比，理解和记忆能力都显著减退。最近的一项调查显示，80 岁的老人和 30 岁的年轻人在玩麻将时所表现出的理解和记忆能力没有明显差别。因此，认为一个人到了 80 岁理解和记忆能力会显著减退的看法是站不住脚的。

以下哪项如果为真，最能加强上述论证？

A. 目前 30 岁的年轻人的理解和记忆能力高于 50 年前的同龄人。

B. 上述调查的对象都是退休或在职的大学教师。

C. 上述调查由权威部门策划和实施。

D. 记忆能力的减退不必然导致理解能力的减退。

E. 科学研究证明，人的平均寿命可以达到 120 岁。

10. 对常兴市 23 家老人院的一项评估显示，爱慈老人院在疾病治疗水平方面得到的评价相当低，而在其他不少方面评价不错。虽然各老人院的规模大致相当，但爱慈老人院医生与住院老人的比率在常兴市的老人院中几乎是最小的。因此，医生数量不足是造成爱慈老人院在疾病治疗水平方面评价偏低的原因。

以下哪些如果为真，最能加强上述论证？

A. 和祥老人院也在常兴市，对其疾病治疗水平的评价比爱慈老人院还要低。

B. 爱慈老人院的医务护理人员比常兴市其他老人院都要多。

C. 爱慈老人院的医生发表的相关学术文章很少。

D. 爱慈老人院位于常兴市的市郊。

E. 爱慈老人院某些医生的医术一般。

答案与解析

6. 【答案】B

【解析】题干的论证结构为：1995 年的调查报告显示，70% 的肺癌患者有吸烟历史，其中 80% 的人吸烟历史多于 10 年，由此得出，吸烟增加患肺癌的危险。

要支持这个论证，必须保证不是别的原因导致 70% 的肺癌患者有吸烟史，必须加强吸烟与患肺癌之间的联系。选项 A 与题干无关，并没有提到世界人口中 20 世纪 90 年代有多少比例的人吸烟；选项 C 提出了一个新概念"戒烟"，但并未说明吸烟人数占总人数的比例；选项 D 和选项 A 一样，只是说吸烟者人数在增加，并未说明 1995 年时吸烟人数所占的比例；选项 E 为类比推理，能够支持题干的论证，但不如选项 B。因为选项 B 如果为真，则说明 20 世纪 50 年代以来，吸烟者的比例在逐年上升，即使这样，到了 20 世纪 90 年代成人吸烟者也只占成人数的 50%，远远低于肺癌患者中的吸烟者比例，这就说明题干所说的"70% 的肺癌患者有吸烟史"，这个数字并不是由总体人口中有 70% 的人吸烟所导致的，说明吸烟会增加患肺癌的危险。正确答案为 B。

7. 【答案】E

【解析】题干指出影响司法公正的因素有两个，即肯定性误判与否定性误判。法学家认为，衡量一个法院对司法公正的原则贯彻得如何，就看肯定性误判率。要使这一观点成立，法学家必须先假定在否定性误判率方面大家都差不多。否则，如果各个法院的否定性误判率不一样，则衡量是否公正就不能只看肯定性误判率了。这是支持的一种类型：除了题干论证所说的因素外，没有其他因素会影响结果，至少在某些方面大家都差不多。所以，正确答案为 E。

8. 【答案】C

【解析】题干认为：P405 具有使大脑免受有毒化学物质侵害的功能，而体内没有细胞色素 P405 的人，患帕金森病的可能性大三倍。所以，有毒化学物质可能是造成帕金森病的重要原因。题干假设：P405 除了能使大脑免受有毒化学物质侵害外，不会产生别的影响。这等价于：P405 能使大脑免受有毒化学物质侵害，这是帕金森病发病率低的唯一原因，直接加强了题干论证的理由与结论之间的关系。如果选项 C 为假，则意味着 P405 对大脑还有别的影响，而很可能正是其他影响导致了帕金森病发病率低，因而，严重削弱了题干论证。所以，正确答案为 C。

9. 【答案】A

【解析】题干认为：由于 80 岁的老人与 30 岁的年轻人在玩麻将时所表现出来的理解和记忆能力没什么差别，所以，认为一个人到了 80 岁理解和记忆能力会显著减退的看法是错误的。如果选项 A 为真，则意味着现在 30 岁的年轻人比 50 年前的 30 岁的年轻人理解和记忆能力高。而现在 80 岁的人与现在的 30 岁的人没什么区别，得出结论：现在 80 岁的人，其理解与记忆能力高于他们自己 30 岁的时候。这就支持了结论：人到了 80 岁，理解和记忆能力不会减退。这是假设题型中的一种，即直接支持结论。正确答案为 A。

10. 【答案】B

【解析】题干属于典型的对已知的现象进行解释类的论证结构。已知现象是"爱慈老人院在疾病治疗水平方面得到的评价相当低"，题干认为原因是"医生数量不足"。一般来说，要支持题干的论证，必须要保证不是别的原因导致"爱慈老人院在疾病治疗水平方面得到的评价相当低"。选项 B 的意思是说，在医务护理人员方面，爱慈老人院不仅不比别的老人院少，反而比别的老人院多。如果选项 B 为真，则进一步说明，医生数量不足导致了爱慈老人院在疾病治疗水平方面得到的评价相当低。其他选项均无法加强题干论证。正确答案为 B。

第十二章 削弱题型专项训练与提高

第一节 考情分析

削弱题型与加强题型是对立统一的关系，对一般的加强思路反过来用就能起到削弱的作用，因此可以把削弱和加强结合起来学习，做到举一反三，加强题型可以自己总结削弱的思路，同样的，削弱题型也可以总结加强的思路。

表 2-12-1

考试年份	2011	2012	2013	2014	2015	2016	2017	2018	2019	2020
题目数量	7	4	5	3	4	6	1	1	3	2

第二节 考点测评

一、比例相关削弱题型分析能力测评

【例题1】针对当时建筑施工中工伤事故频发的严峻形势，国家有关部门颁布了《建筑业安全生产实施细则》（以下简称《细则》）。但是，在《细则》颁布实施的两年间，覆盖全国的统计显示，在建筑施工中伤亡职工的数量每年仍有增加。这说明，《细则》并没有得到有效的实施。

以下哪项如果为真，最能削弱上述论证？

A. 在《细则》颁布后的两年中，施工中的建筑项目的数量有了大的增长。
B. 严格实施《细则》，将必然提高建筑业的生产成本。
C. 在题干所提及的统计结果中，在事故中死亡职工的数量较《细则》颁布前有所下降。
D. 《细则》实施后对工伤职工的补偿抚恤金的标准较前有提高。
E. 在《细则》颁布后的两年中，在建筑业施工的职工数量有了很大的增长。

【答案】E

【解析】题干根据"在《细则》颁布实施的两年间，覆盖全国的统计显示，在建筑施工中伤亡职工的数量每年仍有增加"得出结论"《细则》并没有得到有效的实施"。其漏洞就在于忽略了基数的增长情况。如果《细则》颁布实施的两年来，在建筑业施工的职工数量有了非常大的增长，则其伤亡数量的增加，并不代表其伤亡人数的百分比不会下降。所以，正确答案为E。

二、因果关系削弱题型分析能力测评

【例题 2】一项研究将一组有严重失眠的人与另一组未曾失眠的人进行比较，结果发现，有严重失眠的人出现了感觉障碍和肌肉痉挛，例如，皮肤过敏或不停"跳眼"症状。研究人员的这一结果有力地支持了这样一个假设：失眠会导致周围神经系统功能障碍。

以下哪项如果为真，最能质疑上述假设？
A. 感觉障碍或肌肉痉挛是一般人常有的周围神经系统功能障碍。
B. 常人偶尔也会严重失眠。
C. 该项研究并非由权威人士组织实施。
D. 周围神经系统功能障碍的人常患有严重的失眠。
E. 参与研究的两组人员的性别与年龄构成并不完全相同。

【答案】D

【解析】本题是评价论证削弱题型。题干将一组有严重失眠的人与另一组未曾失眠的人进行比较，发现"有严重失眠的人出现了感觉障碍和肌肉痉挛"，对此的解释是"失眠会导致周围神经系统功能障碍"。如果 D 项为真，则说明这个解释是因果倒置。因果倒置为力度最强的削弱。正确答案为 D。

第三节 考点精讲与核心题型

削弱题型的解题思路与假设支持题型的基本一样，只不过假设支持题型强调的是题干论证的证据与结论之间要有关系，而削弱则正好相反，强调的是割裂题干证据与结论之间的关系。只要将某选项放入题干的证据与结论之间，可以降低题干推理成立或结论正确的可能性，这个选项就是削弱项。

一般来说，削弱题的思路与假设支持等题型的类似，有以下几种形式：

一、直接削弱

（1）题干论证的证据与结论之间没有联系；证据与结论之间有重大差异。
（2）方法不可行或方法达不到目的。
（3）类比不当。
（4）以偏概全。
（5）直接否定题干的结论。
（6）有因无果、无因有果、因果倒置。

二、间接削弱

（1）除了题干所说的理由之外还有别的因素影响其结论。
（2）由确定的其他原因导致了题干的结果。

无论如何，只要选项是割裂证据和结论之间关系的，或者推翻题干结论的，就是削弱题型。以上削弱题型的思路没有强弱之分，最有力地选项的关键在于与题干证据和结论的关键信息能否保持高度一致，注意排除干扰选项（干扰信息一般为似是而非的表达）。

三、削弱题型精讲

【例题1】一项关于婚姻状况的调查显示，那些起居时间明显不同的夫妻之间，虽然每天相处的时间相对较少，但每月爆发激烈争吵的次数，比起那些起居时间基本相同的夫妻明显要多。因此，为了维护良好的夫妻关系，夫妻之间应当注意尽量保持基本相同的起居规律。

以下哪项如果为真，最能削弱上述论证？
A. 夫妻间不发生激烈争吵，不一定关系就好。
B. 夫妻闹矛盾时，一方往往用不同时起居的方式以示不满。
C. 个人的起居时间一般随季节变化。
D. 起居时间的明显变化会影响人的情绪和健康。
E. 起居时间的不同很少是夫妻间争吵的直接原因。

【答案】B
【解析】题干论证结构为：夫妻之间争吵次数多、感情不和，原因是起居时间不同。选项B如果为真，则说明不是起居时间不同导致夫妻争吵，而是夫妻已经吵架，才导致起居时间不同，说明题干犯了"因果倒置"的错误，这种削弱为最有力地削弱。正确答案为B。

【例题2】也许令许多经常不刷牙的人感到意外的是，这种不良习惯已使他们成为易患口腔癌的高危人群。为了帮助这部分人早期发现口腔癌，市卫生部门发行了一个小册子，教人们如何使用一些简单的家用照明工具，如台灯、手电等，进行每周一次的口腔自检。

以下哪项如果为真，最能对上述小册子的效果提出质疑？
A. 有些口腔疾病的病症靠自检难以发现。
B. 预防口腔癌的方案因人而异。
C. 经常刷牙的人也可能患口腔癌。
D. 口腔自检的可靠性不如在医院所做的专门检查。
E. 经常不刷牙的人不大可能做每周一次的口腔自检。

【答案】E
【解析】题干的论证为"目的－方法"类型。上述小册子的目的是帮助经常不刷牙的人进行口腔自检，以便早期发现口腔癌。如果选项E为真，则说明这个方法根本无效，因为不刷牙的人不太可能去做每周一次的口腔自检。正确答案为E。

【例题3】大湾公司实施工间操制度的经验揭示：一个雇员，每周参加工间操的次数越多，全年病假的天数就越少。即使是那些每周只参加一次工间操的雇员，他们全年的病假天数也比那些从不参加工间操的要少。因此，如果大湾公司把每工作日一次的工间操改为上、下午各一次，则能进一步降低雇员的病假率。

以下哪项如果为真，最能削弱上述论证？

A. 经常休病假的雇员，大多不参加体育锻炼，包括工间操。
B. 每工作日两次工间操，使有些雇员产生怠倦，影响工作效率。
C. 有的雇员坚持业余体育锻炼。
D. 工间操运动量小，不是一种最佳的体育锻炼方式。
E. 一般地说，参加工间操的雇员的工作效率，并不比参加工间操的雇员高。

【答案】A

【解析】题干认为：一个雇员参加工间操的次数越多，其病假就越少，因此建议增加每工作日工间操的次数，从而可以进一步降低雇员的病假率。如果选项 A 为真，则说明该方法没有效果，因为那些休病假的人，大多不参加工间操，无论如何增加工间操的次数，都无法进一步降低雇员的病假率。正确答案为 A。

第四节 习题巩固

1. 市政府计划对全市的地铁进行全面改造，通过较大幅度地提高客运量，缓解沿线包括高速公路上机动车的拥堵，市政府同时又计划增收沿线两条主要高速公路的机动车过路费，用以弥补上述改造的费用，这样的理由是，机动车主是上述改造的直接受益者，应当承担部分开支。

以下哪项相关断定如果为真，最能质疑上述计划？

A. 市政府无权支配全部高速公路机动车过路费收入。
B. 地铁乘客同样是上述改造的直接受益者，但并不承担开支。
C. 机动车有不同的档次，但收取的过路费区别不大。
D. 为躲避多交过路费，机动车会绕开收费站，增加普通公路的流量。
E. 高速公路上机动车拥堵现象不如普通公路严重。

2. 马医生发现，在进行手术前喝高浓度加蜂蜜的热参茶可以使他手术时主刀更稳，用时更短，效果更好。因此，他认为，要么是参，要么是蜂蜜，含有的某些化学成分能帮助他更快更好地进行手术。

以下哪项如果为真，能削弱马医生的上述结论？

Ⅰ. 马医生在喝含高浓度加蜂蜜的热柠檬茶后的手术效果同喝高浓度加蜂蜜的热参茶一样好。
Ⅱ. 马医生在喝白开水之后的手术效果与喝高浓度加蜂蜜的热参茶一样好。
Ⅲ. 洪医生主刀的手术效果比马医生好，而前者没有术前喝高浓度的蜂蜜热参茶的习惯。

A. 只有Ⅰ。　B. 只有Ⅱ。　C. 只有Ⅲ。　D. 只有Ⅰ和Ⅱ。　E. Ⅰ、Ⅱ和Ⅲ。

3. 长盛公司的管理者发现：和同行业其他企业相比，该公司产品的总成本远远高于其他企业，因而在市场上只能以偏高的价格出售，导致竞争力较弱。通过研究，公司决定降低工人工资，使之和同行业企业差不多。

以下哪项如果为真，将使公司的决定见效不大？

A. 长盛公司的产品质量和其他公司的相比，相差无几。

B. 长盛公司的销售费用比其他公司高。

C. 长盛公司员工工资总额只占产品成本的一小部分。

D. 长盛公司的设备比较落后。

E. 长盛公司交货速度不是特别快。

4. 宏达山钢铁公司由 5 个子公司组成。去年，其子公司火龙公司试行与利润挂钩的工资制度，其他子公司则维持原有的工资制度。结果，火龙公司的劳动生产率比其他子公司的平均劳动生产率高出 13%。因此，在宏达山钢铁公司实行与利润挂钩的工资制度有利于提高该公司的劳动生产率。

以下哪项如果为真，最能削弱上述论证？

A. 实行了与利润挂钩的工资制度后，火龙公司从其他子公司挖走了不少人才。

B. 宏达山钢铁公司去年从国外购进的先进技术装备，主要用于火龙公司。

C. 火龙公司是 3 年前组建的，而其他子公司都有 10 年以上的历史。

D. 红塔钢铁公司去年也实行了与利润挂钩的工资制度，但劳动生产率没有明显提高。

E. 宏达山公司的子公司金龙公司去年没有实行与利润挂钩的工资制度，但它的劳动生产率比火龙公司略高。

5. 番茄红素、谷胱甘肽、谷氨酰胺是有效的抗氧化剂，这些抗氧化剂可以中和人体内新陈代谢所产生的自由基。体内自由基过量会加速细胞的损伤从而加速人的衰老。因而为了延缓衰老，人们必须在每天的饮食中添加这些抗氧化剂。

以下哪项如果为真，最能削弱上述论证？

A. 体内自由基不是造成人衰老的唯一原因。

B. 每天运动可有效中和甚至清除体内的自由基。

C. 抗氧化剂的价格普通偏高，大部分消费者难以承受。

D. 缺乏锻炼的超重者在体内极易出现自由基过量。

E. 吸烟是导致体内细胞损伤的主要原因之一。

6. 某校的一项抽样调查显示：该校经常泡网吧的学生中家庭经济条件优越的占 80%，学习成绩下降的也占 80%，因此家庭条件优越是学生泡网吧的重要原因，泡网吧是学习成绩下降的重要原因。

以下哪项如果为真，最能削弱上述论证？

A. 该校位于高档住宅区，学生九成以上家庭条件优越。

B. 经过清理整顿，该校周边网吧管理规范。

C. 有的家庭条件优越的学生并不泡网吧。

D. 家庭条件优越的家长并不赞成学生泡网吧。

E. 被抽样调查的学生占全校学生的 30%。

7. 过去，大多数航空公司都尽量减轻飞机的重量，从而达到节省燃油的目的。那时最安全的飞机座椅是非常重的，因此只安装很少的这类座椅。今年，最安全的座椅卖得最好。这非常明显地证明，现在的航空公司在安全和省油这两方面更倾向重视安全了。

以下哪项如果为真，能够最有力地削弱上述结论？

A. 去年销售量最大的飞机座椅并不是最安全的座椅。
B. 所有航空公司宣称他们比其他公司更加重视安全。
C. 与安全座椅销售不好的年份比，今年的油价有提高。
D. 由于原材料成本提高，今年的座椅价格比以往都贵。
E. 技术创新使今年最安全的座椅反而比一般座椅的重量轻。

8. 自1940年以来，全世界的离婚率不断上升。因此，目前世界上的单亲儿童，即只与生身父母中的某一位一起生活的儿童，在整个儿童中所占的比例，一定高于1940年。

以下哪项关于世界范围内相关情况的断定，如果为真，最能对上述推断提出质疑？

A. 1940年以来，特别是20世纪70年代以来，相对和平的环境和医疗技术的发展，使中青年已婚男女的死亡率极大地降低。
B. 1980年以来，离婚男女中的再婚率逐年提高，但其中的复婚率却极低。
C. 目前全世界儿童的总数，是1940年的两倍以上。
D. 1970年以来，初婚夫妇的平均年龄在逐年上升。
E. 目前每对夫妇所生子女的平均数，要低于1940年。

9. 张教授：在我国大陆架外围海域建设新油井的计划不足取，因为由此带来的收益不足以补偿由此带来的生态破坏的风险。目前我国每年海底石油的产量，还不能满足我国一天石油的需求量，而上述拟建中的新油井，最多只能使这个数量增加0.1%。

李研究员：你的论证不能成立。你能因为新建的防护林不能在一夜之间消灭北京的沙尘暴，而反对实施防护林计划吗？

以下哪项如果为真，最能削弱李研究员的反驳？

A. 在北京周边建防护林，只能防阻沙尘暴，不能根治沙尘暴。
B. 我国在治理沙尘暴方面还缺乏成功的经验。
C. 建防护林不像建海上油井那样能产生直接的经济效益。
D. 建防护林只会保护生态，不会破坏生态。
E. 建防护林不会产生类似于建海上油井所带来的风险。

10. 今年上半年，即从1月到6月间，全国大约有300万台录像机售出。这个数字仅是去年全部录像机销售量的35%。由此可知，今年的录像机销售量一定会比去年少。

以下哪项如果为真，最能削弱以上的结论？

A. 去年的录像机销售量比前年要少。
B. 大多数对录像机感兴趣的家庭已至少备有一台。
C. 录像机的销售价格今年比去年便宜。
D. 去年销售的录像机中有6成是在1月售出的。
E. 一般来说，录像机的全年销售量的70%以上是在年末两个月中完成的。

答案与解析

1. 【答案】D

【解析】题干目的是缓解沿线公路包括高速公路上机动车的拥堵,方法是地铁改造和增收高速公路的过路费。削弱手段当然是割裂方法和目的之间的关系。如果选项 D 为真,则说明实施方法后,虽然能够减少高速公路上的机动车辆,但同时增加了普通公路的流量,并没有从总体上真正的缓解地铁沿线公路上机动车的拥堵问题。这就非常有力地削弱了题干的论证。正确答案为 D。

2. 【答案】B

【解析】马医生根据手术前喝"高浓度加蜂蜜的热参茶"使其手术更加成功,得出"要么是参,要么是蜂蜜"中的化学成分起作用。选项Ⅰ不能削弱其结论,因为选项Ⅰ为真不能说明蜂蜜没有效果;选项Ⅱ如果为真,则说明白开水的效果与蜂蜜热参茶的效果一样,即没有蜂蜜、没有参茶也照样能够取得同样的结果,割裂了蜂蜜、参茶与手术效果好这两者之间的联系,能够削弱题干的论证;选项Ⅲ讲的是洪医生,与马医生的论证与结论没有关系,话题不相关。所以,正确答案为 B。

3. 【答案】C

【解析】公司的目的是降低总成本,方法是降低工人工资。如果选项 C 为真,即工人工资总额只占产品成本的一小部分,则说明通过降低工资来大幅降低总成本这个决定效果不大。正确答案为 C。

4. 【答案】B

【解析】题干论证结构:火龙公司的劳动生产率比其他子公司的平均劳动生产率高出 13%,原因是其实行了与利润挂钩的工资制度。这属于典型的对已知现象进行解释的题型。削弱的思路一般是寻找另外的确定的原因去解释已知的现象。如果选项 B 为真,则说明导致生产率提高的原因是火龙公司使用了先进的生产设备,而其他的公司没有使用。这就是另找他因式削弱。选项 D 讲述的是红塔钢铁公司,和题干论证的话题不一致,为无关选项。选项 E 有一定程度的削弱,但不能否定"实行与利润挂钩的工资制度能提高劳动生产率"。正确答案为 B。

5. 【答案】B

【解析】题干认为,为了延缓衰老,必须添加抗氧化剂,因为抗氧化剂能够中和加速人衰老的自由基。削弱这个论证很简单,只需说明有别的替代方法,则可证明添加抗氧化剂不是必需的。如果选项 B 为真,则说明每天运动即可中和甚至清除自由基。既然有别的方法可以清除自由基,则证明添加抗氧化剂并不是必需的。正确答案为 B。

6. 【答案】A

【解析】由于经常泡网吧的学生中家庭条件优越的占 80%,所以,题干认为,家庭条件优越是学生泡网吧的重要原因。这个论证假设了经常泡网吧的学生中家庭条件优越的占 80%,这个比例是远高于一般不泡网吧的学生的。作为削弱项,应当割裂其证据与结论之间的关系,即 80% 的比例并不高。如果选项 A 为真,则说明这个学校的学生 90% 以上是家庭条件优越的,因此,家庭条件优越并不是学生泡网吧的重要原因。正确答案为 A。这类题目应当引起重视。作为统计推理，其样本中的百分比数字必须和总体中的百分比数字进行比较才能得出比较可靠的结论。比如，98% 的生男孩的父母都有使用移动电话的历史，能否得出"移动电话增加生男孩的可能性"这个结论？如果全世界成年男女中有 98% 的人都有移动电话的历史呢？请认真思考。

7. 【答案】E

【解析】题干认为，今年最安全的座椅卖得最好，由此可以说明现在的航空公司在安全和省油方面更重视安全了。毫无疑问，题干假设"安全的座椅卖得好"与"航空公司重视安全"之间是有关系的。削弱就是割裂两者的联系。如果选项 E 为真，则说明安全的座椅卖得好很可能是出于省油的目的。这是对题干的论证最有力地削弱。正确答案为 E。

8. 【答案】A

【解析】题干认为：由于全世界的离婚率不断上升，所以，目前单亲儿童的比例一定也在上升。在这个论证中，题干假定导致单亲儿童比例变化的唯一因素是离婚率。但是，导致儿童成为单亲儿童的因素还有其父母的死亡率。选项 A 指出了这一点，假如选项 A 为真，则说明 1940 年的离婚率虽然比现在低，但中青年已婚男女的死亡率却大大高于目前，即虽然由父母离异导致的单亲儿童比例比目前低，但由生身父母的死亡导致的单亲儿童比例却可能比目前高，所以，仅仅由于离婚率的上升就得出单亲儿童的比例一定在上升是片面的，有力地削弱了题干的论证。正确答案为 A。

9. 【答案】E

【解析】张教授的结论：目前在我国大陆架外围海域建设新油井不可行，理由是收益不足以补偿由此带来的生态风险。李研究员反驳则用了一个类比论证，认为你不能因为新建的防护林不能一夜之间消灭北京的沙尘暴就反对实施防护林计划，所以，你不能因为新油井的收益不足以补偿生态风险就反对建设新油井的计划。李研究员的反驳假设了一个前提，即建设防护林与建设新油井是类似的。削弱则是寻找这两者之间的差异。选项 E 如果为真，则说明建设防护林与建设海上油井是不同的，建设防护林不会产生类似于建设海上油井所带来的风险，这与题干的话题关键词最接近。选项 D 也有一定的削弱作用，但其话题关键词不如选项 E 这样贴近题干话题，所以，正确答案为 E。

10. 【答案】E

【解析】题干论证结构为，由今年 1—6 月份的录像机销售量仅是去年的 35%，可知今年的录像机销售量一定比去年少。题干论证假设了"每个月的销售量基本一致"。如果选项 E 为真，则说明，年末两个月的销售量占全年的 70%，所以，虽然今年上半年录像机的销售量仅是去年全年的 35%，但全年的销售量却很有可能超过去年。这就削弱了题干的论证。所以，正确答案为 E。

第十三章　解释题型专项训练与提高

第一节　考情分析

解释题型可以视为是特殊的加强或削弱题型，可以将加强和削弱章节部分学习到的方法推广到解释问题中，削弱原有结论，加强现有论证。见表 2-13-1。

表 2-13-1

考试年份	2011	2012	2013	2014	2015	2016	2017	2018	2019	2020
题目数量	3	1	2	2	1	4	1	1	0	0

第二节　考点测评

一、解释现象题型分析能力测评

【例题1】有些人若有一次厌食，会对这次膳食中有特殊味道的食物持续产生强烈厌恶，不管这种食物是否会对身体有利。这种现象可以解释为什么小孩更易于对某些食物产生强烈的厌食。

以下哪项如果为真，最能加强上述解释？

A. 小孩的膳食搭配中含有特殊味道的食物比成年人多。

B. 对未尝过的食物，成年人比小孩更容易产生抗拒心理。

C. 小孩的嗅觉和味觉比成年人敏锐。

D. 和成年人相比，小孩较为缺乏食物与健康的相关知识。

E. 如果讨厌某种食物，小孩厌食的持续时间比成年人更长。

【答案】C

【解析】题干描述了这样的结果：小孩更易于对某些食物产生强烈的厌食。原因：有些人若有一次厌食就会对这种食物的特殊味道产生厌恶，不管这种食物是否会对身体有利。

若 C 项为真，就把题干的因果关系联系了起来，即小孩的嗅觉和味觉比成年人敏锐，同时题干又说明有些人若有一次厌食，会对这次膳食中有特殊味道的食物持续产生强烈厌恶，当然可以很好地解释小孩更易于对某些食物产生强烈的厌食现象。正确答案为 C。

D 项认为小孩比成年人缺乏食物与健康的知识，这不能把题干解释的因果关系联系起来，因为即使小孩和成年人一样具有食物与健康的知识，小孩仍可能容易厌食，所以，D 项不对。

二、解释矛盾题型分析能力测评

【例题2】西双版纳植物园种有两种樱草，一种自花授粉，另一种非自花授粉，即须依靠昆虫授粉。近几年来，授粉昆虫的数量显著减少。另外，一株非自花授粉的樱草所结的种子比自花授粉的要少。显然，非自花授粉樱草的繁殖条件比自花授粉的要差。但是游人在植物园多见的是非自花授粉樱草而不是自花授粉樱草。

以下哪项判定最无助于解释上述现象？

A. 和自花授粉樱草相比，非自花授粉的种子发芽率较高。
B. 非自花授粉樱草是本地植物，而自花授粉樱草是几年前从国外引进的。
C. 前几年，上述植物园中非自花授粉樱草和自花授粉樱草的数量比大约是 5：1。
D. 当两种樱草杂生时，土壤中的养分更易被非自花授粉樱草吸收，这又往往导致自花授粉樱草的枯萎。
E. 在上述植物园中，为保护授粉昆虫免受游客伤害，非自花授粉樱草多植于园林深处。

【答案】E

【解析】题干中的矛盾现象是，一方面，非自花授粉樱草的繁殖条件比自花授粉的要差；但另一方面，游人在植物园多见的是非自花授粉樱草，而不是自花授粉樱草。选项A如果为真，则说明非自花授粉樱草种子发芽率高，能够解释上述现象；选项B如果为真，则本地植物一般多于几年前从国外引进的植物，也能够解释；选项C如果为真，说明在上述植物园中，非自花授粉的樱草远远多于自花授粉的樱草，所以较为多见，能够解释；选项D如果为真，则说明，非自花授粉樱草虽然繁殖条件差，但更容易吸收养分，而自花樱草相对容易死亡，也能够解释。选项E如果为真，非自花授粉樱草多植于园林深处，游客应该更不容易见到，不但不能解释题干现象，反而加深了题干矛盾。所以，选项E最无助于解释题干现象。正确答案为E。

第三节 考点精讲与核心题型

解释题型往往给出一段关于某些事实、现象、统计数据的客观描述，要求对这些事实、现象、数据表面上的矛盾做出合理的解释。

从题型上看，根据关键词一般可分为"最能解释""最不能解释""能解释"和"除了"。

做题技巧：一定要看清题干所给的现象是什么，然后在假定选项为真的情况下，能否合理解释题干所给的现象。在做题的过程中，不需要对选项进行过度发挥和联想，也不需要能够完美解释现象。

如果要求解释矛盾现象，则要求同时解释两个看似矛盾的现象，不能只解释一个方面。

关键：看清现象关键词，看清问题。

【例题】某城市的房地产开发商只能通过向银行直接贷款或者通过预售商品房来筹集更多的开发资金。政府不允许银行增加对房地产行业的直接贷款，结果使得该市的房地产开发商无法筹集到更多的开发资金，因为_____。

以下哪个选项能够合逻辑地完成上述论证？

A. 有的房地产开发商预售商品房后携款潜逃，使得工程竣工遥遥无期。

B. 中央银行取消了商品房预售制度。

C. 建筑施工企业不愿意垫资施工。

D. 部分开发商销售期房后延期交房，使得很多购房者对开发商心存疑惑。

E. 没有人对开发商进行投资。

【答案】B

【解析】根据已知条件，开发商只有两个方法获得资金，现在其中一个方法无法实现，就得出结果：无法筹集更多资金。这就意味着，另一个方法也无法实现。所以，根据题干的条件，正确答案为 B。考生如果做本类题时不联系上下文，进行了过多的、无谓的联想，极容易出错。

第四节 习题巩固

1. 某市一项对健身爱好者的调查表明，那些称自己每周固定进行二至三次健身锻炼的人近两年来由 28% 增加到 35%，而对该市大多数健身房的调查则显示，近两年来去健身房的人数明显下降。

以下各项如果为真，都有助于解释上述看来矛盾的断定，除了：

A. 进行健身锻炼没什么规律的人在数量上明显减少。

B. 健身房出于非正常的考虑，往往少报顾客的人数。

C. 由于简易健身器的出现，家庭健身活动成为可能并逐渐流行。

D. 为了吸引更多的顾客，该市健身房普遍调低了营业价格。

E. 受调查的健身锻炼爱好者只占全市健身锻炼爱好者的 10%。

2. 成品油生产商的利润很大程度上受国际市场原油价格的影响，因为大部分原油是按国际市场价购进的。近年来，随着国际原油市场价格的不断提高，成品油生产商的运营成本大幅度增加，但某国成品油生产商的利润并没有减少，反而增加了。

以下哪项如果为真，最有助于解释上述看似矛盾的现象？

A. 原油成本只占成品油生产商运营成本的一半。

B. 该国成品油价格根据市场供需确定。随着国际原油市场价格的上涨，该国政府为成品油生产商提供相应的补贴。

C. 在国际原油市场价格不断上涨期间，该国成品油生产商降低了个别高薪雇员的工资。

D. 在国际原油市场价格上涨后，除进口成本增加外，成品油生产的其他运营成本也有所提高。

E. 该国成品油生产商的原油有一部分来自国内，这部分受国际市场价格波动影响较小。

3. 得 W 急性病的患者，其血液中的脂肪含量平均水平低于正常人的水平。然而，大多数医生却认为降低血液中的脂肪含量是预防 W 这种急性病的有效方法。

以下哪项如果为真，能对上文中看似自相矛盾的观点做出最适当的解释？

A. 给实验中的动物注射大量的人造脂肪会产生得 W 急性病的某些症状,尽管 W 这种病实际上还没有产生。

B. 只有当导致 W 急性病的介质从患者的血液中吸收大量的脂肪时,W 病才会从慢性而转为急性。

C. 得 W 病的患者血液中的脂肪含量水平在对脂肪的吸收进行限制的饮食结构中,其变化是异常缓慢的。

D. 血液中的脂肪含量水平过高会导致其他与 W 同样严重的疾病。

E. W 急性病有可能使患者血液中的脂肪含量降低。

4. 研究表明,很少服用抗生素的人比经常服用抗生素的人有更强的免疫力。然而,没有证据表明,服用抗生素会削弱免疫力。

以下哪项如果为真,最能解释题干中似乎存在的不一致?

A. 抗生素药物对于治疗病毒引起的疾病没有疗效。

B. 抗生素药物的价格比较贵,病人只在病重时才服用抗生素药物。

C. 尽管抗生素会产生许多副作用,有些人依然不断使用这类药。

D. 免疫力差的人,如果不服用抗生素药物,很难从细菌感染的疾病中恢复过来。

E. 免疫力强的人很少感染上人们通常需要用抗生素进行治疗的疾病。

5. 夜晚点燃艾叶驱蚊曾是龙泉山区引起家庭火灾的重要原因。近年来,尽管使用艾叶驱蚊的人家显著减少,但是,家庭火灾所导致的死亡人数并没有呈现减少的趋势。

以下各项如果为真,都能够解释上述情况,除了:

A. 与其他引起龙泉山区家庭火灾的原因比较,夜晚点燃艾叶引起的火灾所导致的损害相对较小。

B. 夜晚点燃艾叶所导致的火灾一般在家庭成员睡熟后发生。

C. 龙泉人对夜晚点燃艾叶导致火灾的防范意识增加了,但对其他火灾隐患防范并没有加强。

D. 随着生活水平的提高,近年来居室内木质家具和家用电器增多,一旦发生火灾,火势比过去更为猛烈。

E. 现在龙泉山区家庭住宅一般都是相邻而建,因此,一户失火随即蔓延,死亡人数因而比过去增多。

6. 马晓敏是眼科医院眼底手术的一把刀,也是胡城市最好的眼底手术医生。但是,令人费解的是,经马晓敏手术后患者视力获得明显提高的比例较低。

以下哪项如果为真,最有助于解释以上陈述?

A. 眼底手术大多是棘手的手术,需要较长的时间才能完成。

B. 除了马晓敏以外,胡城市眼科医院缺乏能干的眼底手术医生。

C. 除了眼底手术,马晓敏同时精通其他眼科手术。

D. 目前经马晓敏手术后患者视力获得明显提高的比例比过去有所提高。

E. 胡城市眼科医院难治的眼底疾病患者的手术大多数都是由马晓敏医生完成的。

7. 为了更好地理解人类个性的特征及其发展,一些心理学家对动物的个性进行了研究。以下各项如果为真,都能对上述行为提供解释,除了:

A. 人类和动物的行为都产生于类似的本能,但动物的本能较为明显。

B. 对人的某些实验受到法律的限制，但对动物的实验一般不受限制。
C. 和对动物的实验相比，对人的实验的费用较为昂贵。
D. 在数年中可完成对某些动物个体从幼年至老年个性发展的全程观察。
E. 对人的个性的科学理解，能为恰当理解动物的个性提供模式。

8. 巴斯德认为，空气中的微生物浓度与环境状况、气流运动和海拔高度有关。他在山上的不同高度分别打开装着煮过的培养液的瓶子，发现海拔越高，培养液被微生物污染的可能性越小。在山顶上，20个装了培养液的瓶子，只有1个长出了微生物。普歇另用干草浸液做材料重复了巴斯德的实验，却得出不同的结果：即使在海拔很高的地方，所有装了培养液的瓶子都很快长出了微生物。

以下哪项如果为真，最能解释普歇和巴斯德实验所得到的不同结果？
A. 只要有氧气的刺激，微生物就会从培养液中自发地生长出来。
B. 培养液在加热消毒、密封、冷却的过程中会被外界细菌污染。
C. 普歇和巴斯德的实验设计都不够严密。
D. 干草浸液中含有一种耐高温的枯草杆菌，培养液一旦冷却，枯草杆菌的孢子就会复活，迅速繁殖。
E. 普歇和巴斯德都认为，虽然他们用的实验材料不同，但是经过煮沸，细菌都能被有效地杀灭。

9. 2010年某省物价总水平仅上涨2.4%，涨势比较温和，涨幅甚至比2009年回落了0.6个百分点。可是，普通民众觉得物价涨幅较高，一些统计数据也表明，民众的感觉有据可依。2010年某月的统计报告显示，该月禽蛋类商品价格涨幅达12.3%，某些反季节蔬菜涨幅甚至超过20%。

以下哪项如果为真，最能解释上述看似矛盾的现象？
A. 人们对数据的认识存在偏差，不同来源的统计数据会产生不同的结果。
B. 影响居民消费品价格总水平变动的各种因素互相交织。
C. 虽然部分日常消费品涨幅很小，但居民感觉很明显。
D. 在物价指数体系中占相当权重的工业消费品价格持续走低。
E. 不同的家庭，其收入水平、消费偏好、消费结构都有很大的差异。

10. 随着数字技术的发展，音频、视频的播放形式出现了革命性转变。人们很快接受了一些新形式，比如MP3、CD、DVD等。但是对于电子图书的接受并没有达到专家所预期的程度，现在仍有很大一部分读者喜欢捧着纸质出版物。纸质书籍在出版业中依然占据重要地位。因此有人说，书籍可能是数字技术需要攻破的最后一个堡垒。

以下哪项最不能对上述现象提供解释？
A. 人们固执地迷恋着阅读纸质书籍时的舒适体验，喜欢纸张的质感。
B. 在显示器上阅读，无论是笨重的阴极射线管显示器还是轻薄的液晶显示器，都会让人无端地感到心浮气躁。
C. 现在仍有一些怀旧爱好者喜欢收藏经典图书。
D. 电子书显示设备技术不够完善，图像显示速度较慢。
E. 电子书和纸质书籍的柔软沉静相比，显得面目可憎。

答案与解析

1. **【答案】** D

   【解析】 本题属于解释题型中的特殊类型，本题的陷阱主要在问题中的"除了"上，即在五个选项中，有四个选项能够解释上述看起来矛盾的现象，只有一个选项无助于解释题干两个矛盾的现象。对于这种"除了"题型，解题思路一般有两个：一种为排除法，先将有助于解释题干矛盾现象的选项进行排除，那么最无法排除、最无关的选项就很可能是正确答案；另一种为直接去寻找最无关的选项。

   本题的矛盾现象是，一方面"每周固定进行二至三次锻炼的人增加了"，另一方面"近两年来去健身房的人数下降了"。如果 A 项为真，则说明去健身房的人数减少是因为"锻炼没什么规律"的人减少了，能够解释题干矛盾的现象；如果 B 项为真，也能解释矛盾现象，因为少报了人数；C 项如果为真，也能解释题干矛盾现象，因为，虽然锻炼的人多了，但有可能大多数人都不去健身房只在家里锻炼了；E 项如果为真，10% 的样本虽然不多，但仍有可能解释题干矛盾；如果 D 项为真，健身房调低了营业价格，逻辑上的推论应该是去健身房的人数增加，但事实上却是减少，不但不能解释矛盾，反而加深了题干中的逻辑矛盾，是最无助于解释题干矛盾的选项，所以，正确答案为 D。

2. **【答案】** B

   【解析】 本题是解释题型，要求解释矛盾的现象。矛盾的现象：一方面"近年来，随着国际原油市场价格的不断提高，成品油生产商的运营成本大幅度增加"，另一方面"某国成品油生产商的利润并没有减少，反而增加了"。如果 B 项为真，则说明增加的运营成本被政府的补贴所弥补，可以解释其利润没有减少。其余选项均不能确定解释题干中的矛盾现象。正确答案为 B。

   注意：（1）已知的两个看上去矛盾的现象必须都是真的，然后正确选项要能解释它们的合理存在，最好是两个现象都能得到解释；（2）不要对选项进行过多发挥，即不要对其添加题干没有提到的信息；（3）选项要具体关联上述现象，不能是空话或讲大道理的套话。

   A 项如果为真，原油成本只占运营成本的一半，但题干现象"成品油生产商的运营成本大幅度增加"已经是事实，无法解释利润的不下降；C 项的"降低个别高薪雇员的工资"没有确定降多少，不能确定是否能弥补运营成本的大幅度增加，不能解释利润没有减少；D 项会加深题干中的矛盾，因为除进口成本增加外还增加了其他运营成本，更加不能解释利润的增加；E 项如果为真，即便一部分原油来自国内，也不能解释在运营成本增加的时候利润的不减少。

3. **【答案】** B

   【解析】 本题是解释题型。题干有两个看上去矛盾的现象，解释题型首先要看清现象是什么。现象（1）：得 W 急性病的患者，其血液中的脂肪含量平均水平低于正常人的水平。现象（2）：大多数医生却认为降低血液中的脂肪含量是预防 W 这种急性病的有效方法。A 项讲的是动物实验的结果，与话题差异较大，不能解释；B 项如果为真，则说明得 W 急性病会吸收掉血液中的大量脂肪，能解释现象（1），且能说明血液中没有大量脂肪存在时，W 急性病不可能发生，即能解释现象（2）。正确答案为 B。E 项只能解释现象（1），不能解释现象（2），不如 B 项的解释力度大。

4. 【答案】E

【解析】本题是评价论证解释题型，要求解释不一致的两个现象。现象（1）：很少服用抗生素的人比经常服用抗生素的人免疫力更强。现象（2）：不能表明服用抗生素会削弱免疫力。题干的现象（1）是用求异法进行对比，可能得出"服用抗生素"与"免疫力"有关系，但现象（2）认为这个证据得不出此种结论，那说明是有别的原因导致了现象（1），D 项说明正是因为免疫力差，才需要服用抗生素药物；E 项说明是因为免疫力强，才不需要服用抗生素；D 和 E 两项都有可能解释题干的不一致，即不是抗生素影响免疫力高低，而是免疫力高低影响服用抗生素的频率。在两个干扰选项中，应该选择话题关键词与题干最接近的。D 项是"如果"假设，没有"经常服用"字眼；E 项有"很少"这个关键词，E 项如果为真，则解释了为什么现象（1）得不出"服用抗生素"与"削弱免疫力"的关系。正确答案为 E。

5. 【答案】B

【解析】本题是评价论证解释题型，关键词为"除了"。题干的现象一定要看清楚，题干有两个看上去矛盾的现象，"夜晚点燃艾叶驱蚊是引起家庭火灾的重要原因，且近年来使用艾叶驱蚊的人家显著减少"，但"家庭火灾导致的死亡人数没有相应减少"。选项必须能解释"使用艾叶驱蚊人家显著减少"与"家庭火灾导致的死亡人数没有减少"之间的矛盾。A 项可能解释，因为还有别的原因引起家庭火灾；B 项不能解释，因为 B 项没有讲到变化，过去火灾也是在睡熟后发生的，既然用艾叶的人家少了，那么，家庭火灾导致的死亡人数也应该相应减少；C 项可以解释，因为讲到其他火灾隐患没有防范；D 项和 E 项都讲到与过去的差异，可以解释死亡人数没有相应下降。B 项不能解释，正确答案为 B。

6. 【答案】E

【解析】本题是评价论证解释题型。两个不一致的现象：马晓敏是胡城市最好的眼底手术医生，但经过他手术的患者视力提高的比例较低。对于不一致的现象，必须寻找其他的原因来进行解释。如果 E 项为真，则说明他手术水平高，但他的患者得的病更难治，能够很好地解释上述两个现象。正确答案为 E。

7. 【答案】E

【解析】本题是评价论证不能解释题型。已知现象是"为了更好地理解人类个性的特征及其发展，一些心理学家对动物的个性进行了研究"。如果 A 项为真，能解释矛盾，因为两者相似，可以类比研究；B 项可以解释矛盾，因为法律限制了对人的研究；C 项可以解释矛盾，心理学家是出于经济方面的考虑；D 项可以解释矛盾，因为动物研究的时间比较短；E 项无法解释矛盾，题干目的是研究人类的个性，不是研究动物的个性。正确答案为 E。

8. 【答案】D

【解析】本题是评价论证解释题型，需要解释普歇和巴斯德实验所得到的不同结果。解题的关键在于看清楚不同的现象是什么，然后根据题干信息比较这两个不同的现象。巴斯德的实验：在山顶上，20 个装了培养液的瓶子，只有 1 个长出了微生物。普歇的实验：另用干草浸液做材料重复了巴斯德的实验，却得出不同的结果——即使在海拔很高的地方，所有装了培养液的瓶子都很快长出了微生物。不同之处：培养液与干草浸液不同；长出微生物的瓶子数量不同。根据对比，其他情况相同，只有培养液与干草浸液不同，所以，如果 D 项为真，则说明干草浸液一旦冷却会大量繁殖细菌，最能解释这两个不同的现象。正确答案为 D。

9.【答案】D

【解析】本题是解释题型，要求解释矛盾的现象。矛盾的现象：2010 年，某省物价总水平仅上涨 2.4%，涨势温和；普通民众感受涨幅较高，禽蛋、蔬菜等涨幅超过 12.3%。如果 D 项为真，则可以解释总物价水平上涨很少，而百姓感受却相反，因为工业消费品价格走低使得总物价水平涨幅不高，但每天要买的禽蛋、蔬菜的价格涨幅过高，感受明显。其余选项均不能确定解释题干中看似矛盾的现象。注意：(1)已知的两个看上去矛盾的现象必须都是真的，然后选项为真能解释它们的合理存在，两个现象最好都要能解释。不要对选项进行过多发挥，不要对选项添加题干没有提到的信息；(2)选项要具体关涉上述现象，不能是空话或大道理的套话。例如 A 项，并不能确定说明上述两个数据来源不同。正确答案为 D。

10.【答案】C

【解析】本题是最不能解释题型，凡是能解释的选项，都排除掉。找不能解释现象的，或者无关的，或者加深了矛盾现象的选项。题干的现象是"电子图书的接受并没有达到专家所预期的程度，现在仍有很大一部分读者喜欢捧着纸质出版物，纸质书籍在出版业中依然占据重要地位"。A 项如果为真，能解释"很大一部分读者喜欢捧着纸质出版物"；B 项如果为真，能解释纸质书籍的存在；C 项如果为真，说明有人喜欢收藏经典图书，注意，这是收藏、怀旧，是对已经出版了的纸质书籍进行收藏，不能解释"纸质书籍在出版业中依然占据重要地位"；D 项通过对电子图书的缺点来解释纸质书籍占据重要地位；E 项同 D 项思路。只有 C 项不能解释为什么现在出版业还有大量的纸质书籍。正确答案为 C。

高分突破篇

第一章　形式逻辑高分突破
第二章　综合推理高分突破
第三章　论证逻辑高分突破

考点分析： 本部分为高分突破篇，是核心性质的考试内容介绍。高分突破篇帮助考生通过学习书中的方法和习题演练达到提高分数、通过应试的目的。

时间安排： 本部分是教学性质的内容，建议考生用 4 天的时间通读。在通读过程中，考生重在获悉联考逻辑的应试方法。

第一章　形式逻辑高分突破

第一节　形式逻辑方法技巧汇总

一、性质命题对当关系结论总结

1. 性质命题基本类型

表 3-1-1

判断类型	一般形式	符号表示
全称肯定命题	所有的 S 都是 P	SAP
全称否定命题	所有的 S 都不是 P	SEP
特称肯定命题	有的 S 是 P	SIP
特称否定命题	有的 S 不是 P	SOP
单称肯定命题	S_1 是 P	SaP
单称否定命题	S_1 不是 P	SeP

2. 性质命题对当关系真值表

表 3-1-2

	全称肯定	特称肯定	单称肯定	全称否定	特称否定	单称否定
全称肯定为真	真	真	真	假	假	假
全称肯定为假	假	不确定	不确定	不确定	真	不确定
特称肯定为真	不确定	真	不确定	假	不确定	不确定
特称肯定为假	假	假	假	真	真	真
单称肯定为真	不确定	真	真	假	不确定	假
单称肯定为假	假	不确定	假	不确定	真	真
全称否定为真	假	假	假	真	真	真
全称否定为假	不确定	真	不确定	假	不确定	不确定
特称否定为真	假	不确定	不确定	不确定	真	不确定
特称否定为假	真	真	真	假	假	假
单称否定为真	假	不确定	假	不确定	真	真
单称否定为假	不确定	真	真	假	不确定	假

说明：此表表示当已知主项和谓项一致的性质命题六种基本类型中任意一种的真假情况时，则可以根据它们之间的对当关系来判断出另外五种的真假情况。

例如，表格第三行表示：当一个全称肯定命题为假时，与其主谓一致的特称肯定命题真假不确定，单称肯定命题真假不确定，全称否定命题真假不确定，特称否定命题为真，单称否定命题真假不确定。

例如，当已知"所有的人都是大学生"为假时，"有的人是大学生"真假不确定，"小明是大学生"真假不确定，"所有的人都不是大学生"真假不确定，"有的人不是大学生"为真，"小明不是大学生"真假不确定。

二、三段论结论总结

1. 当"有的 S 是 P"为真时可得"有的 P 是 S"为真

例如，当"有的大学生是党员"为真可得"有些党员是大学生"为真。

2. 当"所有的 S 都是 P"为真时，可以得出五个一定为真的结论

（1）有的 S 是 P；
（2）有的 P 是 S；
（3）所有非 P 都不是 S；
（4）有的非 P 不是 S；
（5）有些非 S 不是 P。

例如，当"所有的鸟都会飞"为真时，可得以下五个一定为真的结论：

（1）有的鸟会飞；
（2）有的会飞的是鸟；
（3）所有不会飞的都不是鸟；
（4）有的不是鸟的不会飞；
（5）有的不会飞的不是鸟。

3. 三段论标准形式

（1）当"所有的 A 都是 B，所有的 B 都是 C"为真时，可得："所有的 A 都是 C"为真。比如，已知："所有的大雁都是鸟，所有的鸟都会飞"为真，则可得出："所有的大雁都会飞"为真。

（2）当"有的 A 是 B，所有的 B 都是 C"为真时，（1）（2）联合可得：有的 A 是 C 为真。例如，已知："有的大学生是党员，所有党员都是先进分子"为真，可得"有的大学生是先进分子"为真。

上述两种形式为有效三段论的标准形式，考试中出现的三段论题目均需转化为标准形式以后再进行分析，无法转化为标准形式的，其结论均不可确定。

三、模态命题结论总结

1. 标准模态词

可能、可能不、必然、必然不

2. 标准模态命题（P 为任一命题）

可能 P   例如，明天可能下雨
可能不 P   例如，明天可能不下雨
必然 P   例如，明天必然下雨
必然不 P   例如，明天必然不下雨

3. 模态命题矛盾关系

可能 P 与必然不 P   例如，明天可能下雨与明天必然不下雨
必然 P 与可能不 P   例如，明天必然下雨与明天可能不下雨

4. 模态命题等价关系

可能 P = 不必然不 P   例如，明天可能下雨 = 明天不必然不下雨
可能不 P = 不必然 P   例如，明天可能不下雨 = 明天不必然下雨
必然 P = 不可能不 P   例如，明天必然下雨 = 明天不可能不下雨
必然不 P = 不可能 P   例如，明天必然不下雨 = 明天不可能下雨

四、联言命题、选言命题、假言命题结论总结

1. 联言命题标志词和符号化

常见的联言命题标志词有："和""且""既……又……""不但……而且……""不仅……还""虽然……但是"。

通常用"A ∧ B"来表示"A 且 B"。

例如，"今天又刮风又下雨"可表示为"刮风∧下雨"。

2. 选言命题标志词和符号化

常见的联言命题标志词有："或者""或者……或者……""至少""要么……要么……"。

通常用"A ∨ B"来表示"A 或 B"。

例如，"中午吃米饭或者吃面条"可表示为"米∨面"。

注：将命题进行符号化的目的在于解题便利，提高答题速度，因此，考生在进行题干信息符号化越简单越好，自己能看明白就行，不需要将题干中的命题整体放入符号。

3. 假言命题标志词和符号化

（1）充分条件假言命题标志词和符号化

常见的充分条件假言命题标志词有："只要……就……""如果……那么……""要……就要……""……是因为……"。

通常用"A → B"来表示"A 是 B 的充分条件"，读作 A 推出 B。

例如，"只要下雨，就打伞"可表示为"下雨→打伞"；"如果宏达公司中标，那么和亚鹏公司不可能中标"可表示为"宏达中→亚鹏不中"；"要想练就绝世武功，就要忍受常人难忍受的痛"可表示为"练就→忍痛"，"一个人没能守住道德的底线，是因为他首先丧失了崇高的信仰"可表示为"没守→丧失"。

（2）必要条件假言命题标志词

常见的必要条件假言命题标志词有："只有……才……""基础""前提"。

通常用"A→B"来表示"B 是 A 的必要条件",读作 A 推出 B。

例如,"只有下雨,才打伞"可表示为"打伞→下雨";"道德教育是人文教育的基础"可表示为"人文→道德";"稳定是发展的前提"可表示为"发展→稳定"。

注:当两个命题之间有推出关系时,即当"A→B"成立时,A 为 B 的充分条件,B 为 A 的必要条件,因此,考生无需将充分条件假言命题与必要条件假言命题区分开来分析,只需搞清楚其中的推出关系即可。

(3)"除非……否则……"的符号化

"除非 A,否则 B""A,除非 B""A,否则 B"的符号化处理方式均为"非 A→B"或者"非 B→A"。但要注意除了"除非""否则"这两个词以外的其他所有内容都划归入命题 A 和命题 B。

例如,"除非下雨,否则不打伞"中命题 A="下雨",命题 B="不打伞",按照"非 A→B"应符号化处理为"不下雨→不打伞",按照"非 B→A"应符号化处理为"打伞→下雨"。

4. 假言命题基本结论

当确定了两个命题之间存在推出关系时有以下结论成立。

当"A→B"为真时可得:

肯定前件必肯定后件;

否定后件必否定前件;

否定前件后不定;

肯定后件前不定。

此处的"前"和"后"指的是"→"的前面和后面,在"A→B"中 A 就是"前",B 就是"后"。

肯定前件必肯定后件,是指:当 A 为真时,可得 B 为真;

否定后件必否定前件,是指:当 B 为假时,可得 A 为假;

否定前件后不定,是指:当 A 为假时,可得 B 真假不确定;

肯定后件前不定,是指:当 B 为真时,可得 A 真假不确定。

例如,当已知"只要下雨就打伞"为真时,可符号为"下雨→打伞",基本结论表现为:

若"下雨"为真,则可得"打伞"为真;

若"打伞"为假(即不打伞),则可得"下雨"为假(即不下雨);

若"下雨"为假(即不下雨),则可得"打伞"真假不确定(即不确定是否打伞);

若"打伞"为真,则可得"下雨"真假不确定(即不确定是否下雨)。

5. 等价关系

A→B= 非 B→非 A= 非 A∨B

6. 矛盾关系

A∧B 与非 A∨非 B、A∨B 与非 A∧非 B、A→B 与 A∧非 B

7. 充要条件

若"A→B"和"B→A"同时成立,记作:A↔B,那么 A 和 B 互为充分必要条件,简称充要条件。

常见充要条件标志词：当且仅当。

当 A 和 B 互为充要条件时，有以下结论成立：

当 A 为真时，可得 B 为真；

当 A 为假时，可得 B 为假；

当 B 为真时，可得 A 为真；

当 B 为假时，可得 A 为假。

例如，已知"股票 A 上涨当且仅当股票 B 上涨"可得出以下结论：

当股票 A 上涨时，可得股票 B 上涨；

当股票 A 不上涨时，可得股票 B 不上涨；

当股票 B 上涨时，可得股票 A 上涨；

当股票 B 不上涨时，可得股票 A 不上涨。

第二节　形式逻辑过关测试

1. 在某校新当选的校学生会的七名委员中，有一个大连人，两个北方人，一个福州人，两个特长生（有特殊专长的学生），三个贫困生（有特殊经济困难的学生）。

假设上述介绍涉及了该学生会中的所有委员，则以下各项关于该学生会委员的断定都与题干不矛盾，除了：

A. 两个特长生都是贫困生。

B. 贫困生不都是南方人。

C. 特长生都是南方人。

D. 大连人是特长生。

E. 福州人不是贫困生。

2. 某个饭店中，一桌人边用餐边谈生意。其中，一个人是哈尔滨人，两个人是北方人，一个人是广东人，两个人只做电脑生意，三个人只做服装生意。

假设上述介绍涉及餐桌上所有的人，那么，餐桌上最少可能是几个人？最多可能是几个人？

A. 最少可能是 3 人，最多可能是 9 人。　　B. 最少可能是 5 人，最多可能是 8 人。

C. 最少可能是 5 人，最多可能是 9 人。　　D. 最少可能是 3 人，最多可能是 8 人。

E. 最少可能是 8 人，最多不能确定。

3. 某交响乐团招聘新团员，拟录用名单共有 9 人。其中，有三个南方人，一个男士，两个 20 岁，两个近视眼，一个女士，一个广西人，还有一个北方人。以上介绍涉及全部成员。

以下各项断定都有可能解释以上陈述，除了：

A. 一个女士是北方人。　　B. 两个 20 岁的人都是近视眼。

C. 一个男士是北方人。　　D. 一个女士是广西人。

E. 一个男士不是近视眼。

4. 出席学术讨论会的有三个足球爱好者，四个亚洲人，两个日本人，五个商人。以上叙述涉及所有参加者，其中日本人不经商。那么，参加学术讨论会的人数是：
A. 最多 14 人，最少 5 人。
B. 最多 14 人，最少 7 人。
C. 最多 12 人，最少 7 人。
D. 最多 12 人，最少 5 人。
E. 最多 12 人，最少 8 人。

5～6 题基于以下题干：

某次讨论会共有 18 名参与者。已知：
（1）至少有 5 名青年教师是女性；
（2）至少有 6 名女教师年过中年；
（3）至少有 7 名女青年是教师。

5. 根据上述信息，关于参与人员可以得出以下哪项？
A. 有些女青年不是教师。
B. 有些青年教师不是女性。
C. 青年教师至少有 11 名。
D. 女教师至少有 13 名。
E. 女青年至多有 11 名。

6. 如果上述三句话两真一假，那么关于参与人员可以得出以下哪项？
A. 女青年都是教师。
B. 青年教师都是女性。
C. 青年教师至少有 5 名。
D. 男教师至多有 10 名。
E. 女青年至少有 7 名。

7. 在对某生产事故原因的民意调查中，70% 的人认为是设备故障；30% 的人认为是违章操作；25% 的人认为原因不清，需要深入调查。

以下哪项最能合理地解释上述看似矛盾的陈述？
A. 被调查的有 125 个人。
B. 有的被调查的人改变了自己的观点。
C. 有的被调查者认为事故的发生既有设备故障的原因，也有违章操作的原因。
D. 很多认为原因不清的被调查者实际上有自己的倾向性判断，但不愿意透露。
E. 调查的操作出现技术性差错。

8. 学年末，某中学初一年级进行了学年评定，有些学生干部当上了区三好学生，有些学生入了团。在推选共青团员的活动中，所有校三好学生都递交了入团申请，所有区三好学生都没有写入团申请。

如果以上断定为真，则以下哪项也必定为真？
A. 所有学生干部都是三好学生。
B. 有些学生干部递交了入团申请。
C. 所有团员都是校三好学生。
D. 有些学生不是校三好学生。
E. 并非所有校三好学生都是学生干部。

9. 鲁迅的著作不是一天能读完的，《狂人日记》是鲁迅的著作，因此，《狂人日记》不是一天能读完的。

下列哪项最为恰当地指出了上述推理的逻辑错误？
A. 偷换概念。
B. 自相矛盾。
C. 以偏概全。
D. 倒置因果。
E. 循环论证。

10. 有人说："哺乳动物都是胎生的。"以下哪项最能驳斥以上判断？

A. 也许有的非哺乳动物是胎生的。　B. 可能有的哺乳动物不是胎生的。
C. 没有见到过非胎生的哺乳动物。　D. 非胎生的动物不大可能是哺乳动物。
E. 鸭嘴兽是哺乳动物，但不是胎生的。

11. 桌子上有四个箱子，每个箱子上写着一句话。第一个箱子：所有的箱子中都有伊丽莎白的照片。第二个箱子：本箱子中有沙拉布莱曼的唱片。第三个箱子：本箱子中没有多明戈的签名CD。第四个箱子：有些箱子中没有伊丽莎白的照片。

如果其中只有一句真话，那么以下哪项为真？

A. 所有的箱子中都有伊丽莎白的照片。
B. 所有的箱子中都没有伊丽莎白的照片。
C. 所有的箱子中都没有沙拉布莱曼的唱片。
D. 第三个箱子中有多明戈的签名CD。
E. 第二个箱子中有沙拉布莱曼的唱片。

12. 在商学院硕士研究生第二学期的"人力资源与管理"课程期末考试后，学习委员想从老师那里打听成绩。学习委员说："老师，这次考试不太难，我估计我们班同学的成绩都在80分以上吧。"老师说："你的前半句话没错，后半句不对。"

根据老师的意思，下列哪项必为事实？

A. 多数同学的成绩在80分以上，有少数同学的成绩在60分以下。
B. 有些同学的成绩在80分以上，有些同学的成绩在80分以下。
C. 这次考试太容易，全班同学的考试成绩都在95分以上。
D. 这次考试太难，多数同学的考试成绩都在79分以下。
E. 如果研究生的课程85分才算及格，肯定有的同学成绩不及格。

13. 并非有的运动员有时竞技状态不好。如果上述断定为真，则以下哪项必假？

A. 所有的运动员在某一时刻竞技状态都好。
B. 并非所有的运动员在任何时刻的竞技状态都好。
C. 某个运动员在所有的时刻竞技状态都好。
D. 每个运动员在任何时刻竞技状态都好。
E. 有时有的运动员竞技状态良好。

14. 北大川鹰社的周、吴、郑、王中有且只有一人登上过卓奥友峰，记者采访他们时，他们说了以下的话。

周：登上卓奥友峰的是队员郑。
郑：我还没有参加过任何登山活动。
吴：我虽然也参加了那次登山活动，但没有登顶。
王：我是队员吴的候补，如果他没登顶就是我登顶了。如果他们中只有一个人说错了，则以下哪项必然成立？

A. 郑登上过卓奥友峰。　　　　　B. 吴或者周登上过卓奥友峰。
C. 王登上过卓奥友峰。　　　　　D. 不能推出谁登上过卓奥友峰。
E. 北大川鹰社的其他队员也登上过卓奥友峰。

15. 政治记者汤姆分析了近十届A国总统的各种讲话和报告，发现其中有不少谎话。

因此，汤姆推断：所有参加竞选 A 国总统的政治家都是不诚实的。

以下哪项和汤姆推断的意思是一样的？

A. 不存在诚实的参加竞选 A 国总统的政治家。

B. 不存在不诚实的参加竞选 A 国总统的政治家。

C. 所有政治家都是不诚实的。

D. 不是所有参加竞选 A 国总统的政治家都是诚实的。

E. 有些参加竞选 A 国总统的政治家是诚实的。

16. 所有的三星级饭店都搜查过了，没有发现犯罪嫌疑人的踪迹。如果上述断定为真，则在下面四个断定中可确定为假的是：

Ⅰ. 没有三星级饭店被搜查过。

Ⅱ. 有的三星级饭店被搜查过。

Ⅲ. 有的三星级饭店没有被搜查过。

Ⅳ. 犯罪嫌疑人躲藏的三星级饭店已被搜查过。

A. Ⅰ和Ⅱ。　　　　B. Ⅰ和Ⅲ。　　　　C. Ⅱ和Ⅲ。

D. Ⅰ、Ⅲ和Ⅳ。　　E. Ⅰ、Ⅱ、Ⅲ和Ⅳ。

17. 李老师说："并非丽丽考上了清华大学并且明明没有考上南京大学。"如果李老师说的为真，则以下哪项可能为真？

Ⅰ. 丽丽考上了清华大学，明明考上了南京大学。

Ⅱ. 丽丽没考上清华大学，明明没考上南京大学。

Ⅲ. 丽丽没考上清华大学，明明考上了南京大学。

Ⅳ. 丽丽考上了清华大学，明明没有考上南京大学。

A. Ⅰ、Ⅱ和Ⅲ。　　B. Ⅰ和Ⅱ。　　　　C. Ⅱ和Ⅲ。

D. Ⅱ、Ⅲ和Ⅳ。　　E. Ⅰ、Ⅱ、Ⅲ和Ⅳ。

18. 在某餐馆中，所有的菜或者属于川菜系或者属于粤菜系，张先生的菜中有川菜，因此张先生的菜中没有粤菜。

以下哪项最能增强上述论证？

A. 餐馆规定，点粤菜就不能点川菜，反之亦然。

B. 餐馆规定，如果点了川菜，可以不点粤菜，但点了粤菜，一定也要点川菜。

C. 张先生是四川人，只喜欢川菜。

D. 张先生是广东人，他喜欢粤菜。

E. 张先生是四川人，最不喜欢粤菜。

19. 甲说乙胖，乙说丙胖，丙和丁都说自己不胖。如果四人陈述只有一人错，那么谁一定胖？

A. 仅甲。　　　　　B. 仅乙。　　　　　C. 仅丙。

D. 仅乙和丙。　　　E. 仅甲、乙和丙。

20. 在潮湿的气候中仙人掌很难成活，在寒冷的气候中柑橘很难生长。在某省的大部分地区，仙人掌和柑橘至少有一种不难成活生长。

如果上述断定为真，则以下哪项一定为假？

A. 该省的一半地区,既潮湿又寒冷。

B. 该省的大部分地区炎热。

C. 该省的大部分地区潮湿。

D. 该省的某些地区既不寒冷也不潮湿。

E. 柑橘在该省的所有地区都无法生长。

21. 只要小王能评上教授,同时老雷没有评上研究员,大李一定会评上教授。

如果以上判断为真,那么,加上以下哪项为前提,可得出老雷评上研究员的结论?

A. 小王和大李都评上了教授。

B. 小王评上了教授,大李没有评上教授。

C. 小王没有评上教授,大李评上了教授。

D. 肯定有人没参加职称评定。

E. 小王没有评上教授,大李也没有评上研究员。

22. 如果小张考试及格并且大田考试不及格,则小娜考试一定不及格。

如果以上命题是真的,那么再加上以下哪项为前提,可以得出大田考试及格了的结论?

A. 小张考试及格而大田考试不及格。

B. 小张与小娜考试都不及格。

C. 有人没参加考试。

D. 小张考试不及格而小娜考试及格。

E. 小张与小娜考试都及格了。

23. 如果品学兼优,就能获得奖学金。

假设以下哪项,能依据上述断定得出结论:李桐学习欠优?

A. 李桐品行优秀,但未获得奖学金。

B. 李桐品行优秀,并且获得了奖学金。

C. 李桐品行欠优,未获得奖学金。

D. 李桐品行欠优,但获得了奖学金。

E. 李桐并非品学兼优。

24. 某篮球队教练规定,如果1号队员上场,而且3号队员没有上场,那么,5号与7号队员中至少要有一人上场。

如果教练的规定被贯彻执行了,则1号队员没有上场的充分条件是:

A. 3号队员上场,5号、7号队员没上场。

B. 3号队员没上场,5号、7号队员上场。

C. 3号、5号、7号队员都没上场。

D. 3号、5号、7号队员都上场了。

E. 3号、5号队员上场,7号队员没上场。

25. 英国牛津大学充满了一种自由讨论、自由辩论的气氛,质疑、挑战成为学术研究的常态。以至有这样的夸张说法:你若到过牛津大学,你就永远不可能再相信任何人所说的任何一句话了。

如果上面的陈述为真,则以下哪项陈述必定为假?

A. 你若到过牛津大学，你就永远不可能再相信爱因斯坦所说的任何一句话。

B. 你到过牛津大学，但你有时仍可能相信有些人所说的有些话。

C. 你若到过牛津大学，你必然不再相信任何人所说的任何一句话。

D. 你若到过牛津大学，你就必然不再相信有些人所说的有些话。

E. 你或者没有到过牛津大学，或者永远不可能再相信任何人所说的任何一句话。

26. 美国射击选手埃蒙斯是赛场上的"倒霉蛋"。在2004年雅典奥运会男子步枪决赛中，他在领先对手3环的情况下将最后一发子弹打到了别人的靶上，失去即将到手的奖牌。然而，他却得到美丽的捷克姑娘卡特琳娜的安慰，最后赢得了爱情。这真是应了一句俗语：如果赛场失意，那么情场得意。

如果这句俗语是真的，以下哪项陈述一定是假的？

A. 赛场和情场皆得意。

B. 赛场和情场皆失意。

C. 只有赛场失意，才会情场得意。

D. 只有情场失意，才会赛场得意。

E. 如果赛场失意，则情场不得意。

27. 中国民营企业家陈光标在四川汶川大地震发生后，率先带着人员和设备赶赴灾区实施民间救援。他曾经说过："如果你有一杯水，你可以独自享用；如果你有一桶水，你可以存放家中；如果你有一条河流，你就要学会与他人分享。"

以下哪项陈述与陈光标的断言发生了最严重的不一致？

A. 如果你没有一条河流，你就不必学会与他人分享。

B. 我确实拥有一条河流，但它是我的，我为什么要学会与他人分享？

C. 或者你没有一条河流，或者你要学会与他人分享。

D. 如果你没有一桶水，你也不会拥有一条河流。

E. 如果我有一条河流，那么我就自己独自拥有它。

28. 如果甲和乙都没有考试及格的话，那么丙一定及格了。

上述前提再增加以下哪项，就可以推出甲考试及格了的结论？

A. 丙及格了。　　　　　　B. 丙没有及格。

C. 乙没有及格。　　　　　D. 乙和丙都没有及格。

E. 乙和丙都及格了。

29. 对当代学生来说，德育比智育更重要。学校的课程设计如果不注意培养学生的完美人格，那么，即使用高薪聘请著名的专家、教授，也不能使学生在面临道德伦理、价值观念挑战的21世纪脱颖而出。

以下各项关于当代学生的断定都符合上述断定的原意，除了：

A. 学校的课程设计只有注重培养学生的完美人格，才能使当代学生取得成就。

B. 如果当代学生在21世纪脱颖而出，那一定是对他们注重了完美的人格的教育。

C. 不能设想学生在面临道德伦理、价值观念挑战的21世纪脱颖而出，而他的人格却不完善。

D. 除非注重完美的人格培养，否则21世纪的学生难以脱颖而出。

E. 即使不能用高薪聘请著名的专家、教授，学校的课程设计只要注重培养学生的完美人格，当代学生就能在 21 世纪脱颖而出。

30. 麦老师：只有博士生导师，才能担任学校"高级职称评定委员会"评委。

宋老师：不对。董老师是博士生导师，但不是"高级职称评定委员会"评委。宋老师的回答说明他将麦老师的话错误地理解为：

A. 有的"高级职称评定委员会"评委是博士生导师。

B. 董老师应该是"高级职称评定委员会"评委。

C. 只要是博士生导师，就是"高级职称评定委员会"评委。

D. 并非所有的博士生导师都是"高级职称评定委员会"评委。

E. 董老师不是学科带头人，但他是博士生导师。

答案与解析

1. 【答案】A

【解析】本题是概念间关系题型。一个大连人 + 两个北方人 = 2（人），因为大连人是北方人，这两个概念为包含关系。所以，题干所有条件加起来的人数是 8 人。用能介绍 8 人的资料去介绍学生会的 7 名委员，当然可以涉及全部委员。但如果 A 选项为真，则意味着两个特长生 + 三个贫困生 = 3（人），那么全部的资料就只能介绍 6 人，无法涉及学生会的 7 名委员。所以，如果选项 A 真，则会使题干资料不能介绍学生会的 7 名委员，与题干矛盾。正确答案为 A。

2. 【答案】B

【解析】本题是概念间关系题型。哈尔滨人包含在北方人中，广东人与北方人没有交集，可推出"一个人是哈尔滨人，两个人是北方人，一个人是广东人"这些资料介绍了 3 人；只做电脑生意的 2 人与只做服装生意的 3 人没有交集，为全异关系，可推出 5 人。所以，如果按地区划分的 3 人与做生意的 5 人重叠，则餐桌上最少 5 人；如果除哈尔滨人与北方人有重叠外，其余人身份没有重叠，则餐桌上最多 8 人。正确答案为 B。

3. 【答案】B

【解析】本题是概念间关系题型。一个广西人包括在三个南方人当中，所以，题干资料最多能涉及 10 人。如果选项 B 为真，则题干资料最多能涉及 8 人，就无法涉及录用的全部人员 9 人。正确答案为 B。

4. 【答案】C

【解析】本题是推出结论题型，根据概念间关系进行集合运算。已知两个日本人都是亚洲人，如果三个足球爱好者、五个商人和这四个亚洲人都不交叉，则参加学术讨论会的人数最多 12 人。由于两个日本人不经商，即这两个日本人和五个商人之间为全异关系，所以参加学术讨论会的人数最少 7 人。正确答案为 C。

5. 【答案】D

【解析】本题是推出结论题型。已知：（1）至少有 5 名青年教师是女性；（2）至少有 6 名女教师年过中年；（3）至少有 7 名女青年是教师。条件（2）中的"6 名中年女教师"和条件（3）中的"7 名青年女教师"为全异关系，没有交集，所以女教师至少为 13 名。正确答案为 D。

6. 【答案】C

【解析】本题是真假话题型。先找出矛盾关系或反对关系，如果没有，则找差等关系进行假设代入。根据三句话只有一假，假设条件（1）假，则推出条件（3）假，这样就有两句话为假，与已知条件"只有一假"矛盾，说明假设条件（1）假是错误的，所以推出条件（1）真。由"至少有5名青年教师是女性"可以推出：青年教师至少有5名。正确答案为 C。

7. 【答案】C

【解析】本题是解释题型。题干给了一个看似矛盾的陈述：三种观点的比例加起来超过100%。选项 C 最能解释这个现象，因为这几种观点可以交叉。正确答案为 C。

8. 【答案】D

【解析】本题是推出结论题型。题干中有"所有""有些"等标志词，可以用欧拉图解题，也可以用推理解题。已知条件：（1）有些学生干部当上了区三好学生；（2）有些学生入了团；（3）所有校三好学生都递交了入团申请；（4）所有区三好学生都没有写入团申请。

根据条件(1)和条件(4)可得出：有些学生干部没有写入团申请。再根据条件（3）可得出：有些学生干部不是校三好学生。而学生干部肯定是学生，所以，正确答案为 D。

要特别注意 E 项。"并非所有校三好学生都是学生干部"等价于"有些校三好学生不是学生干部"。根据条件（3）和条件（4）可知：所有区三好学生都不是校三好学生。再根据条件（1）得出：有些学生干部不是校三好学生。记住，"有些 S 不是 P"不能推出"有些 P 不是 S"，即"有些……不是……"不能倒过来说。

9. 【答案】A

【解析】题型：指出论证缺陷。考点：三段论及概念界定。

题干为三段论的结构形式。根据逻辑要求，在同一个论证过程中，同一个概念的内涵与外延必须保持一致，不能偷换概念。而题干"鲁迅的著作不是一天能读完的"中的"鲁迅的著作"是集合概念，"不是一天能读完"是鲁迅的著作加起来的集合整体才具有的属性，其中的个体不一定具有；而题干"《狂人日记》是鲁迅的著作"中的"鲁迅的著作"为非集合概念。

10. 【答案】E

【解析】题干为全称肯定命题，它的矛盾命题的削弱力度最强。全称肯定命题与特称否定命题之间为矛盾关系。选项 E 为反例，说明至少存在一个哺乳动物不是胎生的。本题较容易，考生靠直觉也能做对。另外，请注意："可能"的削弱力度较弱。正确答案为 E。

11. 【答案】D

【解析】本题是真假话题型。考点：性质命题。

真假话题型的解题思路：先找有矛盾关系的一对命题。第一个和第四个箱子上的话为矛盾关系，必有一真一假。已知"只有一句真话"，则第二个和第三个箱子上的话都是假的，所以，第三个箱子上的话"本箱子中没有多明戈的签名CD"为假话，即第三个箱子中有多明戈的签名CD，正确答案为 D。

12. 【答案】E

【解析】本题是推出结论题型，考查性质命题的推理。

已知"我们班同学的成绩都在80分以上"为假，则推出"我们班同学至少有人的成绩不在 80 分以上"，即一定有同学的成绩小于或等于 80 分。所以，选项 E 一定真。正确答案为 E。

选项 A 不一定真，因为"多数""少数"这种描述根据已知条件不能推出。选项 B 不一定真，因为已知"有的同学的成绩不在 80 分以上"，不能确定"有的同学的成绩在 80 分以上"为真，两者为下反对关系。特别注意"有些 S 不是 P"的意思是"至少存在一个 S 不是 P"，并不必然推出"有些 S 是 P"。而且选项 B 的后半句也不一定对，已知"我们班同学的成绩都在 80 分以上"为假，则推出"我们班同学至少有人的成绩不在 80 分以上"，即一定有同学的成绩小于或等于 80 分。注意：小于或等于，不一定是小于，也可能大家的成绩都等于 80 分。

13. 【答案】B

【解析】本题是推出结论题型，考查性质命题负命题考点。"并非有的运动员有时竞技状态不好"等价于"所有的运动员任何时候竞技状态都好"。此命题与选项 B 矛盾，所以选项 B 必定为假。正确答案为 B。

14. 【答案】C

【解析】本题是真假话题型。周、郑的话不能同真，必定有一假，由于已知"只有一个人说错了"，所以吴、王的话都是真的，则吴没有登顶。再根据王的话为真，推出王登顶。正确答案为 C。

15. 【答案】A

【解析】本题是推出结论题型，考查性质命题的等价表达。选项 A 的意思是"诚实的参加竞选 A 国总统的政治家"是不存在的，即所有参加竞选 A 国总统的政治家都是不诚实的。正确答案为 A。

16. 【答案】B

【解析】本题是推出结论题型。考点：性质命题。

本题考查性质命题之间的真假关系。已知全称肯定命题"所有的三星级饭店都搜查过了"为真，则复选项 I "没有三星级饭店被搜查过"必为假，因为它们为反对关系；题干的矛盾关系"有的三星级饭店没有被搜查过"也必为假，即复选项 III 为假；而"有的三星级饭店被搜查过"必为真，即复选项 II 为真，因为"所有的 S 是 P"包含"有的 S 是 P"，它们之间为差等关系。复选项 IV 有一定的干扰力度，前提已知的是"没有发现"，并不等于"没有躲藏"。只要躲藏的是"三星级"饭店，则必被搜查过，所以复选项 IV 必为真。正确答案为 B。

17. 【答案】A

【解析】本题是推出结论题型，考查联言命题的否定、选言命题的性质。

"并非丽丽考上了清华大学并且明明没有考上南京大学"等价于"或者丽丽没有考上清华大学，或者明明考上南京大学"。一个相容选言命题为真，有三种可能性。正确答案为 A。

18. 【答案】A

【解析】本题是补充前提题型，考查"或者……或者……"与"要么……要么……"的性质。"P 或者 Q"为真，只代表 P、Q 中至少有一个为真，也有两个都为真的可能性，所以，如果"P 或者 Q"为真，且 P 为真，那么 Q 是不能确定真假的。由此可以看出，题干要从"所有的菜或者属于川菜系或者属于粤菜系，张先生的菜中有川菜"推出"张先生的菜中没有粤菜"，必须要让川菜与粤菜不相容。正确答案为 A。

19. 【答案】B

【解析】本题是真假话题型。先寻找矛盾关系，发现乙与丙的话互相矛盾，必有一真一假；根据已知条件"只有一人错"，可知甲、丁的话都为真，推出乙胖。正确答案为B。

20. 【答案】A

【解析】本题是推出结论题型，考查选言命题、联言命题的矛盾。

分析已知条件：（1）潮湿→仙人掌很难成活；（2）寒冷→柑橘很难生长；（3）在某省的大部分地区，仙人掌成活或者柑橘生长。把条件（3）代入条件（1）和条件（2），可以得出"某省的大部分地区不潮湿或者不寒冷（否定后件必定否定前件）"一定为真。A项与其矛盾，所以，正确答案为A。

21. 【答案】B

【解析】补充前提题型。题干条件：王评上且雷没有评上，则李评上。要求推出：雷评上。首先要否定后件，大李没有评上。根据已知条件则必定否定前件，得出：王没评上或者雷评上；根据"或者"的性质，还必须加上条件"王没评上"为假，才能得出：雷评上。所以，正确答案为B。

另一种思路：王评上且雷没有评上，则李评上 = 王没评上或者雷评上，或者李评上（考点："如果P，那么Q"="非P或者Q"），如果要得出雷评上，则需要否定"王没评上"且否定"李评上"。

22. 【答案】E

【解析】本题是补充前提题型。"如果小张考试及格并且大田考试不及格，则小娜考试一定不及格"="或者小张考试不及格，或者大田考试及格，或者小娜考试不及格"，要得出大田考试及格，必须否定其余项目，即小张考试及格且小娜考试及格。正确答案为E。

23. 【答案】A

【解析】品优且学优→获得奖学金 = 或者品不优，或者学不优，或者获得奖学金。要推出李桐学习不优，必须否定其他项，即品优且没获奖学金。所以，正确答案为A。当然也可以将选项代入推理。

24. 【答案】C

【解析】题干已知条件"如果1号队员上场，而且3号队员没有上场，那么，5号与7号队员中至少要有一人上场"="1号没上或3号上，或者5号上或7号上"，要想推出"1号没上"，则需要否定其他项，即3号没上且5号没上且7号没上。正确答案为C。

25. 【答案】B

【解析】本题要找矛盾命题。A真，则非A必假。已知命题"你若到过牛津大学，你就永远不可能再相信任何人所说的任何一句话了"为真，这个命题为充分条件命题。如果A，那么B，其矛盾命题为"A且非B"。所以，B项必假。A、C、D项为充分条件的语言形式，要记住：一个充分条件的矛盾命题永远只能是联言命题，即"如果P，那么Q"，其矛盾命题永远是"P且非Q"。E项等价于题干信息，因为"如果P，那么Q"="非P，或者Q"。正确答案为B。

26. 【答案】B

【解析】本题要找矛盾命题。A真，则非A必假。已知充分条件命题"如果赛场失意，那么情场得意"为真，其矛盾命题为：赛场失意且情场失意。所以，B项必假。C、D、E项为充分或者必要条件的语言形式，要记住：一个充分条件的矛盾命题永远只能是联言命题，即"如果P，那么Q"，其矛盾命题永远是"P且非Q"。E项不是必假的，因为当"赛场失意"为假时，俗语与选项E都为真。可以将题干俗语与选项E都按照公式"如果P，那么Q"＝"非P，或者Q"进行转换。正确答案为B。

27. 【答案】B

【解析】本题要找矛盾命题。A真，则非A必假。已知充分条件命题"如果你有一条河流，你就要学会与他人分享"为真，其矛盾命题为：有一条河流且不学会与他人分享。所以，B项必假。C项为等价命题，"如果P，那么Q"与"非P，或者Q"进行转换。D、E项为充分条件的语言形式，要记住：一个充分条件的矛盾命题永远只能是联言命题，即"如果P，那么Q"，其矛盾命题永远是"P且非Q"。E项不是必假的，因为当"我有一条河流"为假时，陈光标的话与选项E都为真。正确答案为B。

28. 【答案】D

【解析】题干为充分条件假言命题，要求补充一个前提，推出"甲考试及格了"。在充分条件假言命题的前件中，由"甲考试没有及格"这句话，要想其变成"甲及格"，必须先否定充分条件假言命题的后件，因为"否定后件必然要否定前件"，所以，首先要补充的前提是"丙考试没有及格"。丙没有及格，根据充分条件假言命题"否定后件必然要否定前件"，得出：并非甲和乙都没有考试及格。根据联言命题的性质，得出：或者甲及格，或者乙及格。根据选言命题的性质，要想得到"甲考试及格"，必须否定乙及格。所以，正确答案为D。

29. 【答案】E

【解析】题干断定"如果不X，那么不Y"，等价于"只有X，才Y"，即"注重培养学生的完美人格"，是"在21世纪脱颖而出"的必要条件。选项E把"注重培养学生的完美人格"当成了充分条件，选项E并不符合原意。所以，正确答案为E。

30. 【答案】C

【解析】麦老师的断定为一个必要条件假言命题，即"只有博士生导师，才能担任'高级职称评定委员会'评委"。而宋老师所说的"董老师是博士生导师，但不是'高级职称评定委员会'评委"并不能否定麦老师的断定，根据必要条件假言命题性质"有前件未必有后件"，即使董老师是博士生导师，他也未必是评委。宋老师的话实际上是对充分条件假言命题的削弱，"只要是博士生导师，就是'高级职称评定委员会'评委"的矛盾命题为"是博士生导师，但不是评委"，所以，宋老师把麦老师的话理解成了充分条件假言命题，正确答案为C。

第二章　综合推理高分突破

第一节　综合推理方法技巧汇总

一、演绎推理综合训练

1.真假话题型的解题方法

真假话题型是一种综合性较强的题型，是对形式逻辑知识点的集中考查，一直以来都是联考逻辑中一个重要的命题方向。真假话题型常用的解题思路为：找矛盾关系；找差等关系（包含关系）；假设代入。

矛盾关系总结如下表 3-2-1：

表 3-2-1

矛盾关系类型	举例
全称肯定和特称否定	"所有的人都纳税"和"有的人没纳税"
全称否定和特称肯定	"所有的同学都没报名"和"有的同学报名"
单称肯定和单称否定	"小明是男孩"和"小明不是男孩"
必然 P 和可能不 P	"明天必然下雨"和"明天可能不下雨"
可能 P 和必然不 P	"股票可能下跌"和"股票必然不下跌"
"P∧Q"和"非 P∨非 Q"	"去北京和上海"和"不去北京或不去上海"
"P∨Q"和"非 P∧非 Q"	"中午吃米饭或面"和"中午不吃米饭也不吃面"
"P→Q"和"P∧非 Q"	"心诚则灵"和"心诚但不灵"

差等关系又名：包含关系、充分条件。通常用"A→B"来表示命题 A 和命题 B 之间为差等关系，其性质与"命题 A 是命题 B 的充分条件"的性质一致，主要类型如下表 3-2-2：

表 3-2-2

差等关系类型	举例
全称肯定→特称肯定	所有的鸟都会飞→有的鸟会飞
全称肯定→特称肯定	所有行星不发光→有的行星不发光
"P∧Q"→P（Q）"P∨Q"	甲和乙得奖→甲（乙）得奖→甲或乙得奖
A→非 B	甲、乙、丙、丁四人中甲得第一→甲、乙、丙、丁四人中乙不得第一

2. 两难推理的常见类型

表 3-2-3

类型	举例
当"A→B"且"非A→B"为真时，可得 B 为真	兴，百姓苦；亡，百姓苦。可得百姓苦。
当"A→B"且"非A→C"为真时，可得"B 或 C"为真	若考上则读研，若考不上则工作。可得读研或工作为真。

二、分析性综合推理的常见题型和答题技巧总结

1. 分析性综合推理题型总体思路

（1）先看问题类型

如果问"哪项必然为真""可以推出哪项"，说明题干中的条件是充足的，不需要补充新的条件，足以推出结论，需要考生对于题干的理解和挖掘程度足够到位。

如果问"哪项可能为真"，意味着题干中的条件是不足以得出结论的，需要采用排除法，将与题干条件矛盾的选项排除掉，一般来说，题干的最后一个条件是用来排除最后一个干扰选项的。

（2）题干信息简洁化处理

用简单明了的符号将题干条件进行标注，不需要按照特定的要求，只要自己能看明白符合逻辑规则就行，越简单快捷越好。

（3）寻找关键元素和题干切入点

在条件中出现次数最多的元素为关键元素，题干中出现的确定性的命题为事实命题，此二者通常都是解题的切入点，迅速锁定是快速解题的前提。

【特别提醒】

考试时注意答题用时，平心静气来分析，若 3 分钟内没有清晰的思路一定要果断放弃，拒绝死磕。也许等你答完后面的所有题目，再回过头来看这个题的时候，就会觉得柳暗花明了。

2. 分析性综合推理典型题型及解题技巧

（1）排序题型解题技巧

· 可将题干位置编上序号，增加位置关系的直观性；

· 已知位置或先后顺序的元素优先排列，然后再排列有特殊要求的元素；

· 不确定位置的元素，需要分类讨论时，可以大胆假设，然后小心求证，不要止步不前；

· 看清问题类型，优先使用排除法；

· 要求元素间隔相同时，优先考虑两元素相邻，如要求 AB 之间间隔与 CD 之间间隔相同时，优先考虑 AB 相邻，CD 相邻。

（2）分组题型解题技巧

· 若分组没有编号，有必要的话可以添加类似于"1，2，3""a，b，c"这样的编号，可以使分析过程更加地清晰；

·已知在一组的先分配，其他元素后分配；

·看清问题类型，优先使用排除法。

（3）对应题型解题技巧

·优先采用画表的方法，将题干信息全部体现在表格中，将题干要求以特定的符号的形式体现在表格中；

·表格法、连线法、假设法、排除法交替使用；

·根据问题确定分析方向，不要从一开始就想着把题干中的对应关系全都确定出来，问什么就确定什么；

·一般来说，联考逻辑最难的题都会出现在这一部分，要有壮士断腕的心理准备。

（4）数学计算题型解题技巧

·对于半数问题要有足够的敏感性，如大部分 A 是 B，大部分 A 是 C，则 B 和 C 一定有重合部分；

·最大值和最小值问题通常考虑列二元一次方程；

·比较大小的问题多用连续不等式来处理；

·选项均是不超过 10 的最值问题，可以从选项入手反推题干；

·联考逻辑中涉及的计算题目本质上还是考查逻辑关系，当感觉运算量比较大时，优先考虑分析思路是否存在问题。

第二节　综合推理过关测试

1. 某国大选在即，国际政治专家陈研究员预测：选举结果或者是甲党控制政府，或者是乙党控制政府。如果甲党赢得对政府的控制权，该国将出现经济问题；如果乙党赢得对政府的控制权，该国将陷入军事危机。

根据陈研究员上述预测，可以得出以下哪项？

A. 该国将出现经济问题，或者将陷入军事危机。

B. 如果该国陷入了军事危机，那么乙党赢得了对政府的控制权。

C. 如果该国出现经济问题，那么甲党赢得了对政府的控制权。

D. 该国可能不会出现经济问题，也不会陷入军事危机。

E. 如果该国出现了经济问题并且陷入了军事危机，那么甲党与乙党均赢得了对政府的控制权。

2. 小李考上了清华，或者小孙未考上北大。如果小张考上北大，则小孙也考上北大；如果小张未考上北大，则小李考上了清华。

如果上述断定为真，则以下哪项一定为真？

A. 小李考上了清华。　　B. 小张考上了北大。　　C. 小李未考上清华。

D. 小张未考上北大。　　E. 以上断定都不一定为真。

3. 某村甲、乙、丙三人涉嫌一起盗窃案件。已知：说真话的肯定不是盗窃犯，说假话的肯定就是盗窃犯。

审问开始了。法官先问甲："你是怎样作案的？"由于甲说的是方言，法官听不懂。于是，法官就问乙和丙："刚才甲是如何回答我的问题的？"乙说："甲的意思是，他并不是盗窃犯。"丙说："甲刚才招供了，他承认自己是盗窃犯。"

根据上述已知条件，下面哪个选项为真？

A. 甲、乙、丙三人都是盗窃犯。
B. 甲、乙、丙三人都不是盗窃犯。
C. 甲、丙是盗窃犯，但乙不是盗窃犯。
D. 或者丙是盗窃犯，或者乙是盗窃犯。
E. 条件不足，不能确定。

4. 关于财务混乱的错误谣言损害了一家银行的声誉。如果管理人员不试图反驳这些谣言，它们就会传播开来并最终摧毁顾客的信心。但如果管理人员努力驳斥这种谣言，这种驳斥使怀疑增加的程度比使它减少的程度更大。

如果以上陈述都是正确的，则根据这些陈述，下列哪一项一定是正确的？

A. 管理人员可以通过政府阻止已经出现的谣言对银行声誉的威胁。
B. 关于财政混乱的正确的传言，对银行储户对该银行的信心的影响没有错误的流言大。
C. 面对错误的谣言，银行经理的最佳对策是直接说出财务的真实情况。
D. 该银行或者面临谣言最终摧毁顾客的信心，或者使顾客的怀疑增加更多。
E. 有利的口碑可以提高银行在财务能力方面的声誉。

5. 年初，为激励员工努力工作，某公司决定根据每月的工作绩效评选"月度之星"。该公司就人选的问题形成了如下几项决定：

（1）郑某、王某至少选择一个；
（2）如果不选周某，那么就要选吴某；
（3）如果选王某，那么就要选钱某；
（4）钱某、吴某至少有一个不当选。

如果上述断定都是真的，则可以推出当选的是：

A. 王某或者钱某。　　　B. 郑某或者周某。　　　C. 吴某或者王某。
D. 吴某或者郑某。　　　E. 郑某或者钱某。

6～7题基于以下题干：

著名影星韩某死亡。嫌疑人朴希和东河受到了警官金宰安的审讯。朴希说："除非韩某不是被谋杀，否则肯定是东河作的案。"东河说："如果韩某不是被谋杀，那就是自杀。"对此，警官金宰安做出了如下的假定：

（1）如果朴希和东河都没有撒谎，那么韩某死亡就是一次意外事故；
（2）如果朴希和东河两人中有一人撒谎，那么韩某死亡就不是一次意外事故。

6. 如果警官金宰安的假定都是正确的，则以下哪项一定是真的？

A. 韩某是被谋杀的。
B. 韩某是自杀身亡的。
C. 韩某是意外事故而死的。

D. 韩某有可能被谋杀，也有可能自杀。

E. 东河是凶手。

7. 如果著名影星韩某死亡的原因是自杀而不是谋杀，则以下各项都可以推出，除了：

A. 朴希的话一定为真。

B. 东河的话一定为真。

C. 著名影星韩某自杀，否则不会中毒死亡。

D. 警官金宰安的假定（2）一定为真。

E. 警官金宰安的假定（1）一定为真。

8. 为了加强学习型机关建设，某机关党委开展了菜单式学习活动，拟开设课程有"行政学""管理学""科学前沿""逻辑"和"国际政治"5门课程，要求其下属的4个支部各选择其中两门课程进行学习。已知：第一支部没有选择"管理学""逻辑"，第二支部没有选择"行政学""国际政治"，只有第三支部选择了"科学前沿"。任意两个支部所选课程均不完全相同。

根据上述信息，关于第四支部的选课情况可以得出以下哪项？

A. 如果没有选择"行政学"，那么选择了"逻辑"。

B. 如果没有选择"管理学"，那么选择了"逻辑"。

C. 如果没有选择"国际政治"，那么选择了"逻辑"。

D. 如果没有选择"管理学"，那么选择了"国际政治"。

E. 如果没有选择"行政学"，那么选择了"管理学"。

9~10题基于以下题干：

一江南园林拟建松、竹、梅、兰、菊5个园子，该园林拟设东、南、北3个门，分别位于其中的3个园子。这5个园子的布局满足如下条件：

（1）如果东门位于松园或菊园，那么南门不位于竹园。

（2）如果南门不位于竹园，那么北门不位于兰园。

（3）如果菊园在园林的中心，那么它与兰园不相邻。

（4）兰园与菊园相邻，中间连着一座美丽的廊桥。

9. 根据以上信息，可以得出以下哪项？

A. 兰园不在园林的中心。　　B. 菊园不在园林的中心。　　C. 兰园在园林的中心。

D. 菊园在园林的中心。　　　E. 梅园不在园林的中心。

10. 如果北门位于兰园，则可以得出以下哪项？

A. 南门位于菊园。　　　　　B. 东门位于竹园。　　　　　C. 东门位于梅园。

D. 东门位于松园。　　　　　E. 南门位于梅园。

11~12题基于以下题干：

某工厂有一员工宿舍住了甲、乙、丙、丁、戊、己、庚7人，每人每周需要轮流值日一天，且每天仅安排一人值日，他们值日的安排还需满足以下条件：

（1）乙在周二或周六值日。

（2）如果甲在周一值日，那么丙在周三值日且戊在周五值日。

（3）如果甲不在周一值日，那么乙在周四值日且庚在周五值日。

（4）如果乙在周二值日，那么乙在周六值日。

11. 根据以上条件，如果丙在周日值日，则可以得出以下哪项？
A. 甲在周日值日。　　　　B. 乙在周六值日。　　　　C. 丁在周二值日。
D. 戊在周三值日。　　　　E. 乙在周五值日。

12. 如果庚在周四值日，那么以下哪项一定为假？
A. 甲在周一值日。　　　　B. 乙在周六值日。　　　　C. 丙在周三值日。
D. 戊在周日值日。　　　　E. 乙在周二值日。

13～14题基于以下题干：

某皇家园林依中轴线布局，从前到后依次排列着七个庭院。这七个庭院分别以汉字"日""月""金""木""水""火""土"来命名。已知：
（1）"日"字庭院不是最前面的那个庭院。
（2）"火"字庭院和"土"字庭院相邻。
（3）"金""月"两庭院间隔的庭院数与"木""水"两庭院间隔的庭院数相同。

13. 根据上述信息，下列哪个庭院可能是"日"字庭院？
A. 第一个庭院。　　　　B. 第二个庭院。　　　　C. 第四个庭院。
D. 第五个庭院。　　　　E. 第六个庭院。

14. 如果第二个庭院是"土"字庭院，那么可以得出以下哪项？
A. 第七个庭院是"水"字庭院。　　　　B. 第五个庭院是"木"字庭院。
C. 第四个庭院是"金"字庭院。　　　　D. 第三个庭院是"月"字庭院。
E. 第一个庭院是"火"字庭院。

15. 在编号1、2、3、4的4个盒子中装有绿茶、红茶、花茶和白茶四种茶，每个盒子只装一种茶，每种茶只装一个盒子，已知：
（1）装绿茶和红茶的盒子在1、2、3号范围之内。
（2）装红茶和花茶的盒子在2、3、4号范围之内。
（3）装白茶的盒子在1、2、3号范围之内。根据上述已知条件，可以得出以下哪项？
A. 绿茶在3号。　　　　B. 花茶在4号。　　　　C. 白茶在3号。
D. 红茶在2号。　　　　E. 绿茶在1号。

16～17题基于以下题干：

丰收公司邢经理需要在下个月赴湖北、湖南、安徽、江西、浙江、福建、江苏7省进行市场需求调研，各省均调研一次，他的行程需满足如下条件：
（1）第一个或最后一个调研江西省。
（2）调研安徽省的时间早于浙江省，在这两省的调研之间调研除了福建省的另外两省。
（3）调研福建省的时间安排在调研浙江省之前或刚好调研完浙江省之后。
（4）第三个调研江苏省。

16. 如果邢经理首先赴安徽省调研，则关于他的行程，可以确定以下哪项？
A. 第二个调研湖北省。　　　　B. 第二个调研湖南省。　　　　C. 第五个调研福建省。
D. 第五个调研湖北省。　　　　E. 第五个调研浙江省。

17. 如果安徽省是邢经理第二个调研的省份，则关于他的行程，可以确定以下哪项？

A. 第一个调研江西省。　　B. 第四个调研湖北省。　　C. 第五个调研浙江省。
D. 第五个调研湖南省。　　E. 第六个调研福建省。

18～19题基于以下题干：

某影城将在"十一"黄金周7天（周一至周日）放映14部电影，其中有5部科幻片、3部警匪片、3部武侠片、2部战争片、1部爱情片。限于条件，影城每天放映两部电影，已知：

（1）除科幻片安排在周四外，其余6天每天放映的两部电影属于不同的类型。
（2）爱情片安排在周日。
（3）科幻片和武侠片没有安排在同一天。
（4）警匪片和战争片没有安排在同一天。

18. 根据以上信息，以下哪项中的两部电影不可能安排在同一天放映？
A. 爱情片和警匪片。　　B. 科幻片和警匪片。　　C. 武侠片和战争片。
D. 武侠片和警匪片。　　E. 科幻片和战争片。

19. 根据以上信息，如果同类型影片放映日期连续，则周六可以放映的电影是哪项？
A. 科幻片和警匪片。　　B. 武侠片和警匪片。　　C. 科幻片和战争片。
D. 科幻片和武侠片。　　E. 警匪片和战争片。

20. 某著名风景区有"妙笔生花""猴子观海""仙人晒靴""美人梳妆""阳关三叠""禅心向天"6个景点。为方便游人，景区提示如下：

（1）只有先游"猴子观海"，才能游"妙笔生花"。
（2）只有先游"阳关三叠"，才能游"仙人晒靴"。
（3）如果游"美人梳妆"，就要先游"妙笔生花"。
（4）"禅心向天"应第4个游览，之后才可游览"仙人晒靴"。

张先生按照上述提示，顺利游览了上述6个景点。
根据上述信息，关于张先生的游览顺序，以下哪项不可能为真？
A. 第一个游览"猴子观海"。　　　　B. 第二个游览"阳关三叠"。
C. 第三个游览"美人梳妆"。　　　　D. 第五个游览"妙笔生花"。
E. 第六个游览"仙人晒靴"。

21～22题基于以下题干：

年初，为激励员工努力工作，某公司决定根据每月的工作绩效评选"月度之星"，王某在当年前10个月恰好只在连续的四个月中当选"月度之星"，他的另三位同事郑某、吴某、周某也做到了这一点。关于这四人当选"月度之星"的月份，已知：

（1）王某和郑某仅有三个月同时当选。
（2）郑某和吴某仅有三个月同时当选。
（3）王某和周某不曾在同一个月当选。
（4）仅有两人在7月同时当选。
（5）至少有一人在1月当选。

21. 根据以上信息，有3人同时当选"月度之星"的月份是：
A. 1~3月。　　　　B. 2~4月。　　　　C. 3~5月。
D. 4~6月。　　　　E. 5~7月。

22. 根据以上信息，王某当选"月度之星"的月份是：

A. 1~4 月。　　　　　　　B. 3~6 月。　　　　　　　C. 4~7 月。
D. 5~8 月。　　　　　　　E. 7~10 月。

23. 张霞、李丽、陈露、邓强和王硕一起坐火车去旅游，他们正好在同一车厢相对两排的 5 个座位上，每人各坐一个位子。第一排的座位按顺序分别记作 1 号和 2 号。第二排的座位按序号记为 3、4、5 号。1 号和 3 号直接相对，2 号和 4 号直接相对，5 号不和上述任何座位直接相对。李丽坐在 4 号位置；陈露所坐的位置不与李丽相邻，也不与邓强相邻（相邻指同一排上紧挨着）；张霞不坐在与陈露直接相对的位置上。根据以上信息，张霞所坐的位置有多少种可能的选择？

A. 1 种。　　　　　　　B. 2 种。　　　　　　　C. 3 种。
D. 4 种。　　　　　　　E. 5 种。

24. 在丈夫或妻子至少有一个是中国人的夫妻中，中国女性比中国男性多 2 万。
如果上述断定为真，则以下哪项一定为真？
I. 恰有 2 万中国女性嫁给了外国人。
II. 在和中国人结婚的外国人中，男性多于女性。
III. 在和中国人结婚的人中，男性多于女性。

A. 只有 I。　　　　　　　B. 只有 II。　　　　　　　C. 只有 III。
D. 只有 II 和 III。　　　　　E. I、II 和 III。

25～26 题基于以下题干：

天南大学准备选派两名研究生、三名本科生到山村小学支教。经过个人报名和民主决议，最终人选将在研究生赵婷、唐玲、殷倩 3 人和本科生周艳、李环、文琴、徐昂、朱敏 5 人中产生。按规定，同一学院或者同一社团至多选派一人。已知：

（1）唐玲和朱敏均来自数学学院。
（2）周艳和徐昂均来自文学院。
（3）李环和朱敏均来自辩论协会。

25. 根据上述条件，以下必定入选的是：

A. 文琴。　　　　　　　B. 唐玲。　　　　　　　C. 殷倩。
D. 周艳。　　　　　　　E. 赵婷。

26. 如果唐玲入选，那么下面必定入选的是：

A. 赵婷。　　　　　　　B. 殷倩。　　　　　　　C. 周艳。
D. 李环。　　　　　　　E. 徐昂。

27～28 题基于以下题干：

某高校数学、物理、化学、管理、文秘、法学 6 个专业毕业生需要就业，现有风云、怡和、宏宇三家公司来学校招聘。已知，每家公司只招聘该校 2 至 3 个专业若干毕业生，且需要满足以下条件：

（1）招聘化学专业的公司也招聘数学专业。
（2）怡和公司招聘的专业，风云公司也招聘。
（3）只有一家公司招聘文秘专业，且该公司没有招聘物理专业。

（4）如果怡和公司招聘管理专业，那么也招聘文秘专业。

（5）如果宏宇公司没有招聘文秘专业，那么怡和公司招聘文秘专业。

27. 如果只有一家公司招聘物理专业，那么可以得出以下哪项？

A. 风云公司招聘化学专业。　　　　　B. 怡和公司招聘管理专业。

C. 宏宇公司招聘数学专业。　　　　　D. 风云公司招聘物理专业。

E. 怡和公司招聘物理专业。

28. 如果三家公司都招聘了三个专业若干毕业生，那么可以得出以下哪项？

A. 风云公司招聘化学专业。　　　　　B. 怡和公司招聘法学专业。

C. 宏宇公司招聘化学专业。　　　　　D. 风云公司招聘数学专业。

E. 怡和公司招聘物理专业。

29～30题基于以下题干：

某公司有F、G、H、I、M和P六位总经理助理，三个部门。每一部门恰由三个总经理助理分管。每个总经理助理至少分管一个部门。以下条件必须满足：

（1）有且只有一位总经理助理同时分管三个部门。

（2）F和G不分管同一部门。

（3）H和I不分管同一部门。

29. 以下哪项一定为真？

A. 有的总经理助理恰分管两个部门。　　B. 任一部门由F或G分管。

C. M或P只分管一个部门。　　　　　　D. 没有部门由F、M和P分管。

E. P分管的部门M都分管。

30. 如果F和M不分管同一部门，则以下哪项一定为真？

A. F和H分管同一部门。　　　　　　　B. F和I分管同一部门。

C. I和P分管同一部门。　　　　　　　D. M和G分管同一部门。

E. M和P不分管同一部门。

答案与解析

1.【答案】A

【解析】如果甲党赢得对政府的控制权，该国将出现经济问题；如果乙党赢得对政府的控制权，该国将陷入军事危机。由"或者是甲党控制政府，或者是乙党控制政府"，推出：该国或者出现经济问题，或者陷入军事危机。A项一定为真。正确答案为A。

2.【答案】A

【解析】假设"小张考上北大"，根据条件（2）"如果小张考上北大，则小孙也考上北大"，得出：小孙考上北大；根据条件（1），则得出：小李考上清华。因此，如果小张考上北大，则小李考上清华。根据条件（3）"如果小张未考上北大，则小李考上了清华"。因此，无论小张考上北大，或者没有考上北大，都推出"小李考上清华"，所以，正确答案为A。

3.【答案】D

【解析】由于乙、丙的话是矛盾的，必定有一真一假，故乙、丙一定有一个是盗窃犯，所以，D项的"丙或者乙是盗窃犯"一定是真的（注意：一个选言命题"P或者Q"，只要有一个变项为真,则"P 或者 Q"一定为真)。正确答案为 D。

4.【答案】D

【解析】本题是两难推理。如果管理人员不试图反驳这些谣言,它们就会传播开来并最终摧毁顾客的信心。但如果管理人员努力驳斥这种谣言,这种驳斥使怀疑增加的程度比使它减少的程度更大。因此,最后结果是"摧毁信心或者怀疑更大"。正确答案为 D。

5.【答案】B

【解析】本题是两难推理。据(4)可知,或钱不当,或吴不当;如果钱不当,据(3)可知王不当,据(1)推出郑当选;如果吴不当选,据(2)推出周当选。所以,或者郑当选,或者周当选。正确答案为 B。

6.【答案】A

【解析】假设两人都没撒谎,根据(1),得出韩某死亡是意外。根据东河的话真,得出韩某死亡是自杀。矛盾。所以,"两人都不撒谎"错。因此,至少有一人撒谎,根据(2)可得韩某死亡不是意外。

假设东河撒谎,则韩某死亡不是被谋杀,且不是自杀。又不是意外。矛盾。所以,朴希撒谎,得出韩某死亡是被谋杀且东河未作案。正确答案为 A。

7.【答案】E

【解析】根据提问所给条件,如果不是被谋杀,则朴希的充分命题前假,可知朴希真;根据韩某是自杀,则可知东河真。则警官的假定(1)前件为真且后件为假,所以必假。正确答案为 E。

8.【答案】B

【解析】排列组合一般使用列表法解题。把已知条件代入表格:(1)第一支部没有选择"管理学""逻辑";(2)第二支部没有选择"行政学""国际政治";(3)只有第三支部选择"科学前沿";(4)任意两个支部所选课程均不完全相同。

表 3-2-4

	行政学	管理学	科学前沿	逻辑	国际政治
一	√(推出)	×(1)	×(3)	×(1)	√(推出)
二	×(2)	√(推出)	×(3)	√(推出)	×(2)
三			√(3)		
四			×(3)		

把选项 A 代入,如果没有选择"行政学",它可以选"管理学"与"国际政治",不一定要选"逻辑"。把选项 B 代入,如果第四支部没有选择"管理学",则它要选的可能只有"行政学"与"逻辑",或者"逻辑"与"国际政治",所以,"逻辑"必须选。所以,正确答案为 B。

9.【答案】B

【解析】本题是综合推理题型。根据条件（3）和条件（4），可知菊园不在中心。正确答案为B。

10.【答案】C

【解析】本题是综合推理题型。已知北门位于兰园，据条件（2）得：南门位于竹园；据条件（1）得，东门不位于松园和菊园。据第9题结果，菊园不在园林的中心，则中心的只能是松园，可知东门位于梅园。正确答案为C。

11.【答案】B

【解析】本题是综合推理题型。已知丙在周日值日，据条件（4），假设乙在周二值日，则乙在周六值日；据条件（3），推出甲在周一值日；据条件（2），则丙在周三值日，导致矛盾，所以，乙不可能在周二值日，乙在周六值日。正确答案为B。

12.【答案】D

【解析】本题是综合推理题型。已知庚在周四值日，则据条件（3），得知甲在周一值日；据条件（2），得知戊在周五值日。正确答案为D。

13.【答案】D

【解析】本题是综合排列题型，技巧是抓住切入点。如果问题为"可能真"之类，一般用排除法或者猜测法。题问"哪个庭院可能是'日'字庭院"，一般采用排除法。A项排除，与条件（1）冲突；B项排除，若"日"字庭院在第二个庭院，当条件（2）"火"和"土"相邻满足，则条件（3）不能满足。C项排除，若"日"在第四个庭院，当条件（2）满足，则条件（3）不能满足。D项则可能，若"日"在第五，当"火""土"处在第六、七庭院，则条件（3）有多种可能。题干问的是可能真的排列组合类试题，将选项代入，不产生矛盾即可能真。E项排除，若"日"字庭院在第六个庭院，当条件（2）满足，其余空位无法满足条件（3）。正确答案为D。

14.【答案】E

【解析】把问题所给条件代入，据条件（2），"火"字庭院有两种可能性，即处于第一或第三庭院。设"火"字庭院在第三，则5、6、7三个空位无法同时满足条件（1）和（3），所以第一个庭院是"火"字庭院。正确答案为E。可以通过列表3-2-5来帮助推理。

表 3-2-5

1	2	3	4	5	6	7
火	+					日
	+	火 ×				

15.【答案】B

【解析】排列组合类试题，关键是利用好已有条件。由条件（1）可知，绿茶和红茶都不在4号，由条件（3）可知白茶也不在4号，由于已知每个盒子只装一种茶，每种茶只装一个盒子，所以第4号盒中装的只能是花茶，正确答案为B。也可以列表3-2-6，然后把条件代入。

表 3-2-6

	1	2	3	4
绿		江苏	浙江	福建
红				×（条件1）
花				×（条件1）
白				×（条件3）

16.【答案】C

【解析】本题是排列组合题型，列表画图法较快。首先赴安徽调研，据条件（1）可知，最后一个调研江西省；据条件（4）可知，江苏第三；据条件（2）可知，安徽、浙江中间有两个省，可得浙江第四；据条件（3）可得福建省排第五。列表如下：

表 3-2-7

1	2	3	4	5	6	7
安徽		江苏	浙江	福建		江西

正确答案为 C。

17.【答案】C

【解析】列表解题，把已知条件代入表格 3-2-8。无论怎么排列，浙江省一定在第五个。

表 3-2-8

1	2	3	4	5	6	7
安徽	安徽	江苏		浙江	福建	
福建	安徽	江苏		浙江		江西

所以，正确答案为 C。

18.【答案】A

【解析】本题是排列组合题型，问题为"不可能"时，一般可以将选项直接代入题干，根据已知条件逐项排除。A 项代入不可能。

也可以根据已知条件进行列表推理。5 部科幻片结合条件（3），可推出科幻片与武侠片需占据 6 天；据条件（1），可以得出周四必须放映两场科幻片；据条件（3），可以得出 3 部武侠片不在周四；另外 3 部武侠片和科幻片不能同一天放映，它们只能分别在一、二、三或五、六、日放映；因此，周日与爱情片同放映的只能是科幻片，或者是武侠片。正确答案为 A。

19.【答案】C

【解析】由上题可知，周四必须放映两场科幻片。由于同类型影片放映日期连续，据条件（1），所以三部警匪片只能在周一、周二、周三放映；战争片在周五、周六放映。注意，武侠片和科幻片不能排在同一天，但位置可以对调；所以周六可以是战争片和科幻片，或者是战争片和武侠片。所以，正确答案为 C。

20.【答案】D

【解析】本题是排序题。题目考查"不可能为真"，即将选项代入排除。先列出已知条件，并进行逻辑序列整理，见表 3-2-9。

表 3-2-9

1	2	3	4	5	6
			禅心（4）	仙	仙

据条件（1）（3）可知："猴子观海"先于"妙笔生花"，"妙笔生花"先于"美人梳妆"；"禅心向天"第 4 个游览，之后才能"仙人晒靴"，可以知道"仙人晒靴"只能在第 5 或第 6；据条件（2）知，先"阳关三叠"才能"仙人晒靴"；如果 D 项真，则"妙笔生花"第 5，那么后面只有一个第 6 的位置，无法同时满足放"美人梳妆"和"仙人晒靴"，D 项不可能 真。正确答案为 D。

21.【答案】D

【解析】关系推理。有多种方法解题，但最简单的是代入排除法。根据条件（4），直接排除 E 项。接下来代入假设：若王某在 1~4 月当选，则郑某在 2~5 月当选，吴某在 1~4 月或 3~6 月当选，则 7 月无 2 人当选，无法满足已知条件。若郑某在 1~4 月当选，则王某和吴某在 2~5 月当选，则 7 月无 2 人当选。若吴某在 1~4 月当选，则郑某在 2~5 月当选，王某在 1~4 月或 3~6 月当选，则 7 月无 2 人当选。所以只能周某在 1~4 月当选，根据条件（3）（4），排除 A、B、C 项，正确答案为 D。

22.【答案】D

【解析】根据上题可知，周某在 1 月、2 月、3 月、4 月连续当选月度之星，并且 3 人同时当选的月份为 4 月、5 月、6 月，再结合条件（3），可推出王某、郑某在 5 月、6 月共同当选月度之星。所以王某应该是 5 月、6 月、7 月、8 月连续当选。正确答案为 D。

23.【答案】D

【解析】本题考查位置关系。可列表 3-2-10。

表 3-2-10

1	2	
3	4 李	5

由于李丽坐 4 号，则陈露不与李丽相邻，陈露应坐 1 号或 2 号，邓强坐 3 号或 5 号，则张霞坐 1 号或 2 号两种情况都符合题干条件，张霞坐 5 号也符合题干条件。当陈露坐 2 号时，张霞坐 3 号，也符合题干条件。所以张霞可以坐 1 号、2 号、3 号及 5 号，即有 4 种可能的选择。正确答案为 D。

24.【答案】D

【解析】不妨设：夫妻中中国男人与外国女人结婚的有 A 万对；中国男人与中国女人结婚的有 B 万对；中国女人与外国男人结婚的有 C 万对。按照题干的说法，则 C+B=B+A+2，即 C=A+2。和中国女人结婚的外国男人 (A+2) 比与中国男人结婚的外国女人 A 多两万（与Ⅱ相符合）。至于所有和中国人结婚的男人就等于和中国男人结婚的中国男人加上和中国女人结婚的外国男人 (A+B+2)，所有和中国人结婚的女人就是等于和中国男人结婚的中国女人加上和中国男人结婚的外国女人 (A+B)，其中，和中国女人结婚的中国男人 B 自然是等于和中国男人结婚的女人 B，而和中国女人结婚的外国男人 (A+2) 是多于和中国男人结婚的外国女人 A 的，所以，所有和中国人结婚的男人要比所有和中国人结婚的女人多两万（与Ⅲ相符合），因此答案应该是 D。

25.【答案】A

【解析】按规定，同一学院或者同一社团至多选派一人。由条件（2）可知，周艳和徐昂至多入选一人；由条件（3）可知，李环和朱敏至多选派一人。据已知可得，5 个本科生中有 3 人入选，推出文琴必定入选。A 项为真。正确答案为 A。

26.【答案】D

【解析】已知同一学院或者同一社团至多选派一人，如果唐玲入选，据条件（1）可知，则朱敏不能入选；据条件（2）可知，周艳和徐昂至多派一个；加上本科生必须选派 3 人，李环必定入选。选项 D 一定真。正确答案为 D。

27.【答案】D

【解析】题干信息：（1）化学→数学；（2）怡和→风云；（3）只有一家公司招聘文秘专业，且该公司没有招聘物理专业；（4）怡和管理→怡和文秘；（5）¬宏宇文秘→怡和文秘。

如果只有一家公司招聘物理，据条件（2）可知，若怡和招物理，则风云招物理，与只有一家公司招聘物理矛盾，得怡和没招物理，排除 E 项。

据条件（3）知，只有一家公司招聘文秘且不招物理，又由条件（2）知，怡和招聘的专业风云也招，得怡和没有招文秘；据条件（5）得，宏宇招文秘；再据条件（3）知，宏宇没招物理。那么如果只有一家招物理，则招物理的只能是风云。正确答案为 D。

28.【答案】D

【解析】据条件（3）可知，只有一家公司招聘文秘且不招物理，又由条件（2）可知，怡和招聘的专业风云也招，得怡和没有招文秘；据条件（4）得出，怡和没招管理；据条件（1）知，化学→数学 =¬ 数学→¬ 化学，得出：假设怡和没招数学，则怡和也没招化学。这样的话，怡和有 4 个专业没招，与题干每家公司都招 3 个专业这个条件相矛盾，得怡和招了数学。据条件（2）得，怡和招了数学，则风云也招了数学。正确答案为 D。

29.【答案】A

【解析】本题是推出结论排列组合题型。已知 3 个部门，每一部门恰好 3 个助理，则总共 9 个职位；由条件（1）"有且只有一位助理同时管三个部门"，那么，其余 5 个助理共需管理 6 个部门，则有且只有一位助理管理两个部门，正确答案为 A。本题实际上是一个计算题，需要总体考虑职位数。

30.【答案】C

【解析】本题是推出结论排列组合题型。已知 3 个部门，每一部门恰好 3 个助理，则总共 9 个职位；由条件（1）可知，有且只有一位助理同时管三个部门；根据条件（2）（3）可知，这个同时分管 3 个部门的助理只能是 M 和 P 中的一个；又由提问给的条件"F 和 M 不分管同一部门"，那么只有 P 同时分管 3 个部门，即 P 会与其他任何一个助理分管某一部门，只有 C 项符合条件。正确答案为 C。

第三章 论证逻辑高分突破

── 第一节 论证逻辑方法技巧汇总 ──

一、基本的削弱方法和加强方法

削弱和加强是论证逻辑重点考查的内容，是逻辑批判性思维的集中体现。联考逻辑论证部分其他类型的题目（诸如：解释、假设、评价、指出漏洞、概括焦点）多少的会带有一些削弱和加强的影子。

比如，补充假设题目目的是为了让题干结论成立，与加强题干中的论证就有一些类似之处；再比如，解释矛盾题型中，目的在解释清楚题干中的不一致，其中便是削弱原有论证，加强现有论证的意思。

因此，可以将基本的削弱和加强方法进行概括总结，进而推广到大多数的论证逻辑题目中。

削弱和加强之间是对立统一的关系，把削弱方法反过来用就能起到加强的作用，同样把加强方法反过来用就能起到削弱的作用。削弱一个命题的矛盾命题能起到对原命题的加强作用，加强亦然。

1. 类比不当是削弱，类比恰当是加强

当题干使用的是类比推理时，增加类比对象的差异度，造成类比不恰当时能起到对题干论证的削弱作用；增加类比对象的相似度，确保类比可进行能起到对题干论证的加强作用。

【例题1】地球和月球相比，有许多共同属性，如它们都属太阳系星体，都是球形的，都有自转和公转等。既然地球上有生物存在，因此，月球上也很可能有生物存在。

以下哪项如果为真，则最能削弱上述推论的可靠性？

A. 地球和月球大小不同。
B. 月球上同一地点温度变化极大，白天可以上升到128°C，晚上又降至零下180°C。
C. 月球距地球很远，不可能有生物存在。
D. 地球和月球生成时间不同。
E. 地球和月球的转速不同。

【答案】B

【解析】生物在地球上的存在，有一些至关重要的条件，如果能够指出月球上不具备这样的条件，或者月球上的有关条件与地球上的非常不同，就能够有力地削弱题干的结论。而选项B恰好指出这一点，温度变化太大对生物的存在和生长都是极为不利的。其他各项都无法削弱题干结论，故选B项。

【例题2】食用某些食物可降低体内自由基，达到排毒、清洁血液的作用。研究者将大鼠设定为实验动物，分为两组，A组每天喂养含菌类、海带、韭菜和绿豆的混合食物，B组喂养一般饲料。研究观察到，A组大鼠的体内自由基比B组显著降低。科学家由此得出结论：人类食入菌类、海带、韭菜和绿豆的混合食物同样可以降低体内自由基。

以下哪项如果为真最能加强上述论证？

A.一般人都愿意食入菌类、海带、韭菜和绿豆的混合食物。
B.不含菌类、海带、韭菜和绿豆的混合食物将增加体内自由基。
C.除食用菌类、海带、韭菜和绿豆的混合食物外，一般没有其他的途径降低体内自由基。
D.体内自由基的降低有助于人体的健康。
E.人对菌类、海带、韭菜和绿豆的混合食物的吸收和大鼠相比没有实质性的区别。

【答案】E

【解析】题干中用大鼠做实验进而推出关于人的结论，就要求大鼠和人在对菌类、海带、韭菜和绿豆的混合食物的吸收上具有共性，即E项所说，否则根据大鼠所做的实验结论无法延伸至人。而A、B、C、D四项都与论证无关。

2.措施达不到目的是削弱，措施能达到目的是加强

当题干论证为"措施—目的"型时，通常通过说明该措施是否能达到目的来进行削弱或加强。

【例题3】某乡间公路附近经常有鸡群聚集。这些鸡群对这条公路上高速行驶的汽车的安全造成了威胁。为了解决这个问题，当地交通部门计划购入一群猎狗来驱赶鸡群。

以下哪项如果为真，最能对上述计划构成质疑？

A.出没于公路边的成群猎狗会对交通安全构成威胁。
B.猎狗在驱赶鸡群时可能伤害鸡群。
C.猎狗需要经过特殊训练才能驱赶鸡群。
D.猎狗可能会有疫病，有必要进行定期检疫。
E.猎狗的使用会增加交通管理的成本。

【答案】A

【解析】该项指出，通过购入一群猎狗来驱赶鸡群，以解决鸡群对于公路上高速行驶汽车所造成的安全问题是不可行的。其他选项均为无关选项。

【例题4】市政府计划对全市的地铁进行全面改造，通过较大幅度地提高客运量，缓解沿线包括高速公路上机动车的拥堵，市政府同时又计划增收沿线两条主要高速公路的机动车过路费，用以弥补上述改造的费用。这样的理由是，机动车主是上述改造的直接受益者，应当承担部分开支。

以下哪项断定如果为真，最有助于论证上述计划的合理性？

A.上述计划通过了市民听证会的审议。
B.在相邻的大、中城市中，该市的交通拥堵状况最为严重。
C.增收过路费的数额，经过专家的严格论证。
D.市政府有足够的财力完成上述改造。
E.改造后的地铁中，相当数量的乘客都有私人机动车。

【答案】E

【解析】该项如果为真，则相当数量原来靠乘私人机动车上班的乘客都坐地铁，则市政

府希望通过全面改造地铁，来延缓地铁沿线包括高速公路上机动车的拥堵的计划就可以实现。

3. 举反例是削弱，举正例是加强

当题干结论是一个一般性的结论时，可以通过举出某个或某些与题干结论不一致的反例对题干观点来进行削弱，可以通过取出某个或某些与题干结论相一致的正例对题干结论来进行加强。

【例题5】当企业处于蓬勃上升时期，往往紧张而忙碌，没有时间和精力去设计和修建"琼楼玉宇"；当企业所有的重要工作都已经完成，其时间和精力就开始集中在修建办公大楼上。所以，如果一个企业的办公大楼设计的越完美，装饰的越豪华，则该企业离解体的时间就越近；当某个企业的大楼设计和建造趋向完美之际，它的存在就逐渐失去意义。这就是所谓的"办公大楼法则"。

以下哪项如果为真，最能质疑上述观点？

A. 某企业的办公大楼修建的美轮美奂，入住后该企业的事业蒸蒸日上。
B. 一个企业如果将时间和精力都耗费在修建办公大楼上，则对其他重要工作就投入不足了。
C. 建造豪华的办公大楼，往往会加大企业的运营成本，损害其实际收益。
D. 企业的办公大楼越破旧，该企业就越有活力和生机。
E. 建造豪华办公大楼并不需要企业投入太多的时间和精力。

【答案】A

【解析】A项如果为真，说明虽然建造了豪华大楼，但是企业的事业还是蒸蒸日上，这跟题干的只要修建了豪华大楼，企业离解体时间就越近的观点完全相反。

【例题6】美国黑人患高血压的比美国白人高两倍。把西方化的非洲黑人和非洲白人相比，情况也是如此。研究者们假设，西方化的黑人之所以会患高血压，是两个原因相互作用的结果，一个原因是西方食品含盐量高，另一个原因是黑人遗传基因中对于缺盐环境的适应机制。

以下哪项对当代西方化非洲黑人的断定如果是真的，最能支持研究者的假设？

A. 塞内加尔人和冈比亚黑人后裔的血压通常不高，塞内加尔和冈比亚历史上一直不缺盐。
B. 非洲某些地区的不同寻常的高盐摄入是危害居民健康的严重问题。
C. 考虑到保健，大多数非洲白人也注意控制盐的摄入量。
D. 西非约鲁巴人的血压不高，约鲁巴人有史以来一直居住在远离海盐的内陆，并远离非洲撒哈拉盐矿。
E. 缺盐和不缺盐对于人的新陈代谢过程没发现有什么实质性的不同影响。

【答案】A

【解析】研究者假设：一个原因是西方食品含盐量高，另一个原因是黑人遗传基因中对缺盐环境的适应机制，造成了西方化的黑人中患高血压的比白人高两倍。这也就是说，黑人由于长年生活在缺盐的环境里，在遗传基因中已形成了对缺盐环境的适应机制，当这些黑人到了食品含盐量高的西方去生活，他们遗传基因中的这种对缺盐环境的适应机制一时无法适应含盐量高的食品，因而患高血压的人比白人高两倍。要支持研究者的这种假设，最有力的证据莫过于：如果黑人的遗传基因中没有对缺盐环境的适应机制，那么他们即使生活在西方的食品含盐量高的环境里，也不会比白人更容易患高血压。选项 A 说明，塞内加尔和冈比亚历史上一直不缺盐，即这两个国家的黑人的遗传基因中没有对缺盐环境的适应机制，他们的后裔包括生活在西方的后裔的血压就通常不高，这就成为支持研究者的假设的最有力的证据。

4. 样本不具有代表性削弱，样本具有代表性加强

当题干是通过抽样调查来得出一般性的结论时，通常可通过所抽样本是否具有代表性来进行削弱或者加强。当样本不具有代表性时，题干论证就存在着"以偏概全"的逻辑漏洞，可以起到对题干论证很强的削弱作用。需要注意的是样本数量的多少和样本占总体的比例不影响样本的代表性，影响样本是否具有代表性的主要因素是样本是否有区别于总体的某些特殊的特征。

【例题 7】《花与美》杂志受 A 市花鸟协会委托，就 A 市评选市花一事对杂志读者群进行了民意调查，结果 60% 以上的读者将荷花选为市花，于是编辑部宣布，A 市大部分市民赞成将荷花定为市花。

以下哪项如果属实，最能削弱该编辑部的结论？

A. 有些《花与美》读者并不喜欢荷花。
B.《花与美》杂志的读者主要来自 A 市一部分收入较高的女性市民。
C.《花与美》杂志的有些读者并未在调查中发表意见。
D. 市花评选的最后决定权是 A 市政府而非花鸟协会。
E.《花与美》杂志的调查问卷将荷花放在十种候选花的首位。

【答案】B

【解析】若 B 项为真，说明所取的调查样本不具有代表性，即样本不当。因此，编辑部根据该调查得出的"大部分市民赞成将荷花定为市花"的结论受到了严重的削弱。

【例题 8】加利福尼亚当局要求司机在通过某特定路段时，在白天也要像晚上一样使用头灯，结果发现这条路上的年事故发生率比从前降低了 15%。他们得出结论：在全州范围内都推行该项日间开灯的规定会同样地降低事故发生率。

下列哪项如果正确，最能支持作者的论断？

A. 由于可以选择其他路线，因此所测试路段的交通量在测试期间减少了。
B. 司机们对在该测试路段使用头灯的要求的了解来自于在每个行驶方向上的三个显著的标牌。
C. 在某些条件下，包括有雾和暴雨的条件下，加利福尼亚的大多数司机已经在日间使用了头灯。
D. 全面地推行该项日间开灯的规定后，对头灯灯泡的损耗速度要高于现在的水平，因此将需要更频繁地更换灯泡。
E. 该测试路段在选取时包括了在加利福尼亚州驾车时可能遇见的多种路况。

【答案】D

【解析】上题的结论是根据一个特例而得出一个普遍性的结论，而要保证这种推论正确，必须补充一个条件，即该特例的结果在其他类型情况下也能实现，所以答案为 D。

5. 数量和比例相互转化

忽略基数是人们在日常生活和工作中容易出现的问题，从单方面的绝对数量得出的结论往往会有偏差。类似的问题在联考逻辑中也经常出现，需要考生有考虑基数和比例的意识，通过数量和比例的转化来进行相应的削弱或加强。

【例题9】在"非典"期间，某地区共有7名参与治疗"非典"的医务人员死亡，同时也有10名未参与"非典"治疗工作的医务人员死亡。这说明参与"非典"治疗并不比日常医务工作危险。

以下哪项相关断定如果为真，最能削弱上述结论？

A.参与"非典"治疗死亡的医务人员的平均年龄，略低于未参与"非典"治疗而死亡的医务人员。

B.参与"非典"治疗的医务人员的体质，一般高于其他医务人员。

C.个别参与治疗"非典"死亡的医务人员的死因，并非是感染"非典"病毒。

D.医务人员中只有一小部分参与了"非典"治疗工作。

E.经过治疗的"非典"患者死亡人数，远低于未经治疗的"非典"患者死亡人数。

【答案】D

【解析】要说明参与"非典"治疗是否比日常医务工作危险，关键不是医务人员死亡人数的比较，而是死亡率的比较。如果事实上医务人员中只有一小部分参与了"非典"治疗工作，则参与治疗"非典"医务人员的死亡率可能明显低于未参与"非典"治疗工作的医务人员死亡率。可见，选项D能有力地削弱题干的结论。

【例题10】某高校本科生毕业论文中被发现有违反学术规范行为的人次在近10年来明显增多，然而，这并不能说明当代大学生在学术道德方面的素质越来越差。

以下哪项如果为真，将会明显加强上述结论？

A.互联网的强大功能为学术不端行为带来了极大的便利。

B.高校没有对大学生进行学术道德方面的相关教育。

C.近10年来大学本科毕业生的数量大幅增加。

D.仍有30名大学本科生的毕业论文被评为省优秀论文。

E.该高校的本科毕业生毕业后的收入水平明显高于同类高校。

【答案】C

【解析】A项：互联网为学术不端行为带来便利，是在解释违反学术规范行为的人次增多，在一定程度上削弱了论点；B项：高校没有对大学生进行学术道德方面的相关教育，这也是在解释违反学术规范行为的人次增多，在一定程度上也削弱了论点；C项：近10年来大学本科毕业生的数量大幅增加，说明毕业生的总体数量多了，相应的违反学术规范行为的人也就比以前多了，那么存在学术不端行为的大学生所占的比例很有可能是下降的，从而在"当代大学生学术道德素质"和"近10年来违反学术规范行为的人次"间搭桥，进而加强了题干中的结论，是答案；D项：有三十名大学本科生的毕业论文被评为省优秀论文，与大学生在学术道德方面的素质越来越差无直接关系，属无关选项。E项：未提及与学术相关的内容，属于无关选项。综上，故正确答案为C。

6. 同比削弱，差比加强

人们往往会认为有比例关系的两个事物存在因果关系，例如某学校期末考试成绩得优秀的学生中女生占70%，很容易得出结论：女生成绩比男生好。但是，如果当我们考查发现该校全体学生中，女生也占 70% 的话，我们会发现男生的优秀率和女生的优秀率是一样的，这样"女生成绩比男生好"的结论就会被削弱。如果全校学生中女生所占的比例超过 70%，男生的优秀率会女生的优秀率高，那么就会对"女生成绩比男生好"这个结论进行更强力度的削弱。这就是所谓的同比削弱。

如果全校学生中女生所占的比例低于 70%，男生的优秀率会女生的优秀率低，那么就会对"女生成绩比男生好"这个结论进行加强。全校学生中女生所占比例越低，加强的力度就会越强。这就是所谓的差比加强。

【例题 11】据国际卫生与保健组织 1999 年年会"通讯与健康"公布的调查报告显示，68% 的脑癌患者都有经常使用移动电话的历史。这充分说明，经常使用移动电话将会极大地增加一个人患脑癌的可能性。

以下哪项如果为真，则将最严重地削弱上述结论？

A. 进入 20 世纪 80 年代以来，使用移动电话者的比例有惊人的增长。
B. 有经常使用移动电话的历史的人在 1990~1999 年超过世界总人口的 65%。
C. 在 1999 年全世界经常使用移动电话的人数比 1998 年增加了 68%。
D. 使用普通电话与移动电话通话者同样有导致脑癌的危险。
E. 没有使用过移动电话的人数在 20 世纪 90 年代超过世界总人口的 50%。

【答案】B

【解析】若一份针对中国人的调查显示，肺癌患者中 90% 以上都是汉族人，那么显然不能得出结论，汉族人更容易患肺癌，因为汉族人本身就占了中国人的 90% 以上。同理，若 B 项的断定为真，说明在世界总人口中，有经常使用移动电话历史的人所占的比例，已接近在脑癌患者中有经常使用移动电话历史的人所占的比例，这样题干的结论就被被严重削弱。而其余各项均不能削弱题干的结论。

【例题 12】最近一项调查显示，近年来在某市高收入人群中，本地人占 80% 以上，这充分说明外地人在该市获得高收入相当困难。

以下哪项如果为真，最能支持上述结论？

A. 外地人占该市总人口的比例高达 40%。
B. 外地人占该市总人口的比例不足 30%。
C. 该市中低收入人群中，外地人占 40%。
D. 该市中低收入人群中，本地人占不足 30%。
E. 本地人占该市总人口的比例高达 80%。

【答案】A

【解析】要判断题干结论的可靠性，不仅需要确定高收入人群中本地人的比例，还需要确定市总人口中本地人的比例。这两个比例越接近，题干结论的可靠性越弱。后者比前者越低，结论的可靠性越强。A 项如果为真，说明本地人口只占市总人口 60%，而高收入人群中，本地人占 80% 以上。这就有力地支持了题干的结论。

7. 引入他因削弱，排除他因加强

当题干中确定了某种因果关系时，通过引进其他可能导致题干中结果的原因，可以起到对题干论证的削弱，通过排除其他可能导致题干中结果的原因，可以起到对题干论证的加强。

【例题 13】巴西赤道雨林的面积每年以惊人的比例减少，引起了全球的关注。但是，卫星照片的数据显示，去年巴西雨林面积的缩小比例明显低于往年。去年，巴西政府支出数百万美元用以制止滥砍滥伐和防止森林火灾。巴西政府宣称，上述卫星照片的数据说明巴西政府保护赤道雨林的努力取得了显著成效。

以下哪项如果为真，最能削弱巴西政府的结论？

A. 去年巴西用以保护赤道雨林的财政投入明显低于往年。

B. 与巴西毗邻的阿根廷国的赤道雨林的面积并未缩小。

C. 去年巴西的旱季出现了异乎寻常的大面积持续降雨。

D. 巴西用于雨林保护的费用只占年度财政支出的很小比例。

E. 森林面积的萎缩是全球性的环保问题。

【答案】C

【解析】该项意味着，去年巴西赤道雨林面积的缩小比例明显低于往年的原因，并不是本国政府保护赤道雨林的努力导致的，而是由于巴西的旱季出现了异乎寻常的大面积持续下雨，从而削弱了题干。

【例题 14】对常兴市 23 家老人院的一项评估显示，爱慈老人院在疾病治疗水平方面受到的评价相当低，而在其他不少方面评价不错。虽然各老人院的规模大致相当，但爱慈老人院医生与住院老人的比率在常兴市的老人院中几乎是最小的。因此，医生数量不足是造成爱慈老人院在疾病治疗水平方面评价偏低的原因。以下哪项如果为真，最能加强上述论证？

A. 和祥老人院也在常兴市，对其疾病治疗水平的评价比受慈老人院还要低。

B. 爱慈老人院的医务护理人员比常兴市其他老人院都要多。

C. 爱慈老人院的医生发表的相关学术文章很少。

D. 爱慈老人院位于常兴市的市郊。

E. 爱慈老人院某些医生的医术水平一般。

【答案】B

【解析】题干的结论是：医生数量不足是造成爱慈老人院在疾病治疗水平方面评价偏低的原因。论据一：爱慈老人院在疾病治疗水平方面得到的评价相当低，而在其他不少方面评价不错；论据二：各老人院的规模大致相当，但爱慈老人院医生与住院老人的比率最小。

B 项是个没有他因的支持，指出"爱慈老人院的医务护理人员比常兴市其他老人院都要多"，一定意义上加强了"疾病治疗方面的水平低一定是因为医生的缺少"这个结论。

8. 因果倒置是削弱，因果未倒置是加强

因果倒置是一种在相对确定的条件下把原因和结果相互颠倒，视结果为原因和视原因为结果而引起的谬误。比如，有机物的腐败与微生物的入侵存在着一定的因果关系，后者是因，前者是果。但有的人却认为是因为有机物腐败才引起微生物的入侵，从而把两者真实的因果关系颠倒了。

如果选项能说明通过中存在因果倒置，那么该选项就能起到非常强的削弱作用，反之，如果某选项能够说明题干中的原因和结果并没有倒置，那么该选项就能起到对题干论证的加强作用。

【例题 15】参与带有呼吸器潜水的人平均比不参与这项运动的人更健康。因此，带有呼吸器潜水有助于提高人的健康。

基于下列哪一个，上面的论述易遭受批评？

A. 预先假设进行呼吸器潜水的每个人这样做只是为了健康原因。

B. 导致一个更远并且不实际的结论：不参与呼吸器潜水，没有人能够获得好的健康。

C. 没有指出每年有少量的人在呼吸器潜水事故中严重受伤。

D. 提高某人健康的前提条件好像其本身是能够保证健康的因素。

E. 忽视了人们通常不参与戴呼吸器潜水的可能性是他们没有健康的身体。

【答案】E

【解析】因为"健康"所以"带有呼吸器潜水"，而不是因为"带有呼吸器潜水"而"健康"，因果关系被颠倒。

【例题16】一项调查显示，某班参加挑战杯比赛的同学，与那些未参加此项比赛的同学相比，学习成绩一直保持较高的水平。此项调查得出结论：挑战杯比赛通过开拓学生的视野，增加学生的学习兴趣，激发学生的创造潜力，有效地提高了学生的学习成绩。以下哪项如果为真，最能加强上述调查结论的说服力？

A. 没有参加挑战杯比赛的同学如果通过其他活动开拓视野，也能获得好成绩。

B. 整天在课室内读书而不参加课外科技活动的学生，他们的视野、学习兴趣和创造力都会受到影响。

C. 没有参加挑战杯比赛的同学大都学习很努力。

D. 参加挑战杯比赛并不以学习成绩好为条件。

E. 参加挑战杯比赛的同学约占全班的半数。

【答案】D

【解析】题干根据参加挑战杯比赛的同学的学习成绩优于未参加此项比赛的同学，得出结论：挑战杯比赛有效地提高了学生的学习成绩。要使这一结论有说服力，显然必须有：参加挑战杯比赛并不以学习成绩好为条件。否则，如果只允许成绩好的同学参加挑战杯比赛，题干的结论就没有说服力。

9. **割裂因果是削弱，连接因果是加强**

当某个选项能够说明题干论证所建立的原因和结果之间没有任何联系时，该选项就能起到对题干论证很强的削弱作用，俗称"拆桥"；当某个选项能够说明题干中的原因和结果之间确实存在联系时，该选项就能起到对题干论证的加强作用，俗称"搭桥"。

【例题17】不仅人上了年纪会难以集中注意力，就连蜘蛛也有类似的情况。年轻蜘蛛结的网整齐均匀，角度完美；年老蜘蛛结的网可能出现缺口，形状怪异。蜘蛛越老，结的网就越没有章法。科学家由此认为，随着时间的流逝，这种动物的大脑也会像人脑一样退化。

以下哪项如果为真，最能质疑科学家的上述论证？

A. 优美的蛛网更容易受到异性蜘蛛的青睐。

B. 年老蜘蛛的大脑较之年轻蜘蛛，其脑容量明显偏小。

C. 运动器官的老化会导致年老蜘蛛结网能力下降。

D. 蜘蛛结网只是一种本能的行为，并不受大脑控制。

E. 形状怪异的蛛网较之整齐均匀的蛛网，其功能没有大的差别。

【答案】D

【解析】题干中科学家由蜘蛛结网的好坏来判断动物的大脑是否退化,削弱可找理由说明二者可能根本无关,例如强调结网只是一种本能的行为,并不受大脑控制。

A、B、E 属于无关选项,很容易排除。C 选项可以削弱,但并有完全割裂蜘蛛大脑退化与织网之间的关系,其削弱力度比 D 项弱,可排除。

【例题 18】一份对北方山区先天性精神分裂症患者的调查统计表明,大部分患者都出生在冬季。专家们指出,其原因很可能是那些临产的孕妇营养不良,因为在这一年最寒冷的季节中,人们很难买到新鲜食品。

以下哪项如果为真,能支持题干中的专家的结论

A. 在精神分裂症患者中,先天性患者只占很小的比例。

B. 调查中相当比例的患者有家族史。

C. 与引起精神分裂症有关的大脑区域的发育,大部分发生在产前一个月。

D. 新鲜食品与腌制食品中的营养成分对大脑发育的影响相同。

E. 虽然生活在北方山区,但被调查对象的家庭大都经济条件良好。

【答案】C

【解析】题干专家的观点是,临产的孕妇营养不良是导致先天性精神分裂症的原因。C 项说明了,由于与引起精神分裂症有关的大脑区域的发育,大部分发生在产前一个月,又由于冬季难买到新鲜食品易使临产的孕妇营养不良,因此,冬季出生的婴儿易患先天性精神分裂症。这就支持了题干中专家关于先天性精神分裂症患者的解释的结论。

二、其他论证题型的分析思路

1. 解释题型

(1) 解释现象类问题的分析思路

通常可通过分析选项是否与题干内容一致、选项态度中立、因果相关度、论证完整性等方面来寻找最能解释题干现象的选项。

(2) 解释矛盾类问题的分析思路

解释矛盾类问题可以看做是特殊的削弱加强类问题,削弱原有论证,加强现有论证,可以将前文常用的削弱和加强方法应用到此类题目。

2. 假设题型

(1) 过度假设类问题分析思路

过度假设类问题与加强问题类似,需要补充一个充分性假设,在这样的假设下能保证题干结论成立,可以参照前文中所提到的常用加强方法。

(2) 必须假设类问题的分析思路

过度假设类问题需要补充一个必要性假设,当这个假设为假时,题干结论不成立,通常用取非代入的方式来分析。

3. 评价题型

① 评价题型的正确选项的真假,会影响题干论证的成立与否。

②评价题型的正确选项一般会同时涉及题干论证所相关的各个方面。

4. 概括题型

概括结论题型俗称结论题，与形式逻辑的推出结论题型有差别，其结论的正确性不像形式逻辑部分的结论那样明确，需要考生判断出正确性最高的选项。

本类题型可以通过以下方法锁定正确答案：①分析选项研究对象是否与题干一致，②分析选项研究问题是否与题干一致。

第二节 论证逻辑过关测试

1. 赵明与王洪都是某高校辩论协会成员，在为今年华语辩论赛招募新队员问题上，两人发生了争执：

赵明：我们一定要选拔喜爱辩论的人，因为一个人只有喜爱辩论，才能投入精力和时间研究辩论并参加辩论比赛。

王洪：我们招募的不是辩论爱好者，而是能打硬仗的辩手，无论是谁，只要能在辩论赛中发挥应有的作用，他就是我们理想的人选。

以下哪项最可能是两人争论的焦点？

A. 招募的标准是从现实出发还是从理想出发。
B. 招募的目的是研究辩论规律还是培养实战能力。
C. 招募的目的是培养新人还是赢得比赛。
D. 招募的标准是对辩论的爱好还是辩论的能力。
E. 招募的目的是集体荣誉还是满足个人爱好。

2. 纯种赛马是昂贵的品种，一种由遗传缺陷引起的疾病威胁着纯种赛马，使它们轻则丧失赛跑能力，重则瘫痪甚至死亡。因此，赛马饲养者认为，一旦发现有此种缺陷的赛马应停止饲养。这种看法是片面的，因为一般地说，此种疾病可以通过饮食和医疗加以控制，另外，有此种遗传缺陷的赛马往往特别美，这正是马术表演特别看重的。

以下哪项最为准确地概括了题干所要论证的结论？

A. 美观的外表对于赛马来说特别重要。
B. 有遗传缺陷的赛马不一定丧失比赛能力。
C. 不应当绝对禁止饲养有遗传缺陷的赛马。
D. 一些有遗传缺陷的赛马的疾病未得到控制，是由于缺乏合理的饮食或必要的医疗。
E. 遗传疾病虽然是先天的，但其病变可以通过后天的人为措施加以控制。

3. 一项对西部山区小塘村的调查发现，小塘村约五分之三的儿童入中学后出现中度以上的近视，而他们的父母及祖辈，没有机会到正规学校接受教育，很少出现近视。

以下哪项作为上述断定的结论最为恰当？

A. 接受文化教育是造成近视的原因。
B. 只有在儿童期接受正式教育才易于形成近视。

C. 阅读和课堂作业带来的视觉压力必然造成儿童的近视。
D. 文化教育的发展和近视现象的出现有密切关系。
E. 小塘村约五分之二的儿童是文盲。

4. 水泥的原料是很便宜的，像石灰石和随处可见的泥土都可以用作水泥的原料。但水泥的价格会受石油价格的影响，因为在高温炉窑中把原料变为水泥要耗费大量的能源。

基于上述断定最可能得出以下哪项结论？
A. 石油是水泥所含的原料之一。
B. 石油是制水泥的一些高温炉窑的能源。
C. 水泥的价格随着油价的上升而下跌。
D. 水泥的价格越高，石灰石的价格也越高。
E. 石油价格是决定水泥产量的主要因素。

5. 地球在其形成的早期是一个熔岩状态的快速旋转体，绝大部分的铁元素处于其核心部分。有一些熔岩从这个旋转体的表面甩出，后来冷凝形成了月球。

如果以上这种关于月球起源的理论正确，则最能支持以下哪项结论？
A. 月球是唯一围绕地球运行的星球。
B. 月球将早于地球解体。
C. 月球表面的凝固是在地球表面凝固之后。
D. 月球像地球一样具有固体的表层结构和熔岩状态的核心。
E. 月球的含铁比例小于地球核心部分的含铁比例。

6. 核电站所发生的核泄漏严重事故的最初起因，没有一次是设备故障，都是人为失误所致。这种失误，和小到导致交通堵塞，大到导致仓库失火的人为失误，没有实质性的区别。从长远的观点看，交通堵塞和仓库失火几乎是不可避免的。

上述断定最能支持以下哪项结论？
A. 核电站不可能因设备故障而导致事故。
B. 核电站的设备管理并不比指挥交通、管理仓库复杂。
C. 核电站如果持续运作，那么发生核泄漏严重事故几乎是不可避免的。
D. 人们试图通过严格的规章制度以杜绝安全事故的努力是没有意义的。
E. 为使人类免于核泄漏引起的灾难，世界各地的核电站应当立即停止运行。

7. 一群在实验室里研究老鼠体内钙的新陈代谢的科学家发现，去除老鼠的甲状旁腺可以导致老鼠血液中的钙的水平比正常水平低很多，这个发现使科学家们假设甲状旁腺的功能是调节血液中的钙的水平。当钙的水平降到正常范围之下，它就升高钙的水平。在进一步的实验中，科学家们不但去除了老鼠的甲状旁腺，而且去除了它们的肾上腺，他们意外地发现老鼠血液内钙的水平的下降比单去除甲状旁腺时要慢得多。

下面哪项如果正确，能与科学家的假设相一致地解释那个意外的发现？
A. 肾上腺的作用是降低血液中的钙的水平。
B. 肾上腺与甲状旁腺在调节血液内的钙的水平时的作用是一样的。
C. 甲状旁腺的缺乏能促使肾上腺增加血液中的钙的水平。
D. 如果只是把老鼠的肾上腺去掉，而没有把其他的腺移去，这只老鼠的血液内的钙的水平将会维持不变。

E. 甲状旁腺的仅有功能是调节血液中的钙的水平。

8. 很多成年人对于儿时熟悉的《唐诗三百首》中的许多名诗，常常仅记得几句名句，而不知诗作者或诗名。甲校中文系硕士生只有三个年级，每个年级人数相等。统计发现，一年级学生都能把该书中的名句与诗名及其作者对应起来；二年级 2/3 的学生能把该书中的名句与作者对应起来；三年级 1/3 的学生不能把该书中的名句与诗名对应起来。

根据上述信息，关于该校中文系硕士生，可以得出以下哪项？

A. 1/3 以上的一、二年级学生不能把该书中的名句与作者对应起来。

B. 1/3 以上的硕士生不能将该书中的名句与诗名或作者对应起来。

C. 大部分硕士生能把书中的名句与诗名及其作者对应起来。

D. 2/3 以上的一、三年级学生能把该书中的名句与诗名对应起来。

E. 2/3 以上的一、二年级学生不能把该书中的名句与诗名对应起来。

9. 在西方经济发展的萧条期，消费需求的萎缩导致许多企业解雇职工甚至倒闭。在萧条期，被解雇的职工很难找到新的工作，这就增加了失业人数。萧条之后的复苏，是指消费需求的增加和社会投资能力的扩张，这种扩张需求带动了劳动力需求的增加。但是经历了萧条之后的企业主大都丧失了经商的自信，他们尽可能地推迟雇用新的职工。

上述断定如果为真，最能支持以下哪项结论？

A. 经济复苏不一定能迅速减少失业人数。

B. 萧条之后的复苏至少需要两三年。

C. 萧条期的失业大军主要由倒闭企业的职工组成。

D. 萧条通常是由企业主丧失经商自信引起的。

E. 在西方经济发展中，出现萧条是解雇职工造成的。

10. 林教授患有支气管炎。为了取得疗效，张医生要求林教授立即戒烟。以下哪项是张医生的要求所预设的？

A. 林教授抽烟。

B. 林教授的支气管炎非常严重。

C. 林教授以前戒过烟，但失败了。

D. 林教授抽的都是劣质烟。

E. 林教授有支气管炎家族史。

11. 肖群一周工作五天，除非这周内有法定休假日。除了周五在志愿者协会，其余四天肖群都在大平保险公司上班。上周没有法定休假日。因此，上周的周一、周二、周三和周四肖群一定在大平保险公司上班。

以下哪项是上述论证所假设的？

A. 一周内不可能出现两天以上的法定休假日。

B. 大平保险公司实行每周四天工作日制度。

C. 上周的周六和周日肖群没有上班。

D. 肖群在志愿者协会的工作与保险业有关。

E. 肖群是个称职的雇员。

12. 张教授：在西方经济萧条时期，由汽车尾气造成的空气污染状况会大大改善，因为开车上班的人大大减少了。

李工程师：情况恐怕不是这样。在萧条时期买新车的人大大减少。而车越老，排放的超标尾气造成的污染越严重。

张教授的论证依赖以下哪项假设？

A. 只有就业人员才开车。

B. 大多数上班族不使用公共交通工具上班。

C. 空气污染主要是由上班族的汽车所排放的尾气造成的。

D. 在萧条时期，开车上班人数的减少一定会造成汽车运行总量的减少。

E. 在萧条时期，开车上班人员的失业率高于不开车上班人员。

13. 有位美国学者做了一个实验，给测试儿童看三幅图画：鸡、牛、青草，然后让儿童将其分为两类。结果大部分中国儿童把牛和青草归为一类，把鸡归为另一类；大部分美国儿童则把牛和鸡归为一类，把青草归为另一类。这位美国学者由此得出：中国儿童习惯于按照事物之间的关系来分类，美国儿童则习惯于把事物按照各自所属的"实体"范畴进行分类。

以下哪项是这位学者得出结论所必须假设的？

A. 马和青草是按照事物之间的关系被列为一类的。

B. 鸭和鸡蛋是按照各自所属的"实体"范畴被归为一类的。

C. 美国儿童只要把牛和鸡归为一类，就是习惯于按照各自所属"实体"范畴进行分类。

D. 美国儿童只要把牛和鸡归为一类，就不是习惯于按照事物之间的关系来分类。

E. 中国儿童只要把牛和青草归为一类，就不是习惯于按照各自所属"实体"范畴进行分类。

14. 心脏的搏动引起血液循环。对同一个人，心率越快，单位时间进入循环的血液量越多。血液中的红细胞运输氧气。一般地说，一个人单位时间通过血液循环获得的氧气越多，他的体能及其发挥就越佳。因此，为了提高运动员在体育比赛中的竞技水平，应该加强他们在高海拔地区的训练，因为在高海拔地区，人体内每单位体积血液中含有的红细胞数量，要高于在低海拔地区。

以下哪项是题干的论证必须假设的？

A. 海拔的高低对运动员的心率不产生影响。

B. 不同运动员的心率基本相同。

C. 运动员的心率比普通人慢。

D. 在高海拔地区训练能使运动员的心率加快。

E. 运动员在高海拔地区的心率不低于在低海拔地区。

15. 面试是招聘的一个不可取代的环节，因为通过面试，可以了解应聘者的个性。那些个性不适合的应聘者将被淘汰。

以下哪项是上述论证最可能假设的？

A. 应聘者的个性很难通过招聘的其他环节展示。

B. 个性是确定录用应聘者的最主要因素。

C. 只有经验丰富的招聘者才能通过面试准确把握应聘者的个性。

D. 在招聘各环节中，面试比其他环节更重要。

E. 面试的唯一目的是了解应聘者的个性。

16. 生活成本与一个地区的主导行业支付的工资平均水平呈正相关。例如，某省雁南地区的主导行业是农业，而龙山地区的主导行业是汽车制造业。由此，我们可以得出结论：龙山地区的生活成本一定比雁南地区高。

以下哪项最可能是上文的假设？

A. 龙山地区的生活质量比雁南地区高。

B. 雁南地区参与汽车制造业的人比龙山地区少。

C. 汽车制造业支付的工资平均水平比农业高。

D. 山地区的生活成本比其他地区都高。

E. 龙山地区的居民希望离开龙山地区，到生活成本较低的地区生活。

17. 1989年以前，我国文物被盗情况严重，国家主要的博物馆中也发生了多起文物被盗案件，丢失珍贵文物多件。1989年后，国家主要的博物馆安装了技术先进的多功能防范系统，结果，此类重大盗窃案显著下降，这说明多功能防范系统对于保护文物安全起到了重要作用。

以下哪项如果为真，最能加强上述结论？

A. 20世纪90年代被盗的文物中包括一件珍贵的传世工艺品。

B. 从20世纪90年代早期开始，私人收藏馆和小展馆中发生的文物失盗案件明显上升。

C. 上述多功能防范系统经过国家级的技术鉴定。

D. 在1989—1999年，主要博物馆为馆内重要的珍贵文物所付的保险金有了较大幅度的增加。

E. 在20世纪90年代初，文物失盗案件北方比南方严重，因为南方经济较发达，保护文物方法较先进。

18. 某校的一项抽样调查显示：该校经常泡网吧的学生中，家庭经济条件优越的占80%，学习成绩下降的也占80%。因此家庭条件优越是学生泡网吧的重要原因，泡网吧是学习成绩下降的重要原因。

以下哪项如果为真，最能加强上述论证？

A. 该校是市重点学校，学生的成绩高于普通学校。

B. 该校狠抓教学质量，上学期半数以上学生的成绩都有明显提高。

C. 被抽样调查的学生多数能如实填写问卷。

D. 该校经常做这种形式的问卷调查。

E. 该项调查的结果已上报，受到了教育局的重视。

19. 爱尔兰有大片泥煤蕴藏量丰富的湿地。环境保护主义者一直反对在湿地区域采煤。他们的理由是开采泥煤会破坏爱尔兰湿地的生态平衡，其直接严重后果是污染水源。然而，这一担心是站不住脚的。据近50年的相关统计，从未发现过因采煤而污染水源的报告。

以下哪项如果为真，最能加强题干的论证？

A. 在爱尔兰的湿地采煤已有200年的历史，期间从未因此造成水源污染。

B. 在爱尔兰，采煤湿地的生态环境和未采煤湿地没有实质性的不同。

C. 在爱尔兰，采煤湿地的生态环境和未开采前没有实质性的不同。
D. 爱尔兰具备足够的科技水平和财政支持来治理污染，保护生态。
E. 爱尔兰是世界上生态环境最佳的国家之一。

20. 近年来，我国南北方都出现了酸雨，一项相关的研究报告得出结论：酸雨并没有对我国的绝大多数森林造成危害。专家建议将此修改为：我国的绝大多数森林没有出现受酸雨危害的显著特征，如非正常落叶、高枯死率等。

以下哪项如果为真，最有助于说明专家所做修改是必要的？

A. 酸雨对森林造成的危害结果有些是不显著的。
B. 我国有些森林出现了非正常落叶、高枯死率的现象。
C. 非正常落叶、高枯死率是森林受酸雨危害的典型特征，如果不出现这种特征，说明森林未受酸雨危害。
D. 酸雨是工业污染，特别是燃煤污染的直接结果。
E. 我国并不是酸雨危害最严重的国家。

21. 刘建是乐进足球队的主力左后卫，有很强的助攻能力，有时甚至能破门得分。但是，新主教练上任后，刘建却降为替补，鲜有上场机会。该教练的理由是刘建虽然助攻能力强，但他把守的左路经常在比赛中被对手突破，使本队陷入被动。以下哪项如果为真，最有助于解释该教练决定的合理性？

A. 对队员的调整拥有决定权能树立新教练的权威。
B. 刘建曾公开为前主教练辩护，反对更换主教练。
C. 该教练崇尚进攻，主张进攻是最好的防守。
D. 足球队后卫最主要的职责是防守。
E. 刘建喜欢喝酒的习惯影响训练和比赛的状态。

22. 市场上推出了一种新型的电脑键盘。新型键盘具有传统键盘所没有的"三最"特点，即最常用的键设计在最靠近最灵活手指的部位。新型键盘能够大大提高键入速度，并减少错误率。因此，用新型键盘替换传统键盘能迅速地提高相关部门的工作效率。

以下哪项如果为真，最能削弱上述论证？

A. 有的键盘使用者最灵活的手指和平常人不同。
B. 传统键盘中最常用的键并非设计在离最灵活手指最远的部位。
C. 越能高效率地使用传统键盘，短期内越不易熟练地使用新型键盘。
D. 新型键盘的价格高于传统键盘的价格。
E. 无论使用何种键盘，键入速度和错误率都因人而异。

23. 近年来，立氏化妆品的销量有了明显的增长，同时，该品牌用于广告的费用也有同样明显的增长。业内人士认为，立氏化妆品销量的增长，得益于其广告的促销作用。

以下哪项如果为真，最能削弱上述结论？

A. 立氏化妆品的广告费用，并不多于其他化妆品。
B. 立氏化妆品的购买者中，很少有人注意到该品牌的广告。
C. 注意到立氏化妆品广告的人中，很少有人购买该产品。
D. 消协收到的对立氏化妆品的质量投诉，多于其他化妆品。

E. 近年来，化妆品的销售总量有明显增长。

24. 讯通驾校希望减少中老年学员的数量。因为一般而言，中老年人的培训难度较大。但统计数据表明，该校中老年学员的比例在逐渐增加。很显然，讯通驾校的上述希望落空了。

以下哪项如果为真，最能削弱上述论证？

A. 讯通驾校关于年龄阶段的划分不准确。

B. 国家关于汽车驾驶者的年龄限制放宽了。

C. 培训合格的中老年驾驶员是驾校不可推卸的责任。

D. 中老年人学习驾车是汽车进入家庭后的必然趋势。

E. 讯通驾校附近另一家驾校开设了专招青年学员的低价速成培训班。

25. 一般认为，一个人80岁与他30岁时相比，理解和记忆能力都显著减退。最近的一项调查显示，80岁的老人和30岁的年轻人在玩麻将时所表现出的理解和记忆能力没有明显差别。因此，认为一个人到了80岁理解和记忆能力会显著减退的看法是站不住脚的。

以下哪项如果为真，最能削弱上述论证？

A. 玩麻将需要的主要不是理解和记忆能力。

B. 玩麻将只需要较低的理解和记忆能力。

C. 80岁的老人比30岁的年轻人有更多的时间玩麻将。

D. 玩麻将有利于提高一个人的理解和记忆能力。

E. 一个人到了80岁理解和记忆能力会显著减退的看法是对老年人的偏见。

26. 某中学发现有学生课余用扑克玩带有赌博性质的游戏，因此规定学生不得带扑克进入学校。不过即使是硬币，也可以用作赌具，但禁止学生带硬币进入学校是不可思议的。因此，禁止学生带扑克进入学校是荒谬的。

以下哪项如果为真，最能削弱上述论证？

A. 禁止带扑克进入学校不能阻止学生在校外赌博。

B. 硬币作为赌具远不如扑克方便。

C. 很难查明学生是否带扑克进入学校。

D. 赌博不但败坏校风，而且影响学生学习成绩。

E. 有的学生玩扑克不涉及赌博。

27. 大投资的所谓巨片的票房收入，一般是影片制作与商业宣传总成本的二至三倍。但是电影产业的年收入大部分来自中小投资的影片。

以下哪项如果为真，最能解释题干的现象？

A. 大投资的巨片中确实不乏精品。

B. 大投资巨片的票价明显高于中小投资影片。

C. 对观众的调查显示，大投资巨片的平均受欢迎程度不高于中小投资影片。

D. 票房收入不是评价影片质量的主要标准。

E. 投入市场的影片中，大部分是中小投资的影片。

28. 一般商品只有在多次流通过程中才能不断增值，但艺术品作为一种特殊商品却体现出了与一般商品不同的特征。在拍卖市场上，有些古玩、字画的成交价有很大的随机性，往往会直接受到拍卖现场气氛、竞价激烈程度、买家心理变化等偶然因素的影响，成交价有时会高于底价几十倍乃至数百倍，使得艺术品在一次"流通"中实现大幅度增值。

以下哪项最无助于解释上述现象？

A. 艺术品的不可再造性决定了其交换价格有可能超过其自身价值。

B. 不少买家喜好收藏，抬高了艺术品的交易价格。

C. 有些买家就是为了炒作艺术品，以期获得高额利润。

D. 虽然大量赝品充斥市场，但是对艺术品的交易价格没有什么影响。

E. 国外资金进入艺术品拍卖市场，对价格攀升起到了拉动作用。

29. 若成为白领的可能性无性别差异，按正常男女出生率 102：100 计算，当这批人中的白领谈婚论嫁时，女性和男性数量应当大致相等。但实际上，某市妇联近几年举办的历次大型白领相亲活动中，报名的男女比例约为 3：7，有时甚至达到 2：8，这说明文化程度越高的女性越难嫁，文化低的反而好嫁；男性则正好相反。

以下除哪项外，都有助于解释上述分析与实际情况不一致？

A. 男性因长相、身高、家庭条件等被女性淘汰者多于女性因长相、身高、家庭条件等被男性淘汰者。

B. 与男性白领不同，女性白领要求高，往往只找比自己更优秀的男性。

C. 大学毕业后出国的精英分子中，男性多于女性。

D. 与本地女性竞争的外地优秀女性多于与本地男性竞争的外地优秀男性。

E. 一般来说，男性参加大型相亲会的积极性不如女性。

30. 英国有家小酒馆采取客人吃饭付费"随便给"的做法，即让顾客享用葡萄酒、蟹柳及三文鱼等美食后，自己决定付账金额。大多数顾客均以公平或慷慨的态度结账，实际金额比那些酒水菜肴本来的价格高出 20%。该酒馆老板另有四家酒馆，而这四家酒馆每周的利润与付账"随便给"的酒馆相比少 5%，这位老板因此认为"随便给"的营销策略很成功。

以下哪项如果为真，最能解释老板营销策略的成功？

A. 部分顾客希望自己看上去有教养，愿意掏足够甚至更多的钱。

B. 如顾客所付低于成本价，就会受到提醒而补足差价。

C. 对于过分吝啬的顾客，酒馆老板常常也无可奈何。

D. 另外四家酒馆位置不如这家"随便给"酒馆。

E. 客人常常不知道酒水菜肴的实价，不知道该付多少钱。

答案与解析

1. **【答案】** D

【解析】 本题是评价论证概括焦点题型，技巧：抓住两人论证结构。所谓焦点，应该是双方都在谈论的而且观点相反的地方。

赵明论证结论：我们一定要选拔喜爱辩论的人。证据：因为一个人只有喜爱辩论，才能投入精力和时间研究辩论并参加辩论赛。王洪论证结论：我们招募的是能打硬仗的辩手。证据：只要能在辩论赛中发挥应有的作用，他就是我们理想的人选。双方的焦点在于，选拔人才的标准是兴趣还是能力。所以，正确答案为 D。两人都没谈论现实或理想，A 项排除；题干不涉及研究或培养的问题，B 项排除；两人都认同招募新人是要去赢得比赛，所以 C 项排除；

两人显然都不认同招募的目的是满足个人爱好，E项排除。

2. 【答案】C

【解析】本题是推出结论概括结论题型，解题关键是理清题干论证结构层次。以句号为单位，题干分三层，第一层讲有遗传缺陷的纯种赛马的结局；第二层对赛马饲养者的观点进行反驳，认为其片面；第三层是他的两点理由。所以，题干的意思是，由遗传缺陷引起疾病的赛马，其疾病可以控制，且这种赛马特别适合马术表演，所以，发现有此种缺陷的赛马应停止饲养的观点是片面的。C项概括最准确，注意题干的结论：停止饲养有缺陷的纯种赛马的看法是片面的。B选项可能是真的，但不是题干的结论；A选项把题干的"马术表演"偷换成了"赛马"；D项可能为真，但不是题干的结论。正确答案为C。

3. 【答案】D

【解析】本题是推出可能结论概括结论题型。此类试题的关键是弄清题干的语义层次、逻辑结构与重点提示词，明白题干信息所涉及的逻辑方法。题干用的是求异法，儿童的父母和祖辈没有机会接受正式教育，很少出现近视；儿童有机会接受中学教育，大部分出现中度以上近视，根据求异法进行对比，可以得出：有没有机会接受正式教育，与是否出现近视现象有关系。D项概括最为恰当，符合题干所给信息；A项的表述与D项相比，过于绝对，两者有关系不等于就是因果关系；B项中的"只有……才……"和C项中的"必然"过于绝对，求异法只能得出可能性结论；E项无关。注意：上真推下真类试题，凡是没有涉及题干已知条件的选项，肯定不是答案；凡是归纳类比得出的结论，一定不能是必然绝对化的。正确答案为D。

4. 【答案】B

【解析】本题是推出可能结论题型，解题关键是对题干已知信息的理解与把握。题干结论：水泥的价格会受石油价格的影响。理由：在高温炉窑中把原料变为水泥要耗费大量的能源。这中间有一个预设：在高温炉窑中把原料变为水泥要耗费的大量能源就是石油。B项准确指出了此项预设。正确答案为B。E项不一定能推出，因为题干没有涉及水泥产量这个概念。

5. 【答案】E

【解析】本题是推出可能结论题型。以句号为单位，分为两层：（1）绝大部分铁元素都在地球的核心部分，即地球表面含铁元素的比例低于核心部分；（2）月球是由地球表面熔岩旋转甩出后形成的。由此可以得到：月球的含铁比例肯定低于地球核心部分的含铁比例。正确答案为E。A、B、D项信息在题干中均未提及；C项不一定，因为可能地球在月球之后凝固但不再甩出熔岩。注意实事求是原则，凡是题干未提及的信息，选项不能添加。

6. 【答案】C

【解析】本题是推出可能结论题型，注意阅读技巧：层次、提示词。题干认为核泄漏的起因与交通阻塞和仓库失火的起因没有实质性区别，为一个类比推理，既然交通阻塞和仓库失火从长期看不可避免，那么由此可推出：核泄漏从长期看也不可避免。正确答案为C。

7. 【答案】A

【解析】本题考查求同求异并用法、共变法。题干指出：去除肾上腺与甲状旁腺，钙水平下降要慢得多；去除甲状旁腺、保留肾上腺，钙水平下降要快得多，又因为甲状旁腺可以提高钙水平，所以肾上腺的作用是降低血液中钙的水平。正确答案为A。

8. 【答案】D

【解析】本题是推出结论题型。先分析清楚条件，找到规律与考点，利用归纳法进行求同归纳。

（1）每个年级人数相等；（2）所有一年级学生可以把诗名、名句、作者对应；（3）2/3 的二年级学生可以把名句和作者对应；（4）1/3 的三年级学生不能把名句和诗名对应起来，即 2/3 的三年级学生能把名句和诗名对应起来；据（2）和（4）可以利用求同法归纳得出：一、三年级中 2/3 以上的学生可以把名句和诗名对应起来。正确答案为 D。

9. 【答案】A

【解析】本题是推出可能结论题型，先以句号为单位分层，然后找到逻辑提示词。"但是"二字之后为本题关键，经历萧条之后的企业主大都推迟雇用新的职工，再结合"但是"前面的表达"经济复苏需求带动了劳动力需求的增加"可知，经济复苏不一定能迅速减少失业人数，正确答案为 A。B 项中的"至少需要两三年"题干未涉及；C 项不是题干的观点；D 项、E 项指出萧条原因，而题干没有涉及。

10. 【答案】A

【解析】本题是评价论证预设题型。预设指的是一个命题以及它的否定命题都需要共同预先假设的东西。不管林教授戒烟对于疗效有没有作用，都必须预设林教授抽烟这个事实。正确答案为 A。

11. 【答案】C

【解析】本题是评价论证假设题型，解题关键在于找到证据与结论，然后建立两者之间的关系。根据题干已知"上周没有法定休假日"与"肖群一周工作五天，除非这周有法定休假日"，可以得出"肖群上周工作五天"；根据周五在志愿者协会，其余四天在大平，可以得出周一、二、三、四、六、日一定有四天在大平公司上班。要得出题干的结论上周一、二、三、四在大平上班，必须假设前提"上周六、日肖群不上班"。C 项必须假设。注意必要条件的表达方式："Y，除非 X" = "只有 X，才非 Y" = "非 X，则 Y"。正确答案为 C。

12. 【答案】D

【解析】本题是评价论证假设题型，解题关键在于找到证据与结论，然后建立两者之间的关系。张教授由经济萧条时期开车上班的人大大减少，得出由汽车尾气造成的空气污染状况会大大改善的结论，"原因—结果"类题干的假设思路有两种：一是通过排除其他原因导致这个结果，来进行间接支持；二是直接建立原因与结果之间的联系，可以通过"两者有内在联系或者没有这个原因就没有这个结果"的思路进行直接支持，即开车上班的人减少会带来汽车尾气造成的污染减少。D 项是假设，如果 D 项为真，则说明开车上班的人减少会造成汽车运行总量的减少，则由汽车尾气造成的污染减少就能成立，建立了题干证据与结论的关系。A、B 项都没有涉及"开车上班的人减少"与"汽车尾气造成的污染减少"之间的关系，为无关选项；C 项虽然建立了"开车上班"与"空气污染"的关系，但是"空气污染是否主要由上班族的汽车所排放的尾气造成的"与"开车上班的人减少"是否会带来"由汽车尾气造成的空气污染减少"无关，就算空气污染主要不是上班族汽车的尾气造成的，也不影响"开车上班的人减少"导致"汽车尾气所造成的空气污染减少"，C 项不是张教授论证的假设，也没有提及"经济萧条时期"，关键概念没有与题干保持一致；E 项与话题无关。评价论证题型最简单的做法就是找到题干证据与结论的关键概念，建立两者关系的就是假设项或支持项，割裂两者关系的就是削弱项。当有干扰选项时，话题越接近题干论证关键概念的力度越强。正确答案为 D。

13. 【答案】C

【解析】本题是评价论证假设题型，必须建立证据与结论之间的关系。题干证据是"大部分中国儿童把牛和青草归为一类，把鸡归为另一类；大部分美国儿童则把牛和鸡归为一类，把青草归为另一类"；结论是"中国儿童习惯于按照事物之间的关系来分类，美国儿童则习惯于把事物按照各自所属的'实体'范畴进行分类"。假设必须建立证据与结论之间的关系。C 项如果为真，直接建立了"美国儿童把牛和鸡归为一类"与"习惯于按照所属'实体'范畴分类"之间的关系；A 项的"马和青草"与题干信息无关；B 项的"鸭和鸡蛋"与题干无关；D 项只是排除"把牛和鸡归为一类"是"按照事物之间的关系分类"，没有建立其证据"美国儿童把牛和鸡归为一类"与结论"按照'实体'范畴分类"的关系；E 项同 D 项，只是排除了"把牛和青草归为一类"是"按照'实体'范畴分类"，未建立其证据"中国儿童把牛和青草归为一类"与结论"中国儿童习惯于按照事物之间的关系分类"的关系。正确答案为 C。

14. 【答案】E

【解析】题干认为：单位时间通过血液循环获得的氧气越多，体能及其发挥就越好。而使得单位时间通过血液循环获得的氧气更多的因素有两个：一个是心率要快，另一个是红细胞数量要多。题干认为为了提高运动员的竞技水平，应在高海拔地区训练。这假定了运动员在高海拔地区的心率至少不低于在低海拔地区，这是最低限度的要求。选项 A、D 相对于选项 E 来说，都不是必须假设的。正确答案为 E。

15. 【答案】A

【解析】题干的论证结构：面试是不可取代的，因为通过面试可以了解个性。这个论证假定了除面试外，没有其他的方法可以了解应聘者的个性。正确答案为 A。如果 A 不假设，则意味着应聘者的个性可以通过其他的方法来展示，而面试就是可以取代的环节。

16. 【答案】C

【解析】题干论证结构：由于生活成本与主导行业的工资水平呈正相关，而雁南地区的主导行业是农业，龙山地区的主导行业是汽车制造业，所以，龙山的生活成本高于雁南。在这个论证中，首先要假设的是汽车制造业支付的工资平均水平高于农业，这样才能使题干的论证成立。正确答案为 C。

17. 【答案】B

【解析】题干论证结构为：安装了多功能防范系统后重大盗窃案显著下降，这说明多功能防范系统起到了保护作用。只要是建立这两者之间关系的就是支持项。选项 B 的意思为：没有安装这种多功能防范系统的私人收藏馆和小展馆盗窃案件上升，即在相同的时间段，没有安装这种多功能防范系统的失窃案件没有下降反而上升，说明多功能防范系统对于保护文物安全起到了重要作用。正确答案为 B。

18. 【答案】B

【解析】题干的论证结构为：经常泡网吧的学生中学习成绩下降的占 80%，所以，学生泡网吧是成绩下降的重要原因。要使题干的论证成立，必须保证没有其他的因素导致同样的统计结果。如果整个学校80%以上的学生成绩都在下降,则意味着大多数学生成绩都在下降,泡网吧也只是同样比例的学生成绩在下降,并不能说明泡网吧会影响学习成绩,严重削弱了题干的论证。所以,如果选项B为真,半数以上学生的成绩都在提高,则意味着不是因为大多数人成绩下降,才使得统计结果如是(泡网吧的学生中,学习成绩下降的占80%),有力地支持了题干的论证。正确答案为B。

本题有点难度,关键在于理解"不是其他的因素导致了统计结果",即并不是这个学校80%以上的学生成绩都在下降。

19.【答案】C

【解析】题干认为:环境保护主义者关于"开采泥煤会破坏爱尔兰湿地的生态平衡,其直接严重后果是污染水源"的观点是站不住脚的,因为根据近50年来的统计,从未发现过因采煤而污染水源的报告。如果选项C为真,则意味着同一块湿地,开采前、后的生态环境没有实质性的不同,这就说明采煤不会破坏生态环境,从而有力地支持了题干的论证。其他选项的话题范围太大,不如选项C紧扣题干的论证。同一块地在开采前后的比较,比不同的湿地之间的比较更加有说服力。正确答案为C。

20.【答案】A

【解析】专家建议将"酸雨并没有对我国的绝大多数森林造成危害"修改成"我国的绝大多数森林没有出现酸雨危害的显著特征"。注意两者的区别,后者关键之处在于"没有出现受酸雨危害的显著特征"。如果选项A为真,则说明有些危害是不显著的,即没有出现明显的危害特征,并不意味着没有受到危害,有力地支持了专家的修改意见。这是直接支持题干的结论。正确答案为A。

21.【答案】D

【解析】教练把刘建降为替补,理由是,刘建虽然助攻能力强,但作为左后卫,其防守的左路经常被突破。如果选项D为真,则说明刘建没有完成后卫的职责,说明教练的决定是合理的。正确答案为D。

22.【答案】C

【解析】题干的结论为"用新型键盘替换传统键盘能迅速地提高相关部门的工作效率",理由是"新型键盘能够大大提高键入速度"。如果选项C为真,"越能高效率使用传统键盘,短期内越不易熟练使用新型键盘",则说明使用新型键盘在短期内不会有利于工作效率的提高,有力地削弱了题干的结论。本题的削弱类型为直接削弱结论,正确答案为C,其他选项均无法削弱题干论证。

23.【答案】C

【解析】题干认为:立氏化妆品销量的增长,得益于广告的促销作用。削弱就是割裂两者之间的关联。如果选项C为真,则说明看到广告的人基本上不买其产品,这就说明广告不仅没有促销作用,反而有反作用,正确答案为C。选项B的削弱力度不如选项C,如果选项B为真,则说明买东西的人并没有受到广告的影响,说明广告没有什么作用。选项D为无关选项,质量投诉和销量的增长没有必然联系。

24.【答案】E

【解析】题干的论证结构为:由于该校中老年学员的比例在逐渐增加,所以,该校中老年学员的数量（注意：不是比例）也在增加（减少中老年学员数量的希望落空了）。比例在增加是否意味着绝对数量也在增加？关键看同一个集合中其他的相关类的比例是否有变化。如果选项 E 为真，则说明很可能其所有成员中的青年学员的比例在减少，所以，就算其学员当中中老年学员的比例增加，也不一定意味着其数量在增加。其他选项对论证没有削弱作用。正确答案为 E。

25. 【答案】B

【解析】题干论证结构为：由于"80 岁的老人和 30 岁的年轻人在玩麻将时所表现出的理解和记忆能力没有明显差别"，所以，一个人到了 80 岁，其理解和记忆能力并不会显著衰退。如果选项 B 为真，则说明"80 岁的老人和 30 岁的年轻人在玩麻将时所表现出的理解和记忆能力没有明显差别"的原因是玩麻将只需要较低的理解和记忆能力，既然只需要较低的理解和记忆能力，则意味着不能由"80 岁的老人和 30 岁的年轻人在玩麻将时所表现出的理解和记忆能力没有明显差别"而推出结论"一个人到了 80 岁理解和记忆能力会显著减退的看法是站不住脚的"。所以，正确答案为 B。

26. 【答案】B

【解析】首先分析题干的论证结构，题干为一个类比推论，由于硬币可以作赌具，但禁止学生带硬币进学校是不可思议的，而扑克和硬币一样，所以，禁止学生带扑克进校也是荒谬的。作为削弱，只要指出扑克和硬币不能类比即可，即硬币与扑克是有差异的。所以，正确答案为 B。

27. 【答案】E

【解析】解释题型解题关键在于看清题干的现象是什么，然后根据题干信息比较这两个不同的现象。题干有两个看上去不一致的现象：一方面"大投资的所谓巨片的票房收入，一般是影片制作与商业宣传总成本的二至三倍"，另一方面"电影产业的年收入大部分来自中小投资的影片"，即大投资巨片收入更高，但电影产业的年收入大部分来自中小投资的影片。这个现象只能通过数量来解释，即大投资巨片虽然赚钱，但每年投放到市场的数量少，而中小投资的影片虽然不一定赚很多钱，但每年数量远大于巨片。E 项如果为真，最能解释题干的现象。A 项没有涉及收入问题；B 项只能解释巨片收入高，但无法解释产业的年收入问题；C 项根本没有涉及收入问题；D 项的话题与收入无关，题干没有谈论影片质量问题。注意：解释题的关键就是看清题干的现象，不要脱离题干过度发挥。正确答案为 E。

28. 【答案】D

【解析】题干需要解释的现象为：一般商品只有在多次流通过程中才能不断增值，而艺术品仅需一次"流通"就可能实现大幅度增值。D 项不能解释，其他各项或多或少都能对其大幅度增值进行解释，正确答案为 D。

29. 【答案】A

【解析】本题是解释题型，关键在于题干信息。题干中不一致的信息：本来男女数量相当，但是相亲活动中，报名的男女比例约为 3 : 7。要求选择不能解释的选项，能够解释的选项都应排除。A 项如果为真，则男性被淘汰者多于女性，即剩男会越来越多，怎么解释报名的男性会越来越少呢？所以，A 项不能解释。其他选项都或多或少能解释报名的女性为什么会多于男性。做此种试题，不能对选项做过多钻牛角尖式的发挥与理解。正确答案为 A。

30. 【答案】B

【解析】本题是解释题型。技巧：关键是找到需要解释的现象，注意关键概念的一致性，不要对选项任意发挥。题干现象"大多数顾客均以公平或慷慨的态度结账，实际金额比那些酒水菜肴本来的价格高出20%。该酒馆老板另有四家酒馆，而这四家酒馆每周的利润与付账'随便给'的酒馆相比少5%"。A、B两项都能进行一定的解释。A项的"部分顾客"不能确保利润增加；B项如果为真，则说明少给的人都被要求补齐成本，加上"大多数顾客公平或慷慨"，可以保证利润的增加。正确答案为B。注意：题目是当假设选项为真时来解释的。

实战篇

2020年管理类专业硕士学位全国联考综合能力试卷逻辑真题及答案

2022年管理类专业硕士学位全国联考综合能力试卷模拟卷逻辑试题（1）及答案解析

2022年管理类专业硕士学位全国联考综合能力试卷模拟卷逻辑试题（2）及答案解析

考点分析： 本部分为全书的实战篇，适用于逻辑备考复习的真题强化阶段。考生通过本部分的学习，可以对逻辑真题有一个清晰的全盘把握，有助于提升考生的做题能力和增强考生的考试信心。

时间安排： 本部分是模拟考试的内容，建议考生用3天时间来练习。上午做一套题进行模拟考试，下午对这套题的答案和解析进行深入的研习，吃透每一道题。

2020年管理类专业硕士学位全国联考综合能力试卷逻辑真题及答案

三、逻辑推理：第26～55小题，每小题2分，共60分。下列每题给出的A、B、C、D、E五个选项中，只有一项是符合试题要求的。

26. 领导干部对于各种批评意见应采取有则改之、无则加勉的态度，营造言者无罪、闻者足戒的氛围。只有这样，人们才能知无不言、言无不尽。领导干部只有从谏如流并为说真话者撑腰，才能做到"兼听则明"或作出科学决策；只有乐于和善于听取各种不同意见，才能营造风清气正的政治生态。

根据以上信息，可以得出以下哪项？

A. 领导干部必须善待批评、从谏如流，为说真话者撑腰。
B. 大多数领导干部对于批评意见能够采取有则改之、无则加勉的态度。
C. 领导干部如果不能从谏如流，就不能作出科学决策。
D. 只有营造言者无罪、闻者足戒的氛围，才能形成风清气正的政治生态。
E. 领导干部只有乐于和善于听取各种不同意见，人们才能知无不言、言无不尽。

27. 某教授组织了120名年轻的参试者，先让他们熟悉电脑上的一个虚拟城市，然后让他们以最快速度寻找由指定地点到达关键地标的最短路线，最后再让他们识别茴香、花椒等40种芳香植物的气味。结果发现，寻路任务中得分较高者其嗅觉也比较灵敏。该教授由此推测，一个人空间记忆力好、方向感强，就会使其嗅觉更为灵敏。

以下哪项如果为真，最能质疑该教授的上述推测？

A. 大多数动物主要靠嗅觉寻找食物、躲避天敌，其嗅觉进化有助于"导航"。
B. 有些参试者是美食家，经常被邀请到城市各处的特色餐馆品尝美食。
C. 部分参试者是马拉松运动员，他们经常参加一些城市举办的马拉松比赛。
D. 在同样的测试中，该教授本人在嗅觉灵敏度和空间方向感方面都不如年轻人。
E. 有的年轻人喜欢玩方向感要求较高的电脑游戏，因过分投入而食不知味。

28. 有学校提出，将效仿免费师范生制度，提供减免学费等优惠条件以吸引成绩优秀的调剂生，提高医学人才培养质量。有专家对此提出反对意见：医生是既崇高又辛苦的职业，要有足够的爱心和兴趣才能做好，因此，宁可招不满，也不要招收调剂生。

以下哪项最可能是上述专家论断的假设？

A. 没有奉献精神，就无法学好医学。
B. 如果缺乏爱心，就不能从事医生这一崇高的职业。
C. 调剂生往往对医学缺乏兴趣。
D. 因优惠条件而报考医学的学生往往缺乏奉献精神。
E. 有爱心并对医学有兴趣的学生不会在意是否收费。

29. 某公司为员工免费提供菊花、绿茶、红茶、咖啡和大麦茶5种饮品。现有甲、乙、丙、丁、戊5位员工，他们每人都只喜欢其中的2种饮品，且每种饮品都只有2人喜欢。已知：

（1）甲和乙喜欢菊花，且分别喜欢绿茶和红茶中的一种；

（2）丙和戊分别喜欢咖啡和大麦茶中的一种。

根据上述信息，可以得出以下哪项？

A. 甲喜欢菊花和绿茶　　　　　　B. 乙喜欢菊花和红茶

C. 丙喜欢红茶和咖啡　　　　　　D. 丁喜欢咖啡和大麦茶

E. 戊喜欢绿茶和大麦茶

30. 考生若考试通过并且体检合格，则将被录取。因此，如果李铭考试通过，但未被录取，那么他一定体检不合格。

以下哪项与以上论证方式最为相似？

A. 若明天是节假日并且天气晴朗，则小吴将去爬山。因此，如果小吴未去爬山，那么第二天一定不是节假日或者天气不好。

B. 一个数若能被 3 整除且能被 5 整除，则这个数能被 15 整除。因此，一个数若能被 3 整除但不能被 5 整除，则这个数一定不能被 15 整除。

C. 甲单位员工若去广州出差并且是单人前往，则均乘坐高铁。因此，甲单位小吴如果去广州出差，但未乘坐高铁，那么他一定不是单人前往。

D. 若现在是春天并且雨水充沛，则这里野草丰美。因此，如果这里野草丰美，但雨水不充沛，那么现在一定不是春天。

E. 一壶茶若水质良好且温度适中，则一定茶香四溢。因此，如果这壶茶水质良好且茶香四溢，那么一定温度适中。

31～32 题基于以下题干

"立春""春分""立夏""夏至""立秋""秋分""立冬""冬至"是我国二十四节气中的八个节气，"凉风""广莫风""明庶风""条风""清明风""景风""阊阖风""不周风"是八种节风。上述八个节气与八种节风之间一一对应。已知：

（1）"立秋"对应"凉风"；

（2）"冬至"对应"不周风""广莫风"之一；

（3）若"立夏"对应"清明风"，则"夏至"对应"条风"或者"立冬"对应"不周风"；

（4）若"立夏"不对应"清明风"或者"立春"不对应"条风"，则"冬至"对应"明庶风"。

31. 根据上述信息，可以得出以下哪项？

A. "秋分"不对应"明庶风"　　　　B. "立冬"不对应"广莫风"

C. "夏至"不对应"景风"　　　　　D. "立夏"不对应"清明风"

E. "春分"不对应"阊阖风"

32. 若"春分"和"秋分"两节气对应的节风在"明庶风"和"阊阖风"之中，则可以得出以下哪项？

A. "春分"对应"阊阖风"　　　　　B. "秋分"对应"明庶风"

C. "立春"对应"清明风"　　　　　D. "冬至"对应"不周风"

E. "夏至"对应"景风"

33. 小王：在这次年终考评中，女员工的绩效都比男员工高。

小李：这么说，新入职员工中绩效最好的还不如绩效最差的女员工。

以下哪项如果为真，最能支持小李的上述论断？

A. 男员工都是新入职的。

B. 新入职的员工有些是女性。

C. 新入职的员工都是男性。

D. 部分新入职的女员工没有参与绩效考评。

E. 女员工更乐意加班，而加班绩效翻倍计算。

34. 某市2018年的人口发展报告显示，该市常住人口1170万，其中常住外来人口440万，户籍人口730万。从区级人口分布情况来看，该市G区常住人口240万，居各区之首；H区常住人口200万，位居第二；同时，这两个区也是吸纳外来人口较多的区域，两个区常住外来人口200万，占全市常住外来人口的45%以上。

根据以上陈述，可以得出以下哪项？

A. 该市G区的户籍人口比H区的常住外来人口多。

B. 该市H区的户籍人口比G区的常住外来人口多。

C. 该市H区的户籍人口比H区的常住外来人口多。

D. 该市G区的户籍人口比G区的常住外来人口多。

E. 该市其他各区的常住外来人口都没有G区或H区的多。

35. 移动支付如今正在北京、上海等大中城市迅速普及。但是，并非所有中国人都熟悉这种新的支付方式，很多老年人仍然习惯传统的现金交易。有专家因此断言，移动支付的迅速普及会将老年人阻挡在消费经济之外，从而影响他们晚年的生活质量。

以下哪项如果为真，最能质疑上述专家的论断？

A. 到2030年，中国60岁以上人口将增至3.2亿，老年人的生活质量将进一步引起社会关注。

B. 有许多老年人因年事已高，基本不直接进行购物消费，所需物品一般由儿女或社会提供，他们的晚年生活很幸福。

C. 国家有关部门近年来出台多项政策指出，消费者在使用现金支付被拒时可以投诉，但仍有不少商家我行我素。

D. 许多老年人已在家中或社区活动中心学会移动支付的方法以及防范网络诈骗的技巧。

E. 有些老年人视力不好，看不清手机屏幕；有些老年人记忆力不好，记不住手机支付密码。

36. 下表显示了某城市过去一周的天气情况：

星期一	星期二	星期三	星期四	星期五	星期六	星期日
东南风 1～2级 小雨	南风 4～5级 晴	无风 小雪	北风 1～2级 阵雨	无风 晴	西风 3～4级 阴	东风 2～3级 中雨

以下哪项对该城市这一周天气情况的概括最为准确？

A. 每日或者刮风，或者下雨。

B. 每日或者刮风，或者晴天。

C. 每日或者无风，或者无雨。

D. 若有风且风力超过3级，则该日是晴天。
E. 若有风且风力不超过3级，则该日不是晴天。

37～38题基于以下题干

放假3天，小李夫妇除安排一天休息之外，其他两天准备做6件事：①购物（这件事编号为①，其他依次类推）；②看望双方父母；③郊游；④带孩子去游乐场；⑤去市内公园；⑥去影院看电影。他们商定：

（1）每件事均做一次，且在1天内做完，每天至少做两件事；
（2）④和⑤安排在同一天完成；
（3）②在③之前1天完成。

37. 如果③和④安排在假期的第2天，则以下哪项是可能的？

A. ①安排在第2天　　　　　　B. ②安排在第2天
C. 休息安排在第1天　　　　　D. ⑥安排在最后1天
E. ⑤安排在第1天

38. 如果假期第2天只做⑥等3件事，则可以得出以下哪项？

A. ②安排在①的前1天　　　　B. ①安排在休息一天之后
C. ①和⑥安排在同一天　　　　D. ②和④安排在同一天
E. ③和④安排在同一天

39. 因业务需要，某公司欲将甲、乙、丙、丁、戊、己、庚7个部门合并到丑、寅、卯3个子公司。已知：

（1）一个部门只能合并到一个子公司；
（2）若丁和丙中至少有一个未合并到丑公司，则戊和甲均合并到丑公司；
（3）若甲、己、庚中至少有一个未合并到卯公司，则戊合并到寅公司且丙合并到卯公司。

根据上述信息，可以得出以下哪项？

A. 甲、丁均合并到丑公司　　　B. 乙、戊均合并到寅公司
C. 乙、丙均合并到寅公司　　　D. 丁、丙均合并到丑公司
E. 庚、戊均合并到卯公司

40. 王研究员：吃早餐对身体有害。因为吃早餐会导致皮质醇峰值更高，进而导致体内胰岛素异常，这可能引发Ⅱ型糖尿病。

李教授：事实并非如此。因为上午皮质醇水平高只是人体生理节律的表现，而不吃早餐不仅会增加患Ⅱ型糖尿病的风险，还会增加患其他疾病的风险。

以下哪项如果为真，最能支持李教授的观点？

A. 一日之计在于晨，吃早餐可以补充人体消耗，同时为一天的工作准备能量。
B. 糖尿病患者若在9点至15点之间摄入一天所需的卡路里，血糖水平就能保持基本稳定。
C. 经常不吃早餐，上午工作处于饥饿状态，不利于血糖调节，容易患上胃溃疡、胆结石等疾病。
D. 如今，人们工作繁忙，晚睡晚起现象非常普遍，很难按时吃早餐，身体常常处于亚健康状态。
E. 不吃早餐的人通常缺乏营养和健康方面的知识，容易形成不良生活习惯。

41. 某语言学爱好者欲基于无涵义语词、有涵义语词构造合法的语句。已知：
（1）无涵义语词有 a、b、c、d、e、f，有涵义语词有 W、Z、X；
（2）如果两个无涵义语词通过一个有涵义语词连接，则它们构成一个有涵义语词；
（3）如果两个有涵义语词直接连接，则它们构成一个有涵义语词；
（4）如果两个有涵义语词通过一个无涵义语词连接，则它们构成一个合法的语句。
根据上述信息，以下哪项是合法的语句？

A. aWbcdXeZ　　　　　　B. aWbcdaZe　　　　　　C. fXaZbZWb
D. aZdacdfX　　　　　　E. XWbaZdWc

42. 某单位拟在椿树、枣树、楝树、雪松、银杏、桃树中选择4种栽种在庭院中。已知：
（1）椿树、枣树至少种植一种；
（2）如果种植椿树，则种植楝树但不种植雪松；
（3）如果种植枣树，则种植雪松但不种植银杏。
如果庭院中种植银杏，则以下哪项是不可能的？

A. 种植椿树　　　　　　B. 种植楝树　　　　　　C. 不种植枣树
D. 不种植雪松　　　　　E. 不种植桃树

43. 披毛犀化石多分布在欧亚大陆北部，我国东北平原、华北平原、西藏等地也偶有发现。披毛犀有一个独特的构造——鼻中隔，简单地说就是鼻子中间的骨头。研究发现，西藏披毛犀化石的鼻中隔只是一块不完全的硬骨，早先在亚洲北部、西伯利亚等地发现的披毛犀化石的鼻中隔要比西藏披毛犀的"完全"，这说明西藏披毛犀具有更原始的形态。

以下哪项如果为真，最能支持以上论述？

A. 一个物种不可能有两个起源地。
B. 西藏披毛犀化石是目前已知最早的披毛犀化石。
C. 为了在冰雪环境中生存，披毛犀的鼻中隔经历了由软到硬的进化过程，并最终形成一块完整的骨头。
D. 冬季的青藏高原犹如冰期动物的"训练基地"，披毛犀在这里受到耐寒训练。
E. 随着冰期的到来，有了适应寒冷能力的西藏披毛犀走出西藏，往北迁徙。

44. 黄土高原以前植被丰富，长满大树，而现在千沟万壑，不见树木，这是植被遭破坏后水流冲刷大地造成的惨痛结果。有专家进一步分析认为，现在黄土高原不长植物，是因为这里的黄土其实都是生土。

以下哪项最可能是上述专家推断的假设？

A. 生土不长庄稼，只有通过土壤改造等手段才适宜种植粮食作物。
B. 因缺少应有的投入，生土无人愿意耕种，无人耕种的土地瘠薄。
C. 生土是水土流失造成的恶果，缺乏植物生长所需要的营养成分。
D. 东北的黑土地中含有较厚的腐殖层，这种腐殖层适合植物的生长。
E. 植物的生长依赖熟土，而熟土的存续依赖人类对植被的保护。

45. 日前，科学家发明了一项技术，可以把二氧化碳等物质"电成"有营养价值的蛋白粉，这项技术不像种庄稼那样需要具备合适的气温、湿度和土壤等条件。他们由此认为，这项技术开辟了未来新型食物生产的新路，有助于解决全球饥饿问题。

以下各项如果为真，则除了哪项均能支持上述科学家的观点？

A. 让二氧化碳、水和微生物一起接受电流电击，可以产生出有营养价值的食物。

B. 粮食问题是全球性重大难题，联合国估计到2050年将有20亿人缺乏基本营养。

C. 把二氧化碳等物质"电成"蛋白粉的技术将彻底改变农业，还能避免对环境造成不利影响。

D. 由二氧化碳等物质"电成"的蛋白粉，约含50%的蛋白质、25%的碳水化合物、核酸及脂肪。

E. 未来这项技术将被引入沙漠或其他面临饥荒的地区，为解决那里的饥饿问题提供重要帮助。

46～47题基于以下题干

某公司甲、乙、丙、丁、戊5人爱好出国旅游。去年，在日本、韩国、英国和法国4国中，他们每人都去了其中的两个国家旅游，且每个国家总有他们中的2～3人去旅游。已知：

（1）如果甲去韩国，则丁不去英国；

（2）丙与戊去年总是结伴出国旅游；

（3）丁和乙只去欧洲国家旅游。

46. 根据以上信息，可以得出以下哪项？

A. 甲去了韩国和日本　　B. 乙去了英国和日本　　C. 丙去了韩国和英国
D. 丁去了日本和法国　　E. 戊去了韩国和日本

47. 如果5人去欧洲国家旅游的总人次与去亚洲国家的一样多，则可以得出以下哪项？

A. 甲去了日本　　B. 甲去了英国　　C. 甲去了法国
D. 戊去了英国　　E. 戊去了法国

48. 1818年前后，纽约市规定，所有买卖的鱼油都需要经过检查，同时缴纳每桶25美元的检查费。一天，一名鱼油商人买了三桶鲸鱼油，打算把鲸鱼油制成蜡烛出售。鱼油检查员发现这些鲸鱼油根本没经过检查，根据鱼油法案，该商人需要接受检查并缴费。但该商人声称鲸鱼不是鱼，拒绝缴费，遂被告上法庭。陪审团最后支持了原告，判决该商人支付75美元检查费。

以下哪项如果为真，最能支持陪审团所作的判决？

A. 古希腊有先哲早就把鲸鱼归类到胎生四足动物和卵生四足动物之下，比鱼类更高一级。

B. 纽约市相关法律已经明确规定，"鱼油"包括鲸鱼油和其他鱼类的油。

C. "鲸鱼不是鱼"和中国古代公孙龙的"白马非马"类似，两者都是违反常识的诡辩。

D. 19世纪的美国虽有许多人认为鲸鱼是鱼，但也有许多人认为鲸鱼不是鱼。

E. 当时多数从事科学研究的人都肯定鲸鱼不是鱼，而律师和政客持反对意见。

49. 尽管近年来我国引进不少人才，但真正顶尖的领军人才还是凤毛麟角。就全球而言，人才特别是高层次人才紧缺已呈常态化、长期化趋势。某专家由此认为，未来10年，美国、加拿大、德国等主要发达国家对高层次人才的争夺将进一步加剧，而发展中国家的高层次人才紧缺状况更甚于发达国家，因此，我国高层次人才引进工作急需进一步加强。

以下哪项如果为真，最能加强上述专家的论证？

A. 我国近年来引进的领军人才数量不及美国等发达国家。
B. 我国理工科高层次人才紧缺程度更甚于文科。
C. 发展中国家的一般性人才不比发达国家少。
D. 我国仍然是发展中国家。
E. 人才是衡量一个国家综合国力的重要指标。

50. 移动互联网时代，人们随时都可进行数字阅读。浏览网页、读电子书是数字阅读，刷微博、朋友圈也是数字阅读。长期以来，一直有人担忧数字阅读的碎片化、表面化。但近来有专家表示，数字阅读具有重要价值，是阅读的未来发展趋势。

以下哪项如果为真，最能支持上述专家的观点？

A. 数字阅读便于信息筛选，阅读者能在短时间内对相关信息进行初步了解，也可以此为基础作深入了解，相关网络阅读服务平台近几年已越来越多。
B. 长有长的用处，短有短的好处，不求甚解的数字阅读也未尝不可，说不定在未来某一时刻，当初阅读的信息就会浮现出来，对自己的生活产生影响。
C. 当前人们越来越多地通过数字阅读了解热点信息，通过网络进行相互交流，但网络交流者常常伪装或匿名，可能会提供虚假信息。
D. 有些网络读书平台能够提供精致的读书服务，它们不仅帮你选书，而且帮你读书，你只需"听"即可，但用"听"的方式去读书，效率较低。
E. 数字阅读容易挤占纸质阅读的时间，毕竟纸质阅读具有系统、全面、健康、不依赖电子设备等优点，仍将是阅读的主要方式。

51. 某街道的综合部、建设部、平安部和民生部4个部门，需要负责街道的秩序、安全、环境、协调等4项工作，每个部门只负责其中的一项工作，且各部门负责的工作各不相同。已知：

（1）如果建设部负责环境或秩序，则综合部负责协调或秩序；
（2）如果平安部负责环境或协调，则民生部负责协调或秩序。

根据以上信息，以下哪项工作安排是可能的？

A. 建设部负责环境，平安部负责协调。
B. 建设部负责秩序，民生部负责协调。
C. 综合部负责安全，民生部负责协调。
D. 民生部负责安全，综合部负责秩序。
E. 平安部负责安全，建设部负责秩序。

52. 人非生而知之者，孰能无惑？惑而不从师，其为惑也，终不解矣。生乎吾前，其闻道也固先乎吾，吾从而师之；生乎吾后，其闻道也亦先乎吾，吾从而师之。吾师道也，夫庸知其年之先后生于吾乎？是故无贵无贱，无长无少，道之所存，师之所存也。

根据以上信息，可以得出以下哪项？

A. 与吾生乎同时，其闻道也必先乎吾。
B. 师之所存，道之所存也。
C. 无贵无贱，无长无少，皆为吾师。
D. 与吾生乎同时，其闻道不必先乎吾。

E. 若解惑，必从师。

53. 学问的本来意义与人的生命、生活有关。但是，如果学问成为口号或教条，就会失去其本来的意义。因此，任何学问都不应该成为口号或教条。

以下哪项与上述论证方式最为相似？

A. 大脑会改编现实经历。但是，如果大脑只是储存现实经历的"文件柜"，就不会对其进行改编。因此，大脑不应该只是储存现实经历的"文件柜"。

B. 人工智能应该可以判断黑猫和白猫都是猫。但是，如果人工智能不预先"消化"大量照片，就无从判断黑猫和白猫都是猫。因此，人工智能必须预先"消化"大量照片。

C. 机器人没有人类的弱点和偏见。但是，只有数据得到正确采集和分析，机器人才不会"主观臆断"。因此，机器人应该也有类似的弱点和偏见。

D. 椎间盘是没有血液循环的组织。但是，如果要确保其功能正常运转，就需依靠其周围流过的血液提供养分。因此，培养功能正常运转的人工椎间盘应该很困难。

E. 历史包含必然性。但是，如果坚信历史只包含必然性，就会阻止我们用不断积累的历史数据去证实或证伪它。因此，历史不应该只包含必然性。

54~55题基于以下题干

某项测试共有4道题，每道题给出A、B、C、D四个选项，其中只有一项是正确答案。现有张、王、赵、李4人参加了测试，他们的答题情况和测试结果如下：

答题者	第一题	第二题	第三题	第四题	测试结果
张	A	B	A	B	均不正确
王	B	D	B	C	只答对1题
赵	D	A	A	B	均不正确
李	C	C	B	D	只答对1题

54. 根据以上信息，可以得出以下哪项？

A. 第二题的正确答案是C B. 第二题的正确答案是D
C. 第三题的正确答案是D D. 第四题的正确答案是A
E. 第四题的正确答案是D

55. 如果每道题的正确答案各不相同，则可以得出以下哪项？

A. 第一题的正确答案是B B. 第一题的正确答案是C
C. 第二题的正确答案是D D. 第二题的正确答案是A
E. 第三题的正确答案是C

答　案

26. C	27. A	28. C	29. D	30. C
31. B	32. E	33. C	34. A	35. B
36. E	37. A	38. C	39. D	40. C

41. A	42. E	43. C	44. C	45. B
46. E	47. A	48. B	49. D	50. A
51. E	52. E	53. A	54. D	55. A

2022年管理类专业硕士学位全国联考综合能力试卷模拟卷逻辑试题（1）及答案解析

26. Y国利用其稀少的外汇储备来购买废铁以将其再循环为钢。虽然这样生产出来的钢赚回了比购买成本更多的外汇，但这一政策是愚蠢的。Y国自己的领土内有大量的铁矿储备，这些铁矿可以用最少的外汇支出来进行冶炼。

以下哪项如果为真，将为Y国从海外购买废铁的政策提供最强有力地支持？

A. 1987年以来国际市场的废铁价格显著上升了。

B. Y国的外汇储备在1987年显著下降了。

C. 事实上，采用废铁生产的钢和采用铁矿生产的钢在质量上没有区别。

D. 目前，世界上使用的钢中约有一半以上在生产中使用了废铁，并且专家们预测，将来废铁会被更广泛地使用。

E. 在Y国，建造和运营加工废铁的熔铁炉比冶炼矿石的熔炉需要少得多的外汇。

27. 人工智能有望代替老师的想法是：学生们对所学的科目的理解在于他们知道事实和规则，老师的工作就是使事实和规则明确化，并通过做练习或者教授的方法把它们传授给学生，如果大脑确实是那样运行的话，教师可以把事实和规则输进人工智能，人工智能就可以作为教练和教官代替教师。但是既然理解并不仅在于知道事实和规则，而且在于对事实和规则所内含的整体概念的掌握。所以，人工智能有望最终代替老师的想法从根本上说方向是错误的。

以下哪项如果为真，最能削弱作者关于人工智能不能最终代替老师的结论？

A. 人工智能在事实和规则方面对学生的训练与教师是一样的。

B. 教师的工作就是使学生们理解具体事实与规则所内含的全面概念。

C. 人工智能编程有可能使人工智能教授学生如何理解具体事实与规则所内含的整体概念。

D. 因为它们不会犯人类的错误，所以人工智能在传递事实与规则方面比教师强。

E. 学生们通过做练习和训练不可能理解事实与规则所内含的概念。

28. 某单位共有18名员工，因缺乏科学管理，人浮于事和分配不合理的现象十分严重，工资只分高、低两类。单位中不干事的比干事的还多，干事者中工资低的人比不干事者中工资低的人还多。令人感到欣慰的是，在不干事的人中，工资高的只占少数；另外，毕竟还有工资不低的干事者。最近，小三和小四离开了这个单位，但是该单位人员的上述结构并未因此而改变。

据此，可以推断小三或小四原来在单位中不可能是：

A. 工资高的干事者。　　　　B. 工资低的干事者。

C. 工资高的不干事者。　　　D. 工资低的不干事者。

E. 工资高的管理层。

29. 附哈大学为了成为世界一流大学，决定对其人才培养方案进行大修订，形成一批特色课程。因此，学校有关部门出国考察了10多个国家的几十所大学的培养方案，在汇合几十个部门意见的基础上，就特色课程的选择问题形成了如下几项决定：

（1）批判性思维概论、逻辑学基础至少选择一门选修；

（2）如果不选修民主与法制，那么就要选修谓词逻辑；

（3）如果选修逻辑学基础，那么就要选修哲学与人生艺术；

（4）哲学与人生艺术、谓词逻辑至少要舍弃一样。

如果上述断定都是真的，可以推出该学校应该选择的特色课程是：

A. 逻辑学基础或者哲学与人生艺术。

B. 批判性思维概论或者民主与法制。

C. 谓词逻辑或者逻辑学基础。

D. 谓词逻辑或者批判性思维概论。

E. 批判性思维概论或者哲学与人生艺术。

30. 三位少年去军事博物馆参观，讲解员说："装甲车辆是具有装甲防护的战斗车辆及其保障车辆的简称，一般人很难区分。你们能识别眼前的这辆战车吗？"

少年甲说："这不是主战坦克，也不是自行榴弹炮。"

少年乙说："这不是步兵战车，而是自行榴弹炮。"

少年丙说："这不是自行榴弹炮，而是步兵战车。"

结果他们中只有一人的两个判断都对，一人的判断一对一错，另外一人的全错了。

如果上述断定都是真的，以下哪项关于这辆战车的断定也一定是真的？

A. 主战坦克。　　　　B. 自行榴弹炮。　　　　C. 步兵战车。

D. 自行高炮。　　　　E. 不能确定。

31. 凡是绿色或褐色的棉花中都含有长纤维。没有一种江西省的棉花是绿色的或者褐色的。所以，江西省的棉花都是有环保价值的。

上面推理的结论以下述哪项为前提？

A. 一切不含有长纤维的棉花都是有环保价值的。

B. 绿色或褐色的棉花都是没有环保价值的。

C. 不是绿色也不是褐色的棉花都有环保价值。

D. 经常穿由含有长纤维的棉花织成的衣服有损环保。

E. 只有不是绿色或者不是褐色的棉花才有环保价值。

32. 位于大型社区的地铁站在出行高峰时段经常会人满为患，大批的乘客拥堵在进站口，进站口特殊的限流设备为地铁站的安全运行提供了很大的支持作用。但现在的限流通道是允许多个人并排通过的，这样的话就很容易造成人和人之间的拥挤，进而很容易引发肢体冲突。如果将限流通道设置成仅允许一人通过，那么就可以避免乘客在通道中发生肢体接触，这样的话就可以减少在进站口发生的斗殴事件。

以下哪项如果为真，最能削弱题干结论？

A. 上述改造计划在收集乘客意见时得到了大部分乘客的坚决反对。

B. 限流装置的改造需要花费大量的时间和成本，短期内完成不了。

C. 如果限流通道设置得比较窄，通道外就会滞留大量乘客，拥挤程度更甚。

D. 限流通道如果过于狭窄的话，乘客在通过时可能会被蹭伤。

E. 目前的限流通道的宽度是按照国际标准设置的。

33. 一些热爱户外活动的人是支持公益事业的热心人。所有的教授都支持对所有的公民征收同样的税率。所有支持公益事业的热心人都反对对所有的公民征收同样的税率。

如果上述断定都是真的，那么以下哪项一定是真的？

Ⅰ. 教授对支持公益事业不热心。
Ⅱ. 一些热爱户外活动的人支持对所有的公民征收同样的税率。
Ⅲ. 一些支持对所有的公民征收同样的税率的人是教授。
Ⅳ. 有些支持对所有的公民征收同样的税率的人不是教授。

A. 仅仅Ⅰ。
B. 仅仅Ⅱ。
C. Ⅲ和Ⅳ。
D. Ⅰ和Ⅲ。
E. Ⅰ、Ⅲ和Ⅳ。

34. 扶贫必扶智。让贫困地区的孩子们接受良好教育，是扶贫开发的重要任务，也是阻断贫困代际传递的重要途径。以上观点的前提是：

A. 贫困的代际传递导致教育的落后。
B. 富有阶层大都受过良好教育。
C. 扶贫工作难，扶智工作更难。
D. 努力改变命运，扶贫成就财富。
E. 智慧创造财富，教育提升智慧。

35. 世界被分为东方和西方，相应地，人类也分为东方人和西方人。原本只是地域的划分，但是后来发现东方人和西方人确实存在很多差别。东方人处事委婉但周到，西方人处事直接但现实。东方人讲究间接和内涵，西方人讲究直来直去。东方人重感性，西方人重理性。东方人求同存异，西方人标新立异。东方人讲面子，西方人讲实惠。按照目前的统计数据来看，在全世界范围内，东方人比西方人多，低收入者比高收入者多。

如果上述断定都是真的，以下哪项也必然是真的？

A. 东方的低收入者比西方的低收入者多。
B. 东方的低收入者比西方的高收入者多。
C. 东方的高收入者比西方的低收入者多。
D. 东方的高收入者比西方的高收入者多。
E. 东方的高收入者和西方的低收入者一样多。

36. 在赛马比赛中，共有五位骑手G、H、I、J、K，这五位骑手在各自的跑道上骑的赛马分别是以下这五匹马之一：P、Q、R、S、T。已知以下条件：

（1）G不是最先，就是最后到达终点；
（2）J总是先于K到达终点；
（3）H总是先于I到达终点；
（4）P总是最先到达终点；
（5）Q总是第二个到达终点；
（6）没有并列名次出现。

如果J骑的马是R，那么以下哪位骑手不能骑S？

A. 只有G。
B. 只有I。
C. 只有H。

D. G 和 I。　　　　　　　E. G、I 和 H。

37. 研究人员对 75 个胎儿进行了跟踪调查，他们中的 60 个偏好吸吮右手，15 个偏好吸吮左手。在这些胎儿出生后成长到 10 到 12 岁时，研究人员发现，60 个在胎儿阶段吸吮右手的孩子习惯用右手；而在 15 个吸吮左手的胎儿中，有 10 个仍旧习惯用左手，另外 5 个则变成"右撇子"。

以下各项都可以从上述题干中推出，除了：

A. 大部分人是"右撇子"。
B. 大多数人的偏侧性在胎儿时期就形成了。
C. "左撇子"可能变成"右撇子"，而"右撇子"很难变成"左撇子"。
D. 人的偏侧性随着年龄的增长不断改变。
E. 人的偏侧性可能不会随着年龄的增长而发生很大的改变。

38. "国有贤良之士众，则国家之治厚；贤良之士寡，则国家之治薄。"人才，尤其领导人才，如何科学准确地识别、选拔、使用，是事关国家兴亡的重大问题。江泽民同志在中央纪委第七次全会上特别强调，干部的优劣和是非功过，群众看得最清楚，也最有发言权。对于如何识人、用人的问题，他引用孟子的一段话说："左右皆曰贤，未可也；诸大夫皆曰贤，未可也；国人皆曰贤能，然后察之；见贤焉，然后用之。"

这段材料在如何识人、用人的问题上着重强调的是以下哪项观点？

A. 干部的优劣和是非功过，群众看得最清楚，也最有发言权。
B. 必须努力创新人才选任机制，以民主方法选拔人才，为国家服务。
C. 走群众路线，从多数人的意见中考查干部。
D. 干部选拔，群众最有发言权。大家都说是贤，就用这样的干部。
E. 如何科学准确地识别、选拔、使用人才事关国家兴亡。

39. 人工智能技术的日益发展对于我国乃至全世界的就业形势有十分重大的影响意义，其中无人驾驶技术给众多的司机从业者带来了前所未有的危机，无人驾驶技术产业化已经是箭在弦上，无人驾驶出租车、无人驾驶客机、无人驾驶地铁等技术日臻完善。迪拜早在 2010 年就建成了世界上最先进的地铁，全程行驶由计算机控制，列车上没有驾驶员。截止到 2019 年 3 月，我国已经开始运行了 6 条无人驾驶的地铁线路，今后几年会出现非常快速的发展。由此可见，我国大批的地铁从业者将在未来几年中下岗。

以下哪项如果为真，最能质疑上述结论？

A. 地铁驾驶员只占地铁从业者的一小部分。
B. 地铁无人驾驶技术只在目前的几个技术大国中完善，其他国家甚至连基本的地铁技术还不完善，只能行驶常规的列车。
C. 中国的铁路运输线路每年都在增多，需要吸收大量的有列车驾驶经验的员工。
D. 地铁行业中，驾驶员基本都需要同时做安全员。
E. 公交网络的完善会使得地铁的乘客流量有所减少。

40. 认知干预的原则认为，一个人的心理活动和心理状态决定于其内在的认知观念，个体心理问题的根源是其头脑中不合理的认识观念，认知干预就是要以正确的理论知识来改变个体的不合理认识。

以下哪项不属于认知干预？

A. 在实施某项手术前，医护人员以正确的医学和生理学知识告诉病人此项手术是必需和安全的，消除病人的焦虑。

B. 学校有计划、按步骤地对学校中有关人员的心理活动、个性特征或他们的心理问题施加影响，使之发生指向预期目标的变化。

C. 对于抑郁症患者，给其提供另一种可以解释其观察和经验的概念系统从而取代其原有的信念。

D. 对于渴望提高自身理论水平的在职人员，教师结合其实际，向其提供系统的理论知识。

E. 对于渴望成功的传销人员，学校和家庭应结合实际，对其进行马克思主义思想观的教育。

41. 欧未佳是20世纪70年代享誉世界的化妆品品牌，尤其是其洗面奶产品深受全世界爱美人士喜爱。无论是其用户还是用户的朋友都发现，用过欧未佳洗面奶产品一段时期的人脸色确实会好很多。然而该公司却在20世纪90年代爆出了惊人的内幕，其洗面奶产品中并没有在广告中所说的名为"youkena"的物质，而这种物质是其洗面奶产品中的核心物质。事实上，该产品所含物质的种类和其他品牌的洗面奶没有不同。

以下哪项如果为真，最能解释上述矛盾？

A. 欧未佳品牌的洗面奶中含有其他起着美白作用的物质。

B. 洗面奶的使用者是容易被广告暗示影响的，而且当时欧未佳的产品广告已经做到了铺天盖地的地步。

C. 欧未佳洗面奶产品中的各种物质的比例与其他品牌的产品有不同，使得该产品在使用时需要比其他产品多搓一会儿，而搓脸有助于改善脸色。

D. 很多消费者在使用欧未佳品牌洗面奶的同时也在使用其他品牌的洗面奶。

E. 欧未佳产品根据不同地区的肤质生产了适用于该物质的各种化妆品。

42. 某学院在开学之初，利用4天时间开设了哲学、逻辑、数学、统计、宗教、历史和艺术7门课程让学生试听。每天上午、下午各一门。除一门课程可以开设两次之外，其他课程均不重复。这4天的课程设置还须满足以下条件：

（1）艺术课程至少有一次安排在第3天；

（2）数学课程只能安排在逻辑课程的次日；

（3）第1天或第2天中至少有一天安排统计课程；

（4）哲学课程与数学课程或艺术课程安排在同一天；

（5）开设两次的课程不能安排在同一天，也不能安排在第3天，其中一次要安排在第4天。

如果以上为真，则逻辑课程不能安排在第几天？

A. 第1天。　　　　　　B. 第2天。　　　　　　C. 第3天。

D. 第4天。　　　　　　E. 第2天与第3天。

43. 两个关于科学对人类社会影响的评价的调查结果如表4-2-1：

表 4-2-1

回答	1991 年 8 月	1992 年 8 月
益处多	25%	81%
利弊均衡	37%	9%
害处多	20%	7%
无意见	18%	3%

以下哪项如果正确，最有利于解释人们关于科学对人类社会影响的看法的变化？

A. 这两个调查报告的调查对象是那些定期收看黄金时间电视节目的人，一个每周一次的、在黄金时间播出的片名为《科学的奇迹》的创新电视连续剧在 1992 年 1 月首次广泛公演后逐渐赢得了观众。

B. 这两个调查报告的调查对象是接受过大学教育的成年人。一篇发表于 1992 年 7 月的名叫《国家的学校状况》的报告说明学生们对科学课程的兴趣自 1982 年以来呈上升趋势。

C. 这两个调查报告是在一个郊区的购物区进行的，这个购物区与一个在 1992 年停止生产的公司相邻，该公司是因产品具有未预料到的有害影响受到控告而被迫停止经营的。

D. 两个调查表被寄给了两个大小一样的抽样人口，寄回 1991 年调查表的应答者被赠送了一张食品打折券，寄回 1992 年调查表的应答者被赠送了一本环保小册子。

E. 这两个调查报告的调查对象是该国家的大学一年级学生，那些进行这两个调查的人都是做研究的科学家。

44. 大量减少热量的摄入，如果同时伴随维生素的补充，可使实验室老鼠的寿命延长一倍。喂食 40% 标准食物量的老鼠的预期寿命是喂食标准食物量的老鼠的两倍。

如果以上信息正确，以下陈述除哪项外，都有助于解释喂食比标准食物量少的实验室老鼠活的时间是喂食标准食物量的老鼠的两倍？

A. 由于吃得少，降低了老鼠的新陈代谢速度，也就减少了老鼠自身的消耗。

B. 低热量的进食延缓了老鼠免疫系统的老化，从而保护老鼠免受一些常会致命的疾病的侵扰。

C. 大量减少热量的摄入促使荷尔蒙系统延缓衰老进程。

D. 比标准允许量吃得少的老鼠细胞的寿命比正常进食的老鼠细胞的寿命长。

E. 伴随着较少热量的饮食所做的对维生素的补充并没有增加饮食中的热量。

45～46 题基于以下题干：

三对夫妇，J 和 K、L 和 M、N 和 O 在饭店聚餐。K、M、O 是女士，其他三位是先生。每个人只点以下五个菜中的一个：猪排、烤牛肉、剑鱼、方头鱼、小牛肉。每个人点菜都要符合以下条件：

（1）夫妇双方不点相同的菜；

（2）三位先生所点的菜各不相同；

（3）M 点的菜是剑鱼；

（4）J 和 N 不点鱼类的菜；

（5）O点的菜是烤牛肉。

45. 以下哪项必然为真？
A. 有一位先生点猪排或小牛肉。　　B. 有一位先生点剑鱼或小牛肉。
C. 有两位女士点方头鱼。　　　　　D. 没有先生点鱼类。
E. 只有一位女士点鱼类。

46. 如果六个人都不点猪排，则以下哪项必然为真？
A. J点小牛肉。　　　B. K点方头鱼。　　　C. L点方头鱼。
D. 有一位先生点剑鱼。　　E. 有一位女士点方头鱼。

47. 自20世纪50年代以来，全球每年平均爆发的大型龙卷风的次数从10次左右上升至15次。与此同时，人类活动激增，全球气候明显变暖，有人据此认为：气候变暖导致龙卷风爆发次数增加。

以下哪项如果为真，最不能削弱上述结论？

A. 龙卷风的类型多样，全球变暖后，小型龙卷风出现的次数并没有明显的变化。

B. 气候温暖是龙卷风形成的一个必要条件，几乎所有龙卷风的形成都与当地较高的温度有关。

C. 尽管全球变暖，龙卷风依然最多地发生在美国的中西部地区，其他地区的龙卷风现象并不多见。

D. 龙卷风是雷暴天气（即伴有雷击和闪电的局地对流性天气）的产物，只要在雷雨天气下出现极强的空气对流，就容易发生龙卷风。

E. 地球上还没有人类时，也有极端冰川气候。

48. 某次会议讨论期间，甲、乙、丙、丁、戊被安排在一张圆桌前进行讨论，圆桌边放着标有1~5号的五张座椅（未必按序排列）。实际讨论时，甲、乙、丙、丁、戊5人均未按顺序坐在1~5号的座椅上，已知：

（1）甲坐在1号座椅右边第二张座椅上；

（2）乙坐在5号座椅左边第二张座椅上；

（3）丙坐在3号座椅左边第一张座椅上；

（4）丁坐在2号座椅左边第一张座椅上。

如果丙坐在1号座椅上，则可知甲坐的是哪个座椅？
A. 2号。　　　　　　B. 3号。　　　　　　C. 4号。
D. 5号。　　　　　　E. 1号。

49. 某公司30岁以下的年轻员工中有一部分报名参加了公司在周末举办的外语培训班。该公司的部门经理一致同意在本周末开展野外拓展训练。所有报名参加外语培训班的员工都反对在本周末开展拓展训练。

如果以上信息均为真，则由此可以推出：

A. 所有部门经理年龄都在30岁以上。

B. 该公司部门经理中有人报名参加了周末的外语培训班。

C. 报名参加周末外语培训班的员工都是30岁以下的年轻人。

D. 有些30岁以下的年轻员工不是部门经理。

E. 有些30岁以下的年轻员工没有报名参加公司在周末举办的外语培训班。

50. 人们普遍认为，保持乐观心态会促进健康。但一项对7万名50岁左右的女性进行的长达十年的追踪研究发现，长期保持乐观心态的被研究者与悲观被研究者在死亡率上并没有差异，研究者据此认为，心态乐观与否与健康没有关系。

以下哪项如果为真，最能质疑研究者的结论？

A. 在这项研究的被研究者中悲观的人更多患有慢性疾病，虽然尚未严重到致命的程度。
B. 与悲观的人相比，乐观的人患病后会更积极主动地治疗。
C. 乐观的人往往不会对身体特别关注，有时一些致命性疾病无法及早发现。
D. 女性更善于维持和谐的人际关系，而良好的人际关系有助于健康。
E. 这项调查由一个男专家主持，他的妻子背叛了他，他因此歧视一切女性，是一个典型的男权代表。

51. 数学老师是一类很神奇的人，他们在长期的数学教学中逐渐培养出来一种名为"数感"的东西，难以描述其性状，只知道这样的感觉能让人一眼就看出来某一道题用何种方法，理由就是简单的两个字"显然"。与此相对应的是，数学老师有一句口头禅是"你看不出来吗？"这样的质问是很没有道理的，就像一个色觉正常的人不能理解一个色盲患者为什么不能看出来《色盲检测图》中的图形一样，数学老师是不会理解一个数学不好的人为什么解不出数学题的。

以下哪项如果为真，最能削弱上述论述？

A. 数学老师长期面对数学基础弱的学生，使得他们的耐心越来越少。
B. "数感"的形成需要长期的积累，短时间内难以形成。
C. 色盲是一种先天遗传疾病，与后天的环境无关。
D. 科学研究显示：色盲症的患者在数学学习方面似乎比正常人更有优势。
E. 很多学习好的学生也可以在数学学习中形成"数感"。

52. 日前，研究人员发明了一种弹性超强的新材料，这种材料可以由1英寸被拉伸到100英寸以上，同时这一材料可以自行修复且能通过电压控制动作。因此研究者认为，利用该材料可以制成人工肌肉，替代人体肌肉，从而为那些肌肉损伤后无法恢复功能的患者带来福音。

以下哪项如果为真，最能支持研究者的观点？

A. 该材料制成的人工肌肉在受到破坏或损伤后能立即启动修复机制，比正常肌肉的康复速度快。
B. 该材料研制成的人工肌肉能与人体神经很好地契合，可以精准抓取物体等。
C. 该材料在电刺激下会发生膨胀或收缩，具有良好的柔韧性，与正常肌肉十分接近。
D. 一般材料如果被破坏，需通过溶剂修复或热修复复原，而该材料在室温下就能自行恢复。
E. 该材料是高科技材料，其成本高昂，不能用医保报销。

53. 甲：人性的自私是社会进步的前提。

乙：人性的自私不可能是社会进步的基础。在没有私有财产的原始社会中，人类社会也在不断进步。

以下哪项与题干论证方法最相似？

A. 甲：人类是由猿猴进化而来的。

乙：人类不可能是由猿猴进化而来的。从古至今，没有见过一只猴子变成了人。

B. 甲：天不生仲尼，万古如长夜。

乙：天不生仲尼，人类的万古也不可能是长夜。古往今来，没有仲尼的以前人也不是都生活在黑暗之中。

C. 甲：人性本恶。

乙：如果真的人性本恶，那么道德规范又从何而来呢？

D. 甲：温饱是谈道德的先决条件。

乙：温饱绝不是谈道德的先决条件。古往今来，没有解决衣食之困的社会也在谈道德。

E. 甲：美国民众应该为美国种族问题负责。

乙：美国民众可能不需要为此负责。烂鱼先烂头，美国总统应该负主要责任。

54～55 基于以下题干：

某图书馆预算委员会，必须从 G、L、M、N、P、R、S 和 W 这八个学科领域中，削减恰好五个领域的经费，其条件如下：

（1）如果 G 和 S 被削减，则 W 也被削减；

（2）如果 N 被削减，则 R 和 S 都不会被削减；

（3）如果 P 被削减，则 L 不被削减；

（4）在 L、M 和 R 这三个学科领域中，恰好有两个领域被削减。

54. 如果 R 未被削减，以下哪项必定是真的？

A. P 被削减。　　　　　　B. N 未被削减。　　　　　C. G 被削减。

D. S 被削减。　　　　　　E. 均不能确定。

55. 以下哪项领域的经费必定被削减？

A. G。　　　　　　　　　B. L。　　　　　　　　　C. N。

D. W。　　　　　　　　　E. S。

答案与解析

26.【答案】E

【解析】本题是加强题型。直接建立证据与结论之间的联系。Y 国自己的领土内有大量的铁矿储备，还要用稀少的外汇储备购买废铁来炼钢，如果 E 项为真，则支持了购买废铁来炼钢的政策。答案为 E。

27.【答案】C

【解析】本题是削弱题型，要求割裂证据与结论之间的联系。证据是"既然理解并不仅在于知道事实和规则，而且在于对事实和规则所内含的整体概念的掌握"，结论是"所以人工智能有望最终代替老师的想法从根本上说方向是错误的"，如果 C 项为真，直接割裂证据与结论之间的关系。答案为 C。

28.【答案】A

【解析】分析性推理，重点是已知条件的分析。总共 18 人，由条件（1）可知：单位中不干事的比干事的还多。由此可以推出，不干事的至少10人，干事的最多8人。由条件（2）可知：工资只分高、低两类。由条件（3）可知：在不干事的人中，工资高的只占少数。根据条件（2）和（3）可以推出，不干事的人中，工资低的至少6人，工资高的最多4人。由条件（4）可知：干事者中工资低的人比不干事者中工资低的人还多。因此，干事者中工资低的最少7人。根据条件（5）可知：毕竟还有工资不低的干事者，可以推出干事者中高工资的只有1人。所以，A项正确。因为工资高的干事者只有1人，如果此人被调走，则改变了该单位的人员结构。

29.【答案】B

【解析】本题是推出结论题型。根据条件（2），先假设不选修民主与法制，那么就要选修谓词逻辑，再根据条件（4），可得不选修哲学与人生艺术，再根据条件（3），可得不选修逻辑学基础，再根据条件（1），可得选修批判性思维概论。即如果不选修民主与法制，就要选修批判性思维概论，所以该学校应该选修的特色课程是民主与法制或者批判性思维概论。答案为B。

30.【答案】B

【解析】本题是真假话题型，建议直接将选项代入，答案为B。

31.【答案】C

【解析】如果C项为真，则由江西省的棉花不是绿色且不是褐色，可以推出江西省的棉花都有环保价值。A项不一定，因为根据已知条件，得出不含长纤维的棉花不是绿色且不是褐色的；加上A项，不一定能得出"不是绿色且不是褐色的棉花都有环保价值"，不能保证结论的得出。答案为C。

32.【答案】C

【解析】如果C项为真，那么在通道外会更容易引发肢体冲突，达不到题干所述目的。A、B、D、E四项均未提及该措施对于减少发生在进站口的斗殴事件的影响，不能削弱题干结论。答案为C。

33.【答案】D

【解析】根据条件"教授都支持征税"和"热心公益的人都反对征税"，可以推出复选项Ⅰ一定为真；根据条件"教授都支持征税"，可以推出"有些支持征税的人是教授"，复选项Ⅲ一定为真。复选项Ⅱ和Ⅳ不一定为真。答案为D。

34.【答案】E

【解析】本题是补充前提题型。如果E项为真，则可以推出扶贫必扶智。答案为E。

35.【答案】B

【解析】设东方的低收入者＝东低，东方的高收入者＝东高，西方的高收入者＝西高，西方的低收入者＝西低。由题干可知，东高＋东低＞西高＋西低；东低＋西高＞东高＋西高。两式相加可得：2东低＋东高＋西低＞2西高＋东高＋西低。化简可得，2东低＞2西高，即东低＞西高。因此，东方的低收入者比西方的高收入者多，答案为B。

36.【答案】C

【解析】本题是排列组合题型。如果J骑的马是R，根据已知条件，P是第一，Q是第二，则推出J只能在第3、第4、第5。根据条件"J先于K"，则推出J只能在第3或第4

的位置上。接着进行两难假设：设 J 是第 4，则 K 是第 5，G 是第 1，那么 H 在第 2，I 在第 3；假设 J 是第 3，则发现无论 K 在第 4 还是第 5，H 一定都在第 1 或第 2 的位置上。根据两难性质，可以得出 H 只能在第 1 或第 2 的位置上，则 H 一定只能骑 P 或 Q，一定不能骑 S。答案为 C。

37. 【答案】D

【解析】本题是推出可能结论题型，只有 D 项与题干意思不一样。答案为 D。其余选项均符合题干中的意思。

38. 【答案】C

【解析】本题是推出最可能结论题型，要求概括这段材料在如何识人、用人的问题上着重强调的内容，根据题干信息，观点为最后孟子的话"国人皆曰贤能，然后察之；见贤焉，然后用之"，关键词是"然后察之"，答案为 C。

39. 【答案】D

【解析】A 项中的"一小部分"是说的比例，而题干中的"大批"说的是数量，削弱的力度较弱。B 项描述的是全世界的情况，与我国关系不大，削弱力度有限。C 项描述的是铁路运输，不能直接和地铁运输建立联系，即使勉强建立联系，这些驾驶员也是先下岗再就业。D 项指出驾驶员会被取代，但是这些驾驶员仍可以继续做安全员，不会下岗，因此 D 的削弱力度最强。E 项属于无关选项。答案为 D。

40. 【答案】D

【解析】本题是定义判断题，只有 D 项不符合"以正确的理论知识来改变个体的不合理认识"。答案为 D。

41. 【答案】C

【解析】题干的矛盾在于欧未佳洗面奶中的成分与其他品牌的洗面奶没有不同，然而其确实起到了改善脸色的作用。A 选项与题干现象"欧未佳洗面奶中的成分与其他品牌的洗面奶没有不同"矛盾，不能解释题干中的矛盾。B 选项表达的意思与题干没有关系，因为题干中的用户确实脸色改善了。C 选项能够解释题干矛盾，尽管欧未佳的洗面奶产品中不含有名为"youkena"的物质，但是它是通过其他方式改善脸色的。D 选项无法解释题干矛盾，因为"很多"在数量上难以界定。E 选项无法解释题干矛盾，属于无关选项。答案为 C。

42. 【答案】B

【解析】根据条件（1）可知，艺术在第 3 天；根据条件（2）可知，数学在逻辑的次日；根据条件（4）可知，哲学要与艺术或数学排在同一天。假设逻辑课在第 2 天，则第 3 天就有艺术和数学。又因为第 3 天的课程不会开设两次，所以哲学也在第 3 天，与题干每天两门矛盾，所以，逻辑不能排在第 2 天。D 项不一定，因为逻辑可以排两天。答案为 B。

43. 【答案】A

【解析】本题是解释题型，关键在于对现象的理解，如果 A 项为真，可以解释科学对人类社会影响的看法的变化。其余选项都不能解释。

44. 【答案】E

【解析】除了 E 项，其余选项都能很好地解释已知现象。

45. 【答案】C

【解析】根据已知条件列表（表4-2-2）。

表 4-2-2

类别	J	K（女）	L	M（女）	N	O（女）
猪排						
烤牛肉					0（条件1）	1
剑鱼	0			1	0	
方头鱼	0				0	
小牛肉						

正确答案为 A。

46.【解析】根据已知条件列表（表4-2-3）。

表 4-2-3

类别	J	K（女）	L	M（女）	N	O（女）
猪排	0	0	0	0	0	0
烤牛肉	1		0（条件2）		0（条件1）	1
剑鱼	0		0（条件1）	1	0	
方头鱼	0				0	
小牛肉	0（条件2）		0（条件2）		1	0

正确答案为 C。

47.【答案】B

【解析】如果 B 项为真，则加强了题干的论证"气候变暖"导致"龙卷风爆发次数增加"。B 项最不能削弱。答案为 B。

48.【答案】C

【解析】可从确定信息"丙坐在 1 号座椅上"开始推理，则根据条件（1）可确定甲的位置（注意：左右是根据就餐人员面对桌子的朝向确定的），根据条件（3）可确定 3 号座椅在丙（即 1 号）右边的第一张座椅上。如图 4-2-1 所示：

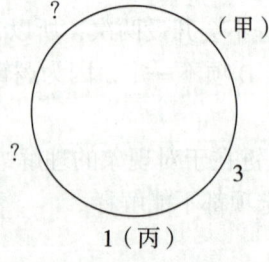

图 4-2-1

则甲只可能坐在 2 号、4 号、5 号座椅的其中一个，排除 B、E 两项。分三种情况假设。

第一，假设甲坐 2 号座椅，根据条件（4）可知，丁坐在 3 号座椅上。如图 4-2-2 所示：

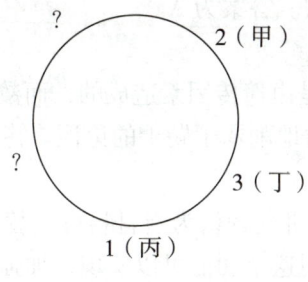

图 4-2-2

则 2 个问号处有一个是 5 号座椅；但根据条件（2），乙坐在 5 号座椅左边第二张座椅上，即乙的位置是 2 号或者 3 号座椅，但是 2 号和 3 号已经确定有人坐，不可能是乙坐。故假设不成立。

第二，假设甲坐在 4 号位置，根据条件（2），则 4 号座椅的右边是 5 号座椅。因为如果 4 号座椅的右边不是 5 号座椅，那么 5 号座椅只能在 1 号座椅左边，则根据条件（2），乙坐在 4 号，这与假设条件"甲坐在 4 号位置"矛盾，因此 4 号座椅的右边只能是 5 号座椅，即乙坐在 3 号座椅。根据条件（4）可知，丁坐在 5 号位置，戊坐在 2 号位置。如图 4-2-3 所示：

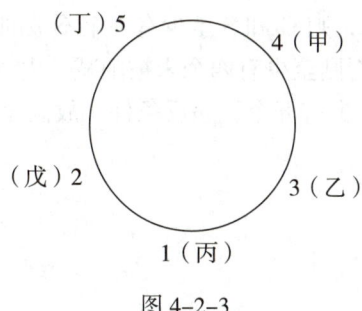

图 4-2-3

假设成立。

第三，假设甲坐在 5 号位置，根据条件（2），乙坐在 1 号位置，这与题干条件"丙坐在 1 号座椅"矛盾，故假设不成立。

综上所述，甲坐在 4 号座椅，故正确答案为 C。

49.【答案】D

【解析】本题是推出结论题型。根据条件"某公司 30 岁以下的年轻员工中有一部分报名参加了公司在周末举办的外语培训班"和条件"所有报名参加外语培训班的员工都反对在本周末开展拓展训练"可以得出，有些 30 岁以下的员工反对周末训练，再根据条件"部门经理一致同意在本周末开展野外拓展训练"可以得出，有些 30 岁以下的年轻员工不是部门经理。正确答案为 D。

50. 【答案】A

【解析】本题是削弱题型，题干结论为"心态与健康没有关系"，如果 A 项为真，则直接指出心态与健康还是有关系的。答案为 A。

51. 【答案】C

【解析】C 选项说明，色盲是由遗传因素造成的，而数学老师的能力是后天培养的，二者差异比较大，不能做类比，有力地削弱了题干的论证。答案为 C。

52. 【答案】B

【解析】本题是加强题型，研究者认为新材料可以替代人体肌肉，为肌肉功能损伤者带来福音，如果 B 项为真，则说明这个功能可以实现，加强了证据与结论之间的关系。答案为 B。

53. 【答案】D

【解析】本题是结构方法类似题型，题干为必要条件命题的反对。只有 D 项为必要条件命题的反对。答案为 D。

54. 【答案】C

【解析】由"R 未被削减"和"L、M、R 中恰有两个领域被削减"，可得 L 和 M 被削减，结合条件（3）"如果 P 被削减，则 L 不被削减"可知，P 未被削减。假设 G 未被削减，因为恰有三个领域未被削减，此时 N 定被削减，由条件（2）可知，S 未被削减，得四个领域未被削减，与题干矛盾，假设不成立，所以 G 被削减。正确答案为 C。

55. 【答案】D

【解析】假设 W 不被削减，则 G 和 S 至少有一个不被削减，又因为 P 和 L 至少有一个不被削减，则 N 一定被削减，否则至少有四个未被削减。由 N 被削减和条件（2），得 R 和 S 未被削减。未被削减的领域至少有五个，违反条件。故假设不成立，W 必定被削减。正确答案为 D。

2022年管理类专业硕士学位全国联考综合能力试卷模拟卷 逻辑试题（2）及答案解析

26~27题基于以下题干：

财富可以购买金山，但买不来一条定律。权势可以使有的人在它面前谄笑，可以使有的人在它面前歌颂，可以使有的人在它面前屈膝，但是制造不出真理。一切靠权势支持的"真理"都是可疑的。一切从权势里分泌出来的"真理"更属可疑。权势可以毁灭人的身体，但是毁灭不了真理。有且只有这样的真理才是值得我们追求的。

26. 如果以上信息为真，则可以推出以下哪项为真？

A. 有些靠权势支持的"真理"并不可疑。

B. 权势可以消灭真理。

C. 有时候，真理可以借助权势传播得更快。

D. 有的从权势里分泌出来的"真理"并不值得我们去追求。

E. 权势不能使有的人在它的面前谄笑和屈膝。

27. 以下哪项如果为真，则最有力地削弱了上述观点？

A. 有些靠权势支持的"真理"并不可疑。

B. 有些人在权势面前并不谄笑。

C. 有时候，真理可以借助权势传播得更快。

D. 有的从权势里分泌出来的"真理"并不值得我们去追求。

E. 依靠权势的真理都不值得我们去追求。

28. 开车斗气、胡乱变线、强行超车等"路怒症"是一种被称为间歇性、暴发性障碍（IED）的心理疾病。有研究发现，IED患者弓形虫检测呈阳性的比例是非IED患者的两倍。研究者认为，弓形虫感染有可能是导致包括"路怒症"在内的IED的罪魁祸首。

以下哪项如果为真，无法支持研究者的观点？

A. 感染了弓形虫的老鼠往往更大胆、更敢于冒险，也因此更容易被猫抓到。

B. 弓形虫使大脑中控制威胁反应的神经元受到过度刺激，易引发攻击行为。

C. 对弓形虫检测呈阳性的IED患者施以抗虫感染治疗之后，冲动行为减少。

D. 弓形虫是猫身上的一种原生动物寄生虫，但猫是比较温顺的动物。

E. IED患者与非IED患者两者在社会压力、生活状态上并没有什么本质性区别。

29. 有关研究发现，在肺癌患者中，有高达90%的建筑工人经常感受到来自工作和家庭的双重压力。王强是一名肺癌患者，而且他经常感受到来自各方面的压力，有时甚至有不堪重负的感觉，所以，王强很可能是一名建筑工人。

以下哪项最准确地指出了上文推理中的错误？

A. 以上论述忽视了王强有可能是属于90%以外的肺癌患者。

B. 以上论述忽视了这样一种可能：除了经常感受到来自工作和家庭的双重压力外，还有其他原因也能导致肺癌患者中的建筑工人压力增大。

C. 以上论述依赖于一个未经确认的假设：经常感受到来自工作和家庭的双重压力的

肺癌患者有 90% 是建筑工人。

D. 以上论述依赖于一个未经确认的假设：来自工作和家庭的双重压力是建筑工人患肺癌的唯一原因。

E. 以上论述所依赖的前提不充分，不足以推出王强的身份。

30. 一个人一生的时间、资源都是有限的，以有限的生命、资源去追求实现永无止境的欲望，这正是目前所有的人觉得"生来就是痛苦的、不幸福的"最根本的原因。因此，在当前要想幸福，要想解决痛苦，我们中的有些人必须要控制住自己的欲望，不要欲壑难填。

以下哪项最可能是上述论证所假设的?

A. 从一生来看，生命与欲望最终会趋向平衡，最终都会走向虚无。
B. 人的一生的寿命以及一个人的资源是可精确量化的。
C. 没有人能够做到生命、资源与欲望的平衡。
D. 目前，有些人的欲望超过了他们的生命与可供使用资源的限度。
E. 不存在一个人使用他人资源或其资源变化的可能性。

31. 我们当下有些报刊的文化品位每况愈下。一是过于看重娱乐，娱乐要摩登，且明星要刺激，就要迎合大众的猎奇心理来寻找话题。二是炒作公众人物，将平凡的公众形象神秘化或者庸俗化，否则就没有众多的"脑残粉"。细看近几年一些媒体的热门话题，有许多走娱乐的路子，唯独与民众的生活远了。我在《媒体炒作下的文艺批评》一文中，谈到了这一点。

如果以上信息都是真的，则以下哪项一定是假的?

A. 小王将平凡的公众形象神秘化或者庸俗化，但没有众多"脑残粉"。
B. 没有迎合大众的猎奇心理寻找话题，但仍然有摩登的娱乐。
C. 如果将平凡的公众人物神秘化和庸俗化炒作，则会收获众多的粉丝。
D. 当前的有些报刊，还是在坚守文化品位的。
E. 明星乌尔凡公众形象朴实，其"脑残粉"众多。

32. 桂林山水甲天下，大家都看到了桂林的水，实际上桂林的地质也是很有特色的。桂林的南部平原上有一个奇特的石林，这个石林带就是一条由火山口和火山锥交错形成的地质痕迹。地理学家们根据古大陆理论进行逻辑推理，认为这是古东亚大陆板块向西移动，通过一个静止的"地幔热柱"时而形成的。这个"地幔热柱"是个垂直的通道，地核中火热的熔岩会通过这个通道穿越地壳向外喷发出来，尽管这种喷发不是连续的，而是断断续续的。

以下哪项如果正确，最能支持地理学家的解释?

A. 最大的火山口和火山锥位于该痕迹带的东部边缘地区。
B. 最高的石林主要集中在该痕迹带的西部边缘地区。
C. 新形成的火山口和火山锥石林都分布于这个痕迹带的东部边缘。
D. 石林在这个痕迹带上由东向西均匀分布。
E. 该痕迹带的西部边缘的火山口和火山锥的形成时间比东部的要短。

33～34题基于以下题干：

在一个小型宠物世界里共有十四个动物：三只沙鼠、三只仓鼠、三只蜥蜴和五条蛇。它们按照以下的要求被关在不同的笼子 W、X、Y、Z 之中。需遵守以下条件：

（1）每个笼子装的动物数量不是两个就是四个，不是四个就是六个；

（2）任何装有沙鼠的笼子都至少装有一只仓鼠，任何装有仓鼠的笼子也至少装有一只沙鼠；

（3）任何装有蜥蜴的笼子都至少装有一条蛇，任何装有蛇的笼子也至少装有一只蜥蜴；

（4）在笼子 Y 和 Z 中不装沙鼠；

（5）在笼子 W 和 X 中不装蜥蜴。

33. 在 Y 中最多可以容纳几条蛇？

A. 一。　　　　　　　　B. 二。　　　　　　　　C. 三。

D. 四。　　　　　　　　E. 五。

34. 如果 Y 中装有六个动物，则以下哪项陈述必然为真？

A. W 中有两只沙鼠。　　B. X 中有四个动物。　　C. Z 中有两条蛇。

D. Y 中蛇和蜥蜴的数量相同。　　E. Z 中蛇与蜥蜴的数量相同。

35. 某品牌酒塑化剂超标，A 国白酒市场震荡。此次风波后，该酒负责人召开新闻发布会。在发布会上，李教授声称，卫健委的标准将所有食品中塑化剂含量用同一个简单的数值来规范，本身就是匆忙应急的，是很粗线条的参考，该标准本身是不科学的，或者在科学上是有局限的。其理由是：过去一百多年间，各种各样的有毒有害物质，铅、砷、汞、二噁英等等这些物质都是几十倍、上百倍地增加，但是人的寿命在过去一百多年中增加了一倍。所以说明人类的排毒、解毒能力实际上是非常强大的。因此相信自己，使自己心理得到平衡有利于健康长寿。该白酒集团董事长袁某则在会上称，有人想利用大众对食品安全的重视和关切的心理，把一个不是问题的问题，放大为食品安全问题，制造公众恐慌，打击 A 国的白酒行业，损害投资者利益，从中牟利。A 国白酒行业有几千年的悠久历史和深厚的民族文化，不会因一个事件而停止或者消亡。

以下哪项最好地说明该白酒集团董事长的发言？

A. 提出了一个新的解释，但与其产品超标与否、安全与否无关。

B. 说得很好，这个社会总是有一些心怀不轨的人，总是攻击优质产品。

C. A 国白酒行业有几千年的悠久历史和深厚的民族文化，应该保护。

D. 用了归谬法，假设一个问题为真，会带来严重后果，所以，这个问题不存在。

E. 用了两难法，假设两种可能性，无论哪种，都说明攻击的人居心不良。

36. 教育界有一种被普遍接受的观点，认为本科专业评估会让那些不把本科人才培养放在中心地位的学校增加对本科人才培养的投入。一些数据表明，这种观点不能成立。这项调查把那些不把本科人才培养放在中心地位的学校分成两组，一组在日常工作中明显加大本科专业评估的力度与频度，另一组只加大同样频度的科研课题评估。实验数据显示，这些学校在本科人才培养上的投入并没有出现明显的不同。

以下哪项如果为真，最能削弱上述论证？

A. 专业评估有三种不同的类型：专业排名评估、审核评估和学科评估，其中，只有一种被认为会影响学校对人才培养的投入。

B. 本科专业评估会对有些高校产生促进作用。

C. 有些科研课题评估能够促使有些学校加强本科人才培养，加大相关投入。

D. 两个调查组高校的基本情况相同，有区别的仅是本科专业评估与科研课题评估。

E. 有些高校领导认为自己的学校应该把本科专业评估与科研课题评估结合起来。

37. 在企业经营的新环境下，创新是一个企业的灵魂。某国有四个著名的电器公司格里、美帝、华帝、英迪。一个专家说，如果格里和美帝都获得了创新能力，那么华帝和英迪也都能获得创新能力。遗憾的是华帝没有获得创新能力。

如果上述断定都是真的，以下哪项也一定是真的？

A. 格里和美帝都没有获得创新能力，而华帝很可能获得了创新能力。
B. 格里没有获得创新能力但美帝获得了创新能力。
C. 要么格里没有获得创新能力，要么美帝没有获得创新能力。
D. 或者格里没有获得创新能力，或者美帝获得了创新能力。
E. 如果格里获得了创新能力，那么美帝没有获得创新能力。

38. 在中国的消费市场上，MPV（多功能实用车）已越来越受消费者的欢迎。数据统计显示，在整个汽车市场下滑时，MPV 的销量逆势大幅度增长。消费者购买这种 MPV 主要是因为它们具有结实而高大的外表。事实上，尽管这类汽车看起来高大结实，但是它们并不需要达到政府制定的小汽车通用安全标准，该标准规定了车顶的最低强度和汽车最低抗冲击能力。因此，如果这类汽车在高速遇上了严重的碰撞事故，这类车的司机就很有可能比那些小汽车司机更易受伤害。

上述论证观点很可能依赖于以下哪项假设？

A. 事实上，多功能实用车比其他类型的车辆更易发生致死等严重的事故。
B. 多功能实用车达到汽车安全标准的可能性不如那些小汽车大。
C. 政府还没有制定多功能实用车的安全标准。
D. 至少有些买车时只在乎汽车外表的司机不会比其他的人开车更粗心。
E. 外表越漂亮的女人越会骗人，外表看上去越坚固的汽车越有欺骗性，但司机不会被骗，他们不会因为车子看上去结实就狂野开车。

39. 有的人觉得汽油价格贵，实际上如今的汽油价格还是太低了。正是这种低价格使得消费者们特别青睐于更大的汽车，尽管这些大汽车会消耗更多的汽油，但卖得更好，看看 Z 国汽车销量排行榜上前面的都是 SUV 这种大汽车就知道了。这样，Z 国的汽车制造商就没有寻求新的节能技术的积极性。

以下哪项如果正确，最有力地支持了上述的观点？

A. Z 国政府正在大力提倡新能源技术，已经取得了很好的效果。
B. Z 国制造的小汽车已经很省油了，要比 1999 年的汽车更加节省燃料。
C. 日本、德国等汽车制造商已经减少了对节能技术研发的投资，但其节能技术的储备使其至少领先了 10 年，可以应付预料之中的全球石油价格的飙涨。
D. Z 国华清大学能源所已经发现，可以通过对空气动力牵引、轻型材料和制动摩擦等方面进行技术上的改进，减少 SUV 汽车的能源浪费。
E. 大多数汽车制造商按照消费者的喜爱来研发和生产汽车，一般并不会做技术储备。

40. 一家化工厂，生产一种可以让诸如水獭这样小的哺乳动物不能生育的杀虫剂。工厂开始运作以后，一种在附近小河中生存的水獭不能生育的发病率迅速增加。因此，这家工厂在生产杀虫剂时一定污染了河水。

以下哪项陈述中所包含的推理错误与上文中的最相似？

A. 低钙饮食可以导致家禽产蛋量下降。一个农场里的鸡在春天放出去觅食后，它们的产蛋量明显减少了。所以，它们找到和摄入的食物的含钙量一定很低。

B. 导致破伤风的细菌在马的消化道内生存，破伤风是一种传染性很强的疾病。所以，马一定比其他大多数动物更容易染上破伤风。

C. 营养不良的动物很容易感染疾病，在大城市动物园里的动物没有营养不良。所以，它们肯定不容易染病。

D. 猿的特征是有反转的拇指并且没有尾巴。最近，一种未知动物的化石残余被发现，由于这种动物有可反转的拇指，所以，它一定是猿。

E. 尽管许多连锁经营店盈利较多，但是把这种商业模式的成功仅仅归功于这种经营模式肯定是没有道理的，因为只是资金雄厚的商家才能这样做。

41. 天上天堂酒店下周一至周五的大门值夜班任务由保安一组担任。保安一组有五位成员F、G、H、I和J。以下条件必须满足：
（1）每天有且只有一位保安值班；
（2）每位保安值班的天数不能超过两天；
（3）没有保安连续两天值班；
（4）F的值班日不会晚于J；
（5）如果H值班，则次日一定是G值班。
（6）如果G不值班，则以下哪项一定为真？

A. F恰值班一天。　　B. F恰值班两天。　　C. I恰值班一天。
D. I恰值班两天。　　E. J恰值班一天。

42. 北京农学院的教授在推广棉花剪枝技术时，为了说服当地的群众，教授把一块地一分为二，除自然条件相同外，其他的条件包括施肥、灭虫、浇水、除草等也都相同，其中的一块地的棉花剪枝，而另一块不剪枝。到了收获季节，剪枝的一块地产量比不剪枝的多三成以上。这下农民信服了，先进的剪枝技术很快地推广开来。

以下哪项与北京农学院的教授所用的方法相同？

A. 某班同学一半学英语，另一半学日语。学期结束时，学英语的同学的成绩比学日语的同学的成绩好，这说明：该班学英语的同学能力要强。

B. 某部队的一支球队参加排球比赛，另一支球队参加篮球比赛。比赛结束后，篮球队拿到冠军，而排球队只拿到第四名，看来，该部队应大力开展篮球运动。

C. 某班同学在讨论中，一部分同学认为真理有阶级性，另一部分同学认为真理没有阶级性。后来从报纸上了解到，真理是没有阶级性的。

D. 蛆是不是由肉变成的，多年来人们对此迷惑不解。1668年，意大利医生雷地把相同的肉放在两个容器内，一个容器封闭，另一个容器敞开。结果，敞开的容器内，肉里生蛆，而封闭的容器内没有生蛆。他宣布，蛆并不是肉变的。

E. 有人喜欢体育运动，有人不喜欢体育运动。喜欢体育运动的人，体质普遍比较好。由此看来，必须提倡体育锻炼。

43. 名人总会有光环效应，我们经常因为一个重要的标志性成就而牢记一个人。17世纪的物理学家牛顿之所以被我们牢牢记住，就是因为他在运动力学和地球引力方面的重要贡献。但一般人并不了解的是，牛顿爵士还尝试证明了上帝的存在，还基于神秘的炼丹术理论而秘密地做了许多年的试验点金术，试图把普通金属变成金子，并试图研制返老还童的长生不老药，当然，这些尝试都以失败告终，否则，我们今天还能摸到牛顿的手。毫无疑问，如果17世纪的炼丹家们发表了他们的试验结果，那么18世纪的化学将会比它实际上更为先进。

下面哪项假设可以合理地推出关于18世纪化学的结论？

A. 化学其本质上并不需要太多理性思考，不断实验就是其进步的法宝，本质上就是炼丹术。

B. 无论是成功的试验还是失败的试验，有关这些试验的数据若能被其他科学家所借鉴，都将会促进科学的进步。

C. 如果牛顿在炼丹术方面的工作结果也被公布于众的话，那么他在运动和地球引力方面的工作将不会得到现在这样的接受度。

D. 科学日趋专业化，一个领域的科学家很难理解其他领域的原理，需要借鉴与吸收。

E. 如果17世纪的炼丹家让他们的试验结果接受公众审查的话，他们将有可能达到他们的目标。

44. 某校要在甲、乙、丙、丁、戊和己6位学生中组建辩论队，须满足如下组建要求：

（1）如果选拔甲，则也要选拔乙；

（2）如果没选拔丙，那么必须选拔丁；

（3）戊和己不能都选拔；

（4）如果没选拔甲而选拔丙，则需要选拔戊；

（5）己要选拔。

如果上述断定为真，则以下哪项相关断定一定为真？

A. 选拔甲。　　　　　　　B. 选拔丙。　　　　　　　C. 不选拔丙。

D. 不选拔乙和丁。　　　　E. 选拔乙或丁。

45. 一个委员会工作两年，每年都由4人组成。其中，2名成员来自下面4位法官：F、G、H和I。另外2名成员来自下面3位科学家：V、Y和Z。每一年，该委员会有1名成员做主席。在第一年做主席的成员在第二年必须退出该委员会。在第二年做主席的人在第一年必须是该委员会的成员。该委员会成员必须满足下面的条件：

（1）G和V不能在同一年成为该委员会的成员；

（2）H和Y不能在同一年成为该委员会的成员；

（3）每一年，I和V中有且只有一位做该委员会的成员。

以下哪项一定为真？

A. H在第一年是该委员会成员。　　　B. F在第二年是该委员会成员。

C. I在两年之内都是该委员会成员。　　D. Z在第二年是该委员会成员。

E. Y在第一年是该委员会成员。

46. 第一组拥有甲基因的12名志愿者和第二组拥有乙基因的12名志愿者每天摄入一种相同标准的富含胆固醇的食物。血液中的高胆固醇被认为会增加患心脏病的危险。三周后，第二组志愿者血液中的胆固醇含量没有改变，而第一组志愿者血液中的胆固醇含量增加了

20%。

上文的论述如果为真，最强地支持了以下哪项结论？

A. 大约有半数的人都有一种可以降低胆固醇含量来减少患病危险的基因。
B. 可能会患心脏病的人可以通过降低食物中的胆固醇含量来减少患病的危险。
C. 拥有乙基因的人的身体会在血液中的胆固醇超过了一定含量之后将胆固醇排泄体外。
D. 乙基因的存在可以阻止血液中胆固醇含量的升高。
E. 甲基因的人患有心脏病的危险比较小。

47. 一般而言，真正的经济学家总是把发现经济领域中的新事物、新规律作为自己的职业追求，并在此领域内潜心研究重要新课题，而且仅仅接受与自己有相似动机的经济学家作为自己的同行。当然，他们也愿意在一些专业场合发表自己的专业观点。但是，当某位经济学家因为向普通大众普及经济学、解释股票涨跌规律、经常上电视访谈节目而获得巨大声誉和影响力时，其他的绝大多数经济学家不会再把这位经济学名人视为自己真正的同行。

以下哪项如果为真，最能解释上述的不一致？

A. 严肃的经济学研究不是一项个人的活动，而是要依赖一群同行的积极协作。
B. 从事研究的经济学家们因为嫉妒而不把从事普及工作的著名经济学家视作同行。
C. 一位真正的经济学家应该耐得住寂寞，潜心研究，不可以在没有完成任何重要研究的情况下成为一位知名人士。
D. 从事新研究的经济学家认为那些成为大众名人的经济学家没有动力去从事新的重要研究。
E. 经济学是实践性很强的科学，那些自己不去实践的人不能准确评价任何重要的新研究。

48. 在中学教师中也同样存在着性别歧视，据《妇女之友》报道：在过去的二十年间，女性从事教师职业的人数虽然大幅增长，但是在各类教学奖项的评选中，男女获奖比例为5∶1。

以下哪项对上述论断提出最有力的质疑？

A. 女性从事教师工作的人数不到男性的六分之一。
B. 能否获得各类教学奖项并不是评价优秀教师的唯一指标。
C. 女性从事教学工作的人数在过去的二十年间增长幅度高于男性。
D. 各类教学奖项的评选是匿名进行的，在性别上具有一定的偶然性。
E. 女性一般内敛，相当多的女性教学工作者不会去参评一些教学奖项。

49～50题基于以下题干：

某学校校运动会预计连开三天，周一、周二、周三举行，如果遇雨顺延。三天运动会期间需要安排专业裁判进行值班。每天需要2人值班，共6个人值班，他们是G、H、K、L、P、S。人员安排要满足以下条件：

（1）L与P必须在同一天值班；
（2）G与H不能在同一天值班；
（3）如果K在周一值班，那么G在周二值班；
（4）如果S在周三值班，那么H在周二值班。

49. 以下哪项可以是这些人值班日期的一个完整且准确的安排？

A. 周一：L和P；周二：G和K；周三：H和S。

B. 周一：L和P；周二：H和K；周三：G和S。

C. 周一：G和K；周二：L和P；周三：H和S。

D. 周一：K和S；周二：G和H；周三：L和P。

E. 不能确定。

50. 以下哪项必然为真？

A. G与S在同一天值班。　　　　　B. S与H不在同一天值班。

C. K与S不在同一天值班。　　　　D. K与G不在同一天值班。

E. P在周二值班。

51. 自高自大者和灵魂虚弱者都必然会受到嘲弄。这两者兼具的人必须学会自嘲。如果上述断定为真，并且一个人一定会做他必须学会做的事，则以下哪项一定为真？

A. 如果一个自高自大的人从不自嘲，则他一定不是个灵魂虚弱者。

B. 如果一个人从不自嘲，则他一定既不自高自大，也非灵魂虚弱。

C. 一个经常自嘲的人，一定是个自高自大的灵魂虚弱者。

D. 有些嘲弄别人的人，有时也会自嘲。

E. 自嘲者从不嘲弄别人。

52. 在奥运会的女排最佳攻手的争夺中，如果中国队的朱婷没有获得最佳攻手并且巴西队的塔伊萨·梅内塞斯后排进攻次数比中国队的朱婷多的话，荷兰队米哈伊洛维奇将获得最佳攻手。

补充以下哪项，能够推出中国的朱婷获得了最佳攻手？

A. 巴西队的塔伊·萨梅内塞斯后排进攻次数比中国队的朱婷少，或者荷兰队米哈伊洛维奇没有获得最佳攻手。

B. 巴西队的塔伊·萨梅内塞斯后排进攻次数比中国队的朱婷多，或者荷兰队米哈伊洛维奇没有获得最佳攻手。

C. 巴西队的塔伊·萨梅内塞斯后排进攻次数比中国队的朱婷少，并且荷兰队米哈伊洛维奇没有获得最佳攻手。

D. 巴西队的塔伊·萨梅内塞斯后排进攻次数比中国队的朱婷多，并且荷兰队米哈伊洛维奇没有获得最佳攻手。

E. 巴西队的塔伊·萨梅内塞斯获得了最佳攻手，而且还获得了最佳新人奖。

53. 某企业拟给某高校一笔捐赠，关于该笔捐赠的使用意向，董事会有以下意见：

张董事：如果用于校园基建，则也要用于增加教师津贴。

李董事：如果不用于增加教师津贴，就要用于设立科研基金。

王董事：如果不用于校园建设，则也不用于设立科研基金。

后来该校关于该笔捐赠的使用情况说明，上述三位董事的意见，只有一位被实际采纳。

如果上述断定为真，以下哪项不可能为真？

A. 该笔捐赠用于校园建设。　　　　B. 该笔捐赠用于增加教师津贴。

C. 该笔捐赠用于设立科研基金。　　D. 该笔捐赠未用于校园建设。

E. 该笔捐赠未用于设立科研基金。

54～55题基于以下题干：

一家电影院从周一到周日，每天有且仅有 3 类电影做特价促销活动，其中每类电影各占 1 部。可供做特价促销的电影包括 3 部科幻片：G、H 和 J；3 部爱情片：K、L 和 O；3 部功夫片：X、Y 和 Z。必须根据以下条件安排做特价促销电影：

（1）每天至少有一部科幻片做特价促销，每天至少有一部爱情片做特价促销；
（2）无论在哪天，如果 J 是做特价促销，则 L 不能做特价促销；
（3）无论在哪天，如果 K 是做特价促销，则 Y 也必须做特价促销；
（4）每一部电影在一周内做特价促销的次数不能超过 3 天。

54. 如果 J 在星期五、星期六、星期日做特价促销，K 在星期一、星期二、星期三做特价促销，而 G 只在星期四做特价促销，则 L 可以在哪几天做特价促销？

A. 仅在星期二。　　　　　　　　　B. 仅在星期四。
C. 仅在星期一、星期二和星期三。　　D. 在这一周前四天中的任何两天。
E. 仅在星期四和星期五。

55. 如果在某一周中恰好有 7 部电影做特价促销，关于这一周的以下哪项陈述一定为真？

A. X 是本周唯一做特价促销的功夫片。
B. Y 是本周唯一做特价促销的功夫片。
C. Z 是本周唯一做特价促销的功夫片。
D. 至少有一天，G 和 Z 同时做特价促销。
E. 3 个科幻片只能拿 2 部做特价促销。

答案与解析

26. 【答案】D

【解析】本题是充要条件假言命题，否定前件则必定否定后件。已知权势制造不出真理，一切从权势里分泌出来的"真理"更属可疑，权势毁灭不了真理。由以上条件可以得知，权势里分泌出来的"真理"不是真理，再根据充要条件"有且只有这样的真理才是值得我们追求的"，得出权势里分泌出来的"真理"不值得我们去追求。所以，可以推出 D 项一定为真。答案为 D。

27. 【答案】A

【解析】已知"一切靠权势支持的'真理'都是可疑的"为真，则根据性质命题的矛盾命题，得出 A 项能最有力地削弱题干观点。答案为 A。

28. 【答案】D

【解析】题干证据是"IED 患者弓形虫检测呈阳性的比例是非 IED 患者的两倍"；结论是"弓形虫感染有可能是导致包括'路怒症'在内的 IED 的罪魁祸首"。D 项如果为真，则说明猫"有弓形虫"，但并无"路怒症"等易怒特性，割裂了两者之间的关系，答案为 D。

29. 【答案】C

【解析】题干论证结构为一个充分条件命题推理。在肺癌患者中，如果是建筑工人，则有高达 90%的人经常感受到来自工作和家庭的双重压力。已知王强是一名肺癌患者，而且他经常感受到来自各方面的压力，有时甚至有不堪重负的感觉，这是肯定了充分条件的后件，题干由此肯定了前件，得出王强可能是一名建筑工人。这个论证的逻辑结构为"如果P，则Q；已知Q，所以，很可能P"。实际上，题干推理把Q看成了P的充分条件。答案为C。

30. 【答案】D

【解析】本题是假设题型，需要搭桥。由于痛苦来自"有限的生命、资源追求永无止境的欲望"，所以，当前要想没有痛苦，有些人必须要控制自己的欲望。上述论证必须假设：有些人的欲望已经超出了其有限的生命与可供使用资源的限度。答案为D。

31. 【答案】E

【解析】本题要求寻找矛盾命题。已知"将平凡的公众形象神秘化或者庸俗化，否则就没有众多的'脑残粉'"，也就是说，如果不能将平凡的公众形象神秘化和庸俗化，就不会有众多的"脑残粉"。其矛盾命题为：没有神秘化和庸俗化，但有众多"脑残粉"。答案为E。

32. 【答案】C

【解析】如果C项为真，新形成的火山口和火山锥石林在这条痕迹带的东部边缘，则意味着板块由东向西移动。越靠近东部，越最后通过这个通道。答案为C。

33. 【答案】D

【解析】任何装有沙鼠的笼子都至少装有一只仓鼠；任何装有仓鼠的笼子也至少装有一只沙鼠。任何装有蜥蜴的笼子都至少装有一条蛇；任何装有蛇的笼子也至少装有一只蜥蜴。在笼子Y和Z中不装沙鼠，可知Y和Z有蛇和蜥蜴，由题干可知装的数量是偶数，所以蛇最多只能装四条在Y里，再加两只蜥蜴就是偶数了。正确答案为D。

34. 【答案】E

【解析】Y里有六个动物，由上题可知，Z里只能装一条蛇和一只蜥蜴。正确答案为E。

35. 【答案】A

【解析】该董事长的发言说明其对此现象提出了新的解释。答案为A。

36. 【答案】C

【解析】本题应将重点在阅读题干关键信息上。数据显示，无论是加大本科专业评估，还是加大科研课题评估，这些学校在本科人才培养的投入上没有差别，从而得出结论"本科专业评估会让那些不把本科人才培养放在中心地位的学校增加对本科人才培养的投入"并不能成立。如果C为真，则说明本科专业评估还是能增加对本科人才培养的投入。答案为C。

37. 【答案】E

【解析】本题是充分条件命题、联言命题推理。已知华帝没有获得创新能力，则否定后件必定否定前件，可以得出，格里没有获得创新能力或者美帝没有获得创新能力。答案为E。

38. 【答案】B

【解析】本题必须假设这些汽车实际上达不到政府制定的汽车安全标准。答案为B。

39. 【答案】E

【解析】如果E项真，说明消费者的青睐与汽车工业的制造和研发有关系。答案为E。

40. 【答案】A

【解析】本题是错误类似题型。题干错误，前后相关可能因果相关，但并非一定相关。A项类似。答案为A。

41. 【答案】D

【解析】由 G 不值班，可得 H 不值班。值班的仅为 F、J 和 I。假设 I 仅值班一天，则无论 I 在哪天值班，为满足"（如果 F、J 都值班）F 的值班日不会晚于 J"，F 值班两天都连续，违反条件（3）。因此，I 一定值班两天。答案为 D。

42. 【答案】D

【解析】题干为求异法论证。D 项与之方法相同。答案为 D。

43. 【答案】B

【解析】本题的考点是直接支持。B 项与题干结论建立了联系，就是实验成功还是失败都可以促进进步。答案为 B。

44. 【答案】E

【解析】本题的考点是两难推理。选了己就不能选戊，否定后件一定否定前件，则选甲或者不选丙，所以得出选乙或者选丁。答案为 E。

45. 【答案】D

【解析】如果 Z 第二年不是委员会成员，则 V 和 Y 必是委员会成员，由题中的 3 个条件可知，只有 F 可以第二年依然在该委员会工作，此时委员会成员为 F、V、Y，和题干每年委员会由 4 人组成不符，所以 Z 在第二年是该委员会成员，答案为 D。

46. 【答案】D

【解析】本题是可能推出结论题型。通过求异法可知，D 项指出乙基因是两组志愿者血液中胆固醇含量不同的原因。答案为 D。

47. 【答案】D

【解析】如果选项 D 为真，解释了上述不一致的现象。答案为 D。

48. 【答案】A

【解析】本题需要注意基数中的百分比。答案为 A。

49. 【答案】B

【解析】本题可用代入排除法。A 项不符合条件（4），C 项不符合条件（3），D 项不符合条件（2），B 项满足题意。答案为 B。

50. 【答案】C

【解析】由题意可知，L 和 P 在一起，G 和 H 不在一起，那么可以得出 K 和 S 不在一起。答案为 C。

51. 【答案】A

【解析】本题是充分条件、联言命题推理。"自高自大且灵魂虚弱"推"自嘲"，"不自嘲"推"不自高自大或不虚弱"。如果"不自嘲且自高自大"，那么一定能得出"不虚弱"。答案为 A。

52. 【答案】D

【解析】本题是补充前提题型。否定后件才能建立出提问想要的信息出现，否定后件之后前提变成了"或"，那就要确保巴西队的塔伊萨·梅内塞斯后排进攻次数比中国队的朱婷多。答案为 D。

53. 【答案】B

【解析】本题是真假话题型。本题可用代入排除法。注意："如果P，那么Q"="非P或者Q"。答案为B。

54.【答案】B

【解析】已知条件：周一、周二、周三有K，周五、周六、周日有J。根据条件（2），有J就不能有L。K和L都是爱情类，所以不能重复出现，则L只能在周四。答案为B。

55.【答案】B

【解析】已知某一周恰好有7部电影做特价促销；每天至少一部科幻片，至少一部爱情片做特价促销；每部电影在一周内做特价促销的次数不超过3天。所以3部科幻片和3部爱情片都至少特价过1天。又由条件（3）知，K特价促销，Y也特价促销，所以Y是本周唯一做特价促销的是功夫片。答案为B。

郑重声明

高等教育出版社依法对本书享有专有出版权。任何未经许可的复制、销售行为均违反《中华人民共和国著作权法》，其行为人将承担相应的民事责任和行政责任；构成犯罪的，将被依法追究刑事责任。为了维护市场秩序，保护读者的合法权益，避免读者误用盗版书造成不良后果，我社将配合行政执法部门和司法机关对违法犯罪的单位和个人进行严厉打击。社会各界人士如发现上述侵权行为，希望及时举报，本社将奖励举报有功人员。

反盗版举报电话　　（010）58581999　58582371　58582488
反盗版举报传真　　（010）82086060
反盗版举报邮箱　　dd@hep.com.cn
通信地址　　北京市西城区德外大街4号
　　　　　　高等教育出版社法律事务与版权管理部
邮政编码　　100120

防伪说明及增值服务

高教版考试用书书后配有防伪标，该防伪标为高教版考试用书正版书的专用标识：

1. 刮开防伪涂层，利用手机微信等软件扫描二维码，会跳转至防伪查询网页，获得所购图书详细信息和增值服务导航。

2. 使用荧光灯照射防伪标的"高教考试在线"字样，文字在照射下由白色变为紫色，则为正版图书标签。

3. 如需获得更多图书增值信息，请访问高教社考试官方平台（http://px.hep.edu.cn）。

防伪客服电话
（010）58582300